L'INVENTION LITTÉRAIRE

AU XVIIIᵉ SIÈCLE :

FICTIONS, IDÉES, SOCIÉTÉ

ÉCRITURE

COLLECTION DIRIGÉE PAR

BÉATRICE DIDIER

L'INVENTION LITTÉRAIRE AU XVIIIe SIÈCLE : FICTIONS, IDÉES, SOCIÉTÉ

Jean Ehrard

Professeur émérite
de l'Université Blaise Pascal - Clermont II

Presses Universitaires de France

1001728473

ISBN 2 13 048742 4
ISSN 0222-1179

Dépôt légal — 1re édition : 1997, octobre

Présentation

On ne trouvera dans ce volume ni érudition recherchée ni révélation de textes oubliés : les seize études, de dates diverses, qui s'y trouvent rassemblées portent toutes sur des œuvres majeures de la littérature française du XVIIIᵉ siècle. Ce n'est pas que leur auteur sous-estime l'intérêt des *minores* et des nombreux travaux qu'ils ont légitimement suscités. Une longue pratique de l'histoire des idées, cette discipline incertaine qui doit sans doute sa vitalité au flou que lui reprochait naguère Michel Foucault, m'a fait moi-même participer, jusque dans ses aspects collectifs et informatisés, à ce type de recherche pour laquelle la quantité de l'objet d'étude compte plus que sa qualité. Mais cette même pratique, qu'il n'est pas question de renier, m'a également conduit voici déjà plus de trente ans à une révision critique de l'aphorisme lansonien selon lequel « les faits visiblement représentatifs sont les faits moyens ». Représentatifs *de quoi,* en effet ? S'il s'agit de déceler à travers les textes des opinions ou des habitudes collectives, l'étude massive et quantifiée des *minores* a pour la connaissance du passé la valeur de nos sondages pour celle du présent. Suffit-il d'interroger aujourd'hui un échantillon bien choisi de nos compatriotes pour savoir ce qu'est dans sa réalité la société française actuelle ? A plus forte raison faut-il se garder, s'agis-

1

sant de la société d'hier ou d'avant-hier, de prendre les résultats d'un dénombrement d'opinions pour la vérité profonde de l'objet en question : gardons-nous de céder au travers jadis dénoncé par le trop méconnu Lucien Goldmann, et de confondre le significatif avec le banal. Seuls les grands textes nous éclairent – et c'est précisément ce en quoi ils sont grands – sur les tensions secrètes qui sont à toutes époques la vie de la pensée et la source de toute créativité. Seul le chef-d'œuvre – et c'est ce qui le fait tel – explore à un moment donné les limites des possibilités d'invention. Avec son double mouvement de contestation du Philosophe par le Parasite, et du Parasite par le Philosophe, avec sa conclusion énigmatique qui n'en est pas une, *Le Neveu de Rameau* nous fait entrer plus intimement dans la pensée morale du XVIIIe siècle que la simple et statique opposition du *Cosmopolite* du cynique Fougeret et du *Père de famille* : car ici Diderot tient avec fermeté (et avec quel brio!) les deux bouts de la chaîne.

Une histoire sociale de la littérature peut à bon droit établir des statistiques : elle ne saurait légitimement prendre prétexte de cette ambition de positivité pour abandonner le chef-d'œuvre au mystère du «génie». Il lui faut affronter le grand texte, l'interroger sur sa cohérence et son fonctionnement. Fort d'une étude portant, pour la période 1670-1748, sur plus de 200 titres de fictions orientales, G. Ascoli était fondé à conclure : «*Zadig* n'est pas un accident littéraire.» Le lecteur peut-il cependant se satisfaire d'apprendre que dans la littérature d'imagination la mode orientale est alors à son apogée? Que Voltaire suive la mode, il est bon de le savoir, mais le constat ne dispense pas de se demander comment et pourquoi il l'utilise... Or, indépendamment des allusions malicieuses que permet le détour par l'Orient (il est des mages et des courtisans ailleurs qu'à Babylone), l'exotisme a dans *Zadig* une double fonction : d'une part son caractère délibérément conventionnel souligne ironiquement la fragilité des personnages, la gratuité de leurs aventures ; d'autre part il crée discrètement un climat poétique propre à apaiser les doutes nés de la narration, et dispose ainsi le lecteur a accepter *in extremis,* malgré l'ultime *mais* du héros, un dénouement de conte de fées, parodique et quand même rassurant : « Zadig fut roi et fut heureux. » Né de la crise intellectuelle et morale que l'auteur traverse en 1747-1749, le conte témoigne aussi, plus largement, de l'incapacité de l'optimisme des Lumières à maîtriser le problème du mal. Ce n'est pas un hasard si le conte voltairien naît au tournant du siècle, quand la pensée euphorique des années 1730 commence à poser plus de questions qu'elle n'en résout. Encore ne faudrait-il pas durcir en négation ce qui n'est encore qu'interrogation : si le Voltaire de 1748 a perdu l'impertinente allégresse du *Mondain,* aussi bien que l'assurance du disciple de Pope des *Discours en vers sur l'homme,* s'il a pris conscience de la fragilité du bonheur et de la condition humaine, il n'est pas pour autant devenu pessimiste. C'est pourquoi l'équilibre subtil d'ironie et de poésie qui naît de la fiction orientale correspond si bien ici à l'ambiguïté de sa nouvelle vision du monde : dans le riche ensemble de ses contes cet équilibre restera la marque de *Zadig,* et son charme.

L'histoire des idées éclaire le sens des formes, et la nature du texte, symétriquement, conditionne la signification de son contenu : on doit parler, avec Georges Poulet, de *formes-sens.* Aussi n'est-il pas indifférent à la connaissance intellectuelle du XVIIIe siècle de constater ce que la tradition universitaire et scolaire française a voulu ignorer pendant deux cents ans : que cette époque d'invention idéologique et de mise en question de l'ordre sociopolitique n'a pas été moins féconde en formes nouvelles. Par-delà une apparente et superficielle fidélité au classicisme le même esprit de contestation, le même besoin de renouvellement sapent alors culture et société. Pensons à la sacro-sainte hiérarchie des genres, si représentative de l'ordre social ancien : alors que la littérature des Lumières affecte de la respecter, elle la subvertit en réalité de multiples façons. Y introduire, comme le propose Diderot, un ou deux échelons supplémentaires – « comédie sérieuse » et « tragédie domestique » – n'est peut-être pas le plus audacieux : pas plus que la promotion par Greuze de la peinture de genre au rang de peinture d'histoire. Autre chose est de produire cet hybride littéraire, texte inclassable (et que les histoires de la littérature se sont vainement épuisées à classer), qu'est la « satyre » du *Neveu de Rameau* : roman, dialogue philosophique, dialogue dramatique ? Nous avons là un véritable « monstre », un caprice de l'art analogue à ces écarts de la nature qui passionnent au XVIIIᵉ siècle l'observation médicale, tels les « chèvres-pieds » qui hantent, dans *Le Rêve de D'Alembert,* l'imagination visionnaire du médecin Bordeu. Il est vrai que par définition les cas-limites sont rares : il faut être Diderot pour aller ainsi jusqu'au bout de l'audace. A moindres risques le siècle met la sienne dans sa prédilection irrévérente pour les genres mineurs – conte, épigramme, poésies fugitives – et plus encore dans le privilège de fait qu'il accorde à la prose : à une prose qui désorganise la période et l'ordre classiques. La pratique littéraire d'une époque qui, tout en honorant Virgile et Cicéron, se montre plus réellement familière d'Ovide et de Tacite est un constant démenti à son attachement de principe aux valeurs de l'époque précédente. Rien ne le montre mieux que l'extraordinaire essor du roman.

Boileau avait choisi de l'ignorer. C'est le parti qu'essaient longtemps de tenir à son égard, sans y parvenir complètement, les deux bastions de la culture savante que sont dans la première moitié du siècle les deux grands périodiques rivaux, *Journal des Savants* et *Mémoires de Trévoux.* Les autorités religieuses et civiles s'en méfient, jusqu'à tenter de le proscrire, et la critique l'enferme dans le dilemme qu'a finement analysé G. May : ou bien le roman montre la vie telle qu'elle est et il sombre dans l'immoralité, ou bien il enjolive la réalité, ce qui est cultiver le

4

mensonge... Quant aux Philosophes, ils affecteront long-temps le plus grand dédain pour cette littérature frivole.

Et pourtant ce parvenu des belles-lettres se porte bien ; il se porte même de mieux en mieux si l'on en croit les chiffres. Sans doute est-il difficile de distinguer, dans l'abondance de la fiction narrative en prose, ce qui est conte, nouvelle ou roman : le propre d'un genre sans règles est précisément de ne pas connaître de frontière. Toujours est-il que la statistique bibliographique est démonstrative : 3 500 titres recensés de 1700 à 1800, non compris les récits publiés dans les périodiques, soit une moyenne annuelle de 18 avant 1750 et de 49 dans les cinquante ans qui suivent, avec une pointe jusqu'à 60 à la veille de la Révolution. Encore faut-il ajouter aux nouvelles productions les rééditions d'ouvrages antérieurs : plus de 3 800 entre 1751 et 1800. Soit au total, pour cette seconde moitié du siècle, au moins un roman tous les trois jours ! Certes, les tirages ne sont pas ceux de nos prix Goncourt, mais l'époque a aussi ses événements de librairie : en 1782 *Les Liaisons dangereuses* en sont un, avec un premier tirage à 2 000 exemplaires seulement – chiffre conforme à l'usage – mais quinze rééditions la même année. Il faut aussi considérer la place du roman dans l'ensemble de la librairie française : celle-ci ne produit en moyenne que quelques centaines de titres par an, bien que la tendance soit à la hausse au fil des années. Pour la décennie qui précède la Révolution cette production totale est évaluée à environ 8 000 titres : dans la même période on recense 1 330 romans, dont un tiers de publications inédites. Un roman pour six ouvrages, toutes catégories confondues : la proportion mesure la place conquise à la fin de l'Ancien Régime dans la culture vivante du siècle des Lumières par un genre longtemps méprisé.

Fait culturel « de masse » (à l'échelle de ce qu'est alors la lecture), l'essor du roman intéresse autant l'histoire sociale que l'histoire littéraire. Quels sont donc les lec-

5

teurs de romans ? Une légende malveillante, née au XVIIIᵉ siècle même, voudrait qu'ils se recrutent principalement parmi les femmes et les domestiques... Certains catalogues ou inventaires après décès de bibliothèques privées, plus ou moins modestes ou prestigieuses, sembleraient confirmer ce préjugé si la part du roman n'y était probablement masquée sous des appellations collectives («un lot de mauvais livres») et si absence matérielle signifiait à coup sûr absence culturelle. A la différence des romanciers baroques du siècle précédent et de la célèbre *Vénus dans le cloître,* Prévost, Marivaux, Duclos sont absents du château de La Brède : Montesquieu a pourtant lu *Manon Lescaut* qu'il commente dans ses cahiers, et à son domicile parisien il possède plusieurs volumes de Crébillon fils. Un grand érudit provincial, conseiller d'État, le riomois Guillaume de Chabrol, auteur d'une somme de savoir historique et juridique, les *Coutumes locales de la Haute et Basse Auvergne* (4 vol., 1786), s'arrête un instant à y parler littérature romanesque : mentionnant Marivaux parmi les célébrités de sa ville natale, il dit de ses romans, et en particulier de sa *Marianne,* que «le style (en) est agréable et la fable intéressante». A cinquante lieues de là, en 1760, un personnage beaucoup plus connu que le précédent, le dijonnais Bouhier, président au parlement de Bourgogne, avait laissé à sa mort, dans une bibliothèque comptant, il est vrai, 35 000 titres, un millier de romans. Beaucoup moins riche, la bibliothèque du physicien Dortous de Mairan, membre de l'Académie royale des sciences, réunissait autour du *Télémaque* de Fénelon des œuvres de Marivaux et de Prévost, les *Lettres persanes,* les *Lettres péruviennes* de Mme de Graffigny, *La Nouvelle Héloïse,* etc. Le roman n'était donc nullement étranger à la curiosité des élites masculines : quant aux lecteurs ou lectrices de condition modeste, ils restaient peut-être davantage enclins à acquérir des livres de piété.

Une donnée complémentaire nous est cependant fournie par l'imposante collection – 220 volumes, plus de

900 titres – de la *Bibliothèque universelle des romans* (1775-1789). L'abonnement à cette série de « miniatures » – en franglais d'aujourd'hui, des *digests* – était relativement peu coûteux, 24 livres à Paris, 32 pour la province : dépense raisonnable pour des bourses moyennes comme pour un public aisé, mais peu habitué à consacrer au plaisir de la lecture beaucoup de ses ressources et de son temps. Or une prospection parmi les principales bibliothèques publiques actuelles, généralement constituées à partir de fonds anciens d'origine privée, a révélé qu'absente des villes académiques du XVIIIᵉ siècle, Toulouse, Lyon, Dijon, Nancy, etc., la collection était en revanche présente dans les grands ports de l'Ouest, Bordeaux, La Rochelle, Nantes. Si les rédacteurs de la *Bibliothèque universelle* affectent de s'adresser à un lectorat féminin et s'il n'est pas exclu que les femmes aient été nombreuses parmi ses fidèles, on devine donc aussi un public de bourgeoisie du négoce et des affaires, nouvellement désireux de se cultiver, ou de paraître lettré, mais aux moindres frais. Il semble bien en tout cas qu'à la fin du XVIIIᵉ siècle le roman ait contribué à élargir les frontières sociales de la République des lettres.

Resterait à voir en quel sens s'exerce cette fonction d'acculturation. Au *combien ?* et au *pour qui ?* – questions ouvertes – il faut ajouter un grand *pourquoi ?* Roman et Lumières : la question de leurs rapports avait été posée avec force dans un colloque pionnier de 1968. Près de trente ans plus tard le développement des études permet de la reprendre en la précisant. Le plus important n'est pas que des deux côtés de la ligne de front qui sépare, surtout après 1750, les Philosophes des gardiens de la tradition catholique le roman s'engage dans le combat des idées, et parfois jusqu'à utiliser la fiction comme simple outil de propagande. Ce qui compte, c'est qu'en lui-même et indépendamment des énoncés idéologiques dont il s'encombre trop souvent, le roman participe puissamment à l'avènement d'une nouvelle culture. D'abord, répétons-le,

7

par une liberté formelle qui défie les valeurs littéraires héritées et qui fait de lui un genre beaucoup plus réellement subversif que le drame. Ensuite, et il nous faut nous y arrêter, par ses techniques narratives propres, roman-mémoires, roman épistolaire, fréquent refus de conclure.

Des *Lettres persanes* aux *Liaisons dangereuses,* et au-delà du livre de Laclos – à l'exception de *Paul et Virginie* – jusqu'à *Monsieur Nicolas,* puis *Adolphe,* les plus grands romans des Lumières sont des récits à la première personne. Si la narration à la troisième demeure le mode narratif le plus utilisé, si le *il* l'emporte statistiquement sur le *je,* le recours de plus en plus fréquent à celui-ci, par contraste avec la pratique de l'époque précédente et de celle qui va suivre, se révèle comme une innovation majeure et pleine de sens. Avec Michel Butor on peut y voir l'indice de l'accession du genre romanesque à sa maturité, en rupture avec la tradition du récit épique. Mais qu'il s'agisse d'un roman par lettres ou d'un roman-mémoires, cette rupture ne relève pas d'un choix purement littéraire, elle a aussi une portée philosophique. Dans les *Lettres persanes* le caractère nécessairement décousu et fragmentaire d'un recueil de lettres correspond à une vision du monde relativiste et critique où les valeurs reçues de l'Occident et de l'Orient se disqualifient les unes les autres. Quant à la narration autobiographique – « mémoires », « confessions », « histoire » ou « vie de »... « écrite par lui-même » – elle est tout autre chose, du moins dans les grands textes, que le procédé lassant dont Diderot s'est moqué. A la vérité éclatée de la polyphonie épistolaire correspond ici la vérité subjective et partielle d'un témoignage individuel, ou plutôt la quête individuelle d'une vérité qui ne sera jamais qu'entrevue : à sa manière le roman traduit ainsi la mutation épistémologique qui caractérise l'esprit des Lumières. Devant lui-même, devant les autres, devant le monde et la destinée, le héros-narrateur est comme le Philosophe devant le grand Tout dont il réussit, laborieusement, à analyser de multiples aspects, mais dont l'unité postulée lui échappe : tel l'encyclopédiste tâtonnant dans le labyrinthe du savoir (*Encyclopédie,* art. « Encyclopédie »). Au caractère expérimental, assuré mais fragmentaire, de la connaissance répond une nouvelle pratique romanesque comme expérience intellectuelle et morale : le roman se fait recherche.

Et comme la réalité est inépuisable, la recherche est sans fin. Le grand roman du XVIIIᵉ siècle est nécessairement une forme ouverte. Il n'est plus possible aujourd'hui d'attribuer à la négligence de l'auteur ou à l'indifférence du public l'inachèvement de *La Vie de Marianne,* du *Paysan parvenu* ou des *Égarements du cœur et de l'esprit* : le lecteur ne peut éviter de se poser sur les causes structurelles de cet inachèvement des questions analogues à celles qu'a inspirées le projet pascalien inabouti d'apologie de la religion chrétienne. Mais à côté de ces cas extrêmes on relève dans les romans d'apparence achevée de nombreux exemples de fausse clôture. En rappelant la virtuosité du jeu sur l'incertitude dans *Jacques le Fataliste* nous ne pouvons oublier le contrepoint d'humour que la « Préface-annexe » de *La Religieuse* apporte au pathétique du récit en révélant la mystification qui en a été l'origine. Tous les grands romanciers du siècle ne sont pas aussi diaboliques que Diderot, âme sensible et maître mystificateur riant et pleurant à la fois des contes qu'il se fait ; mais aucun ne nous laisse sur une conclusion nette. Comme on le verra, Prévost hésite entre deux dénouements de *Manon Lescaut,* retour à l'ordre ou paradoxal triomphe de l'amour. Moins de dix ans après ce premier chef-d'œuvre, l'*Histoire d'une Grecque moderne* se présente, à l'inverse, comme le roman de l'amour frustré, mais ce renversement de perspective ne le rend pas plus limpide : appelé par la forme du récit et l'invitation explicite du narrateur à faire siennes les interrogations douloureuses de celui-ci sur la personnalité de Théophé, le lecteur reste lui-même réduit aux hypothèses, et il referme le livre sans avoir trouvé le mot de cette « énigme perpétuelle ». J'ai déjà rappelé l'ambiguïté

9

de *Zadig* : dans un autre registre le jardin de Candide n'a pas fini de susciter gloses et interrogations.

Que de questions aussi à propos des dernières pages des *Liaisons dangereuses* ! La rupture des deux libertins entraîne leur punition, mais pourquoi ont-ils rompu ? Parce que chacun voulait dominer l'autre, ou parce que Valmont a trahi le libertinage en tombant vraiment amoureux de Mme de Tourvel ? Devant des signes d'authentique sincérité, d'autres de jeu machiavélique, le lecteur partage la perplexité de Mme de Volanges (lettre CLIV). Les « âmes sensibles » du siècle pouvaient se reconnaître dans le cri de la dernière lettre de Valmont à Danceny (CLV) : « Ah ! Croyez-moi, on n'est heureux que par l'amour. » Mais comment ne pas voir que ce cri surgit à point pour amener le destinataire à se faire l'instrument de la vengeance de Valmont sur la marquise ? Comment faire ici à coup sûr la part de la sincérité et celle de la dérision ? Or selon la réponse donnée la signification dernière du roman changerait du tout au tout. Si Valmont joue jusqu'au bout la comédie, la déroute des deux libertins paraît justifier l'axiome optimiste du *Fils naturel* (qui n'est pas le meilleur Diderot) : « Il n'y a que le méchant qui soit seul. » Pas de solidarité durable entre les pervers ! Cette conclusion serait toutefois plus rassurante si les innocents n'avaient pas à payer le conflit des méchants, après avoir été victimes de leur entente... De plus l'hypothétique sincérité de Valmont serait elle-même susceptible de deux lectures : celle d'un optimisme anthropologique, l'amour – la nature – l'emportant sur la dépravation ; celle du pessimisme social, la société des *Liaisons* ne laissant aucune place, aucune chance, à l'amour vrai. C'est ainsi que le plus maîtrisé – et en ce sens le plus classique – des romans du XVIIIe siècle demeure à jamais indéfiniment ouvert.

Cette ouverture indéfinie situe le « nouveau roman » du XVIIIe siècle aux antipodes de tout conformisme. Aux illusions apaisantes que les moralistes des Lumières propagent à l'envi, la fiction oppose le vécu des conflits entre individu et société, passion et raison, bonheur et vertu ; au schématisme d'une psychologie mécaniste, l'opacité des êtres et des consciences ; à une idéalisation mensongère de l'amour, les exigences et les droits de la sexualité : la mort de Julie renvoie dos à dos la sèche thérapeutique de l'athée Wolmar et le discours spiritualiste qui traverse tout le roman. Enfin, si l'imagination des romanciers se plaît à créer des cités ou des sociétés idéales, l'intégration de l'utopie à un récit qui la déborde en dénonce l'illusion : l'île heureuse décrite par Prévost dans *Cleveland* ne survit pas au passage du héros de l'épisode, pas plus que l'harmonie de Clarens à la mort de Julie, et Candide est incapable de se fixer au pays d'Eldorado. Quand le roman n'est pas ce qu'il devient avec Diderot, la conscience critique du siècle, il est du moins sa mauvaise conscience.

La fonction démystificatrice par laquelle le développement du récit en vient à détruire le projet idéologique qui le sous-tend – processus qu'on va voir à l'œuvre, par exemple, chez Marivaux et Crébillon – détermine aussi les rapports entre la fiction et les réalités sociales contemporaines. Sans doute beaucoup de récits semblent-ils plutôt destinés à favoriser l'évasion du lecteur, dans le temps et l'espace, hors du monde où il vit : les deux tiers des 3 200 thèmes romanesques recensés dans la période 1751-1800 par la belle *Bibliographie du genre romanesque français* de A. Martin, V.-G. Mylne et R. Frautschi (1977) relèvent de la féerie, du merveilleux, de l'exotisme ou de la fantaisie pseudo-historique. Mais il arrive très souvent que l'art de l'allusion transforme une apparente fuite en simple détour ; alors le dépaysement devient une ruse qui attire l'attention sur ce qu'il devrait faire oublier : l'imagination n'éloigne le lecteur des réalités de son temps que pour mieux l'y ramener.

Quant aux romanciers qui, à l'inverse, affectent de ne pas ruser avec le réel, il serait naïf de les croire sur parole. Selon leurs préfaces la raison d'être du roman serait

11

désormais de montrer les choses comme elles sont. A trop prendre pour argent comptant de telles professions de foi, la critique du XXᵉ siècle, positiviste ou marxisante, s'est longtemps évertuée à rechercher au XVIIIᵉ les signes avant-coureurs du « réalisme » du XIXᵉ. De bons esprits se sont ainsi donné le ridicule d'avoir à s'avouer déçus de ce que Prévost ou Marivaux ne soient pas Balzac... Un critique aussi pénétrant qu'Erich Auerbach tombait dans ce travers ingénu en jugeant le « réalisme » de *Manon Lescaut* « charmant et superficiel ». A supposer que la distinction usuelle entre roman d'analyse et roman de mœurs soit vraiment pertinente, on doit admettre que le récit de Des Grieux relève à la fois de l'un et de l'autre. Parler pour cette raison d'un style « intermédiaire » entre le burlesque et le sublime ne suffit cependant à rendre compte ni de la tension créée par cette coexistence d'éléments antagonistes, ni de l'unité que la narration à la première personne acquiert malgré tout de son caractère subjectif. Quant à la société de la Régence, bien présente dans le roman, elle n'y est pas directement *représentée,* mais plutôt *réfractée* par la conscience du héros-narrateur. Un art de la représentation offrirait la possibilité de tableaux panoramiques qui sont ici impensables : si l'élégance du récit s'accommode de réalités quotidiennes, voire triviales, c'est sous la forme de notations ponctuelles qui ne sont pour autant ni arbitraires, ni gratuites, mais s'inscrivent dans la logique de la fiction. Chez un écrivain rigoureux l'angle de vue choisi détermine ce qui doit être dit et ce qui ne le sera pas. La société de la fiction n'est pas la société réelle, mais une reconstruction partielle et orientée, qui vaut autant par ce qu'elle tait que par ce qu'elle dit. Sa cohérence est sélective et ses silences ne sont pas neutres : on le vérifie aussi bien à lire Laclos que Marivaux.

De ces choix cohérents, positifs ou négatifs, résulte pour l'écrivain précis un système de contraintes narratives. Un mot ou quelques mots suffisent pour évoquer une situation concrète, un milieu ou le cadre de l'action. Mais leur surgissement s'impose à la plume du romancier, éventuellement contre son gré. C'est particulièrement vrai des notations physiques et des précisions matérielles dont romancier et lecteur se passaient autrefois fort bien, sauf – évidemment – dans le style burlesque, et qui deviennent indispensables à l'intelligibilité du récit. Car ces contraintes narratives ne sont pas intemporelles. Au XVIIIᵉ siècle elles sont ce qui convient à une époque fortement encline au matérialisme. Il n'est pas surprenant que les réalités physiques, celles du corps comme celles du monde extérieur, pèsent alors lourdement sur l'écriture romanesque, même si c'est de façon inégale. Il arrive, rarement, qu'elles réussissent à s'installer au cœur du texte : ce sont, dans *La Vie de Marianne,* la célèbre scène du cocher de fiacre, ou celle du repas des demoiselles Habert dans *Le Paysan parvenu.* Le plus souvent elles restent comme en marge du texte, en hors-texte, car le goût classique dans lequel ont été formés écrivains et public lettré s'oppose à la contamination du style élégant ou élevé par ce qui est censé trivial. Sur ce point essentiel les analyses d'Auerbach conservent toute leur valeur. Les romans les plus proches par leur sujet des réalités quotidiennes hésitent devant le concret : celui-ci n'en est pas moins présent dans la semi-abstraction dans laquelle ils se réfugient. Certains repentirs de rédaction le confirment de façon très éclairante. Dans *Le Paysan perverti* (lettre XXX) Tiennette raconte à Edmond comment elle a naguère échappé aux avances de M. Parangon : « Il était furieux contre moi, car je ne voulus pas exécuter quelques ordres qu'il me donna, et qui m'exposaient à retomber entre ses mains. » Tel est du moins le texte révisé, car l'édition originale était plus explicite : « car je ne voulus pas aller arroser à la cave de la chicorée blanche ». En se relisant Rétif a dû juger que des endives n'avaient pas leur place dans un roman de qualité... Prévost nous donne un autre exemple d'autocensure. Voici le vieux M. de G... M...

13

dans la maison louée pour Manon. Le souper se prolonge. « Enfin, l'heure du sommeil étant venue, il parla d'amour et d'impatience. » C'est là s'exprimer galamment, dans le respect des bienséances, mais cette version de 1753 traduit en langage mondain ce que la première édition du roman disait en 1731 de façon plus crue : « L'heure de se coucher étant arrivée, il proposa à Manon d'aller au lit. »

On verra ci-après, notamment dans *La Vie de Marianne* et dans les *Liaisons,* d'autres manifestations de cette constante pression de la réalité matérielle sur l'écriture romanesque. Une pression parfois si forte qu'elle en vient à contrecarrer le dessein explicite du récit. Une faille apparaît alors dans le texte, soit déchirure subite où le réel s'engouffre, soit fissure d'abord discrète qui s'élargit au fil des pages. S. Delesalle a magistralement analysé la portée sociale d'une formule de Manon dont la « grossièreté de sentiments » aggrave le désarroi de l'amant trahi : « Crois-tu qu'on puisse être bien tendre lorsqu'on manque de pain ? » Cette dissonance dans un récit qui se voudrait uniment tragique révèle l'abîme qui sépare un jeune homme de qualité d'une fille de rien : le premier ne peut même pas imaginer ce que c'est qu'avoir faim, et le comportement de sa maîtresse lui en devient encore plus énigmatique ; au lecteur attentif le mot incongru révèle au contraire une opposition de classe et tout ce que le récit de Des Grieux a de socialement et culturellement orienté. Il arrive aussi, on l'a vu, que le projet romanesque annoncé achoppe sur une contradiction grandissante entre l'idée initiale et le poids de la réalité. Ainsi se creuse au long de la lecture un écart irréductible entre ce que le texte semble dire, ou prétend vouloir dire, et ce qu'il dit effectivement. La vérité morale et sociale du roman réside dans ce jeu de détails inattendus, de dissonances signifiantes, de lignes brouillées et de dérives créatrices ; non dans les préfaces ni les préambules, mais dans le travail d'un texte où, selon le mot de Pierre Macherey, et comme aux Galeries Lafayette, il se passe toujours quelque chose.

Les seize études qui suivent, dont la plus ancienne date de 1970, la plus récente de 1992, relèvent, me semble-t-il, d'une constante interrogation sur l'originalité de la littérature française du XVIIIᵉ siècle et sur les implications idéologiques et sociales de l'invention littéraire à l'âge des Lumières. Fictions, idées, société : je n'ai pas la prétention d'avoir obtenu du croisement de ces trois approches tout ce qu'il pouvait donner. Peut-être reconnaîtra-t-on du moins à quelques essais d'analyse serrée le simple mérite d'éviter tout schématisme réducteur : peut-être les créditera-t-on aussi d'une double recherche et de la cohérence globale des œuvres et des menues notations qui, au détour d'une phrase, leur donnent vie, complexité, consistance. Une attention au détail qui ne se soucierait pas de sa fonction dans l'économie générale de l'œuvre ne serait que vain pointillisme. Mais il faut s'astreindre à lire à la loupe pour avoir le droit de hasarder des vues d'ensemble : pas de sociocritique sans microlecture !

Ces études qui conduisent des *Lettres persanes* à *Adolphe* incitent par ailleurs à parcourir le siècle tout entier, de l'aube étincelante des Lumières à leur mélancolique crépuscule. A une demi-exception près, évidemment imposée par le rapprochement insolite de Constant et de Crébillon, et avec une marge d'approximation tenant à la genèse complexe de plusieurs des œuvres analysées, elles sont présentées dans l'ordre chronologique de celles-ci. Ce choix simple qui, peut-être, paraîtra simplet s'inspire de la conviction que l'unité du siècle ne doit pas faire oublier la diversité de ses moments successifs : pas de respect des textes sans respect de l'histoire !

NB. — Précisons qu'à quelques détails près – rectifications mineures ou corrections de coquilles – les études sont reproduites dans leur version initiale, y compris pour leurs références bibliographiques qu'il aurait été aussi vain qu'artificiel de prétendre actualiser. Quant à cette introduction, elle s'inspire de très près d'une demi-douzaine d'articles antérieurs de réflexion générale que ce volume ne pouvait accueillir. Comme il n'est permis de piller personne, fût-ce soi-même, sans citer ses sources, on me permettra d'en donner la liste : « Idéologie et société au XVIIIe siècle : réflexions de méthode », *Actes du Colloque d'histoire sociale de l'École normale supérieure (mai 1966)*, Mouton, 1967 ; « Histoire des idées et histoire littéraire », dans *Problèmes et méthodes de l'histoire littéraire, RHLF,* 1974 ; « Tradition et innovation dans la littérature du XVIIIe siècle français : les idées et les formes », *Acta Universitatis Wratislaviensis,* Wroclaw, 1975 ; « Existe-t-il un style des Lumières ? », *Les Lumières en Hongrie, en Europe centrale et orientale,* Budapest, Akademiai Kiado, 1977 ; « Roman et société en France au XVIIIe siècle : quelques principes de recherche », *Wiek Oswiecenia,* n° 6, Varsovie, 1989 ; « L'histoire du texte, le texte dans l'histoire et l'histoire dans le texte », *Naissance du texte,* Corti, 1989.

Un roman politique :
les *Lettres persanes**

Il est bien des façons de lire les *Lettres persanes* : comme un badinage libertin, une chronique de mœurs, un prélude à *L'Esprit des lois,* un authentique roman épistolaire et même une autobiographie déguisée. Parmi toutes les lectures possibles la lecture *politique* n'est certainement pas la moins riche si elle est conduite à trois niveaux : les faits, les réflexions et les sentiments qu'ils inspirent, les idées.

Il y a d'abord les multiples allusions à l'actualité des années 1711-1720 ou à des événements antérieurs, qui ont déjà exercé fort efficacement l'érudition des commentateurs[1]. Viennent ensuite, avec une série de problèmes, sinon une philosophie politique, du moins les articles d'un credo – justice, liberté, « industrie », population, tolérance –, tout un ensemble de réflexions sur la nature et les moyens du bonheur social. Mais ni des éléments de décor historique ni des « raisonnements » ne suffisent à composer un roman, même pas « une espèce de roman »[2].

---

* Première publication, sous le titre « La signification politique des *Lettres persanes* », dans *Archives des lettres modernes,* n° 116, Paris, Minard, 1970.
1. Voir en particulier les notes de l'édition P. Vernière, Classiques Garnier, 1960.
2. « Quelques réflexions sur les *Lettres persanes* », insérées dans le Supplément de l'édition de 1754.

Il fallait sur les uns et sur les autres le point de vue subjectif d'un ou de plusieurs personnages, « chaîne secrète » qui liât l'Orient à l'Occident et des « digressions » à l'intrigue. Ainsi apparaîtraient − Montesquieu l'a fort bien compris − avec l'unité du livre son mouvement, son sens.

Sur les 161 lettres du recueil, 62 au moins touchent de près ou de loin à la politique[1] ; 5 ont pour auteurs Nargum et Rhédi ; 15 viennent de Rica ; Usbek pour sa part en écrit 42 et en reçoit 9. L'inégalité est d'autant plus significative que ces 42 textes représentent plus de la moitié de l'ensemble des lettres composées par Usbek, tandis que la politique occupe moins du tiers de la correspondance de Rica ; 14 lettres sur 47. La gravité du sujet convenait mieux au sérieux d'Usbek qu'à la légèreté spirituelle de son compagnon. Et il n'est indifférent ni à la portée du livre ni à son unité que la politique y intéresse surtout le personnage principal.

Il n'est pas inutile de considérer, en second lieu, la distribution des lettres à coloration politique dans l'ensemble du recueil : 16 seulement dans les 80 premières qui font à peu près la moitié du volume et 46 dans la seconde moitié. En réalité le déséquilibre est encore plus net puisqu'il faut mettre à part les 15 dernières lettres comme l'auteur l'a manifestement voulu. Non seulement les *Lettres persanes* sont en grande partie une œuvre politique mais ce caractère s'accentue au fil des pages. Encore est-il possible de préciser et de nuancer cette constatation. L'étude de la répartition par année (fig. 1) révèle une curiosité politique

---

1. Lettres VIII, XI-XIV, XIX, XXIII, XXIV, XXXI, XXXVII, XLIV, LI, LXI, LXXV, LXXVI, LXXVIII, LXXX, LXXXI, LXXXIV, LXXXV, LXXXVI, LXXXVIII, LXXXIX, XC, XCII, XCIV, XCV, XCVIII, C, CII, CIII, CIV, CV-CVI, CVII, CIX, CXI, CXII, CXIV-CXXII, CXXIII, CXXIV, CXXVI, CXXVII, CXXIX, CXXX, CXXXI, CXXXII, CXXXVI, CXXXVIII, CXXXIX, CXL, CXLII, CXLV, CXLVI.
   Je prends *politique* dans une acception large et je suis tenté d'ajouter à la liste qui précède la lettre CLXI.

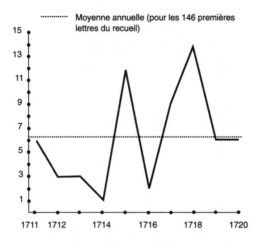

Fig. 1. — Répartition annuelle des lettres politiques
(en chiffres, absolus)

décroissante de 1711 à 1714 et deux poussées très fortes
en 1715 et 1718. Plus fine, l'analyse en pourcentage – proportion annuelle des lettres politiques par rapport à l'ensemble des lettres de l'année (fig. 2) – souligne la même
tendance au désintérêt pour les affaires publiques dans la
période antérieure à 1715 et au contraire un intérêt très
vif dans les années 1715-1718. La chute qui marque l'année 1719 est aussi apparente sur les deux schémas, moins
brutale cependant si l'on soustrait du total des lettres qui
portent cette date celles que Montesquieu a volontairement rejetées en fin de volume et qui concernent uniquement la crise du sérail (fig. 2, courbe rectifiée). Quant à la
curiosité politique des années 1719-1720, elle apparaît
d'abord très proche de la moyenne et sensiblement analogue à celle de l'année initiale, mais la courbe rectifiée,
qui descend beaucoup moins bas, indique pour 1720 une
assez forte remontée et confirme l'importance de la
lettre CXLVI.

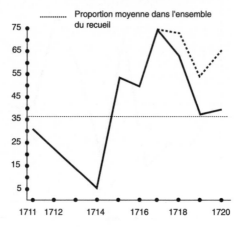

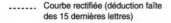

Fig. 2. — Répartition annuelle des lettres politiques
(en pourcentage par rapport
à l'ensemble des lettres de l'année)

Les dates tournantes ainsi mises en lumière par l'étude quantitative – 1715, 1718, 1720 – n'appellent pas de longues considérations historiques. Après le déclin morose du Grand Siècle dont nos Persans, arrivés à Paris en mai 1712, ont vécu les dernières années, voici – comme dit Voltaire – le « temps de l'aimable Régence » qui est aussi, pour beaucoup – parlementaires et grands seigneurs, jansénistes et libertins – le temps de la revanche. Trois ans plus tard c'est la fin du gouvernement des Conseils (septembre 1718) puis la découverte du complot monté contre le Régent par l'ambassadeur d'Espagne avec le duc et la duchesse du Maine (décembre). Enfin l'année 1720 se termine sur la banqueroute et la fuite de Law. En neuf ans de vie parisienne Usbek et Rica ont donc connu deux expériences et trois liquidations. C'est assez pour aiguiser leur esprit d'observation, développer leur curiosité et nourrir leurs réflexions. Mais pour eux la politique française est beaucoup plus que spectacle ou matière à raisonnements : témoins engagés d'une époque incertaine et d'un monde en pleine mutation, ils passent en quelques années – Usbek surtout – de la surprise ironique à la sympathie, puis de l'adhésion à l'inquiétude, à la colère et au désarroi. La chronique qu'ils nous offrent, c'est l'histoire ou le journal d'une grande désillusion.

Exilé politique (VIII), Usbek sait bien – malgré l'apologue des Troglodytes (XI-XIV) – que le bonheur n'est pas sous tous les régimes la récompense de la vertu ; d'autre part lorsqu'il débarque à Marseille il a encore devant les yeux deux images contrastées : la faiblesse et la misère de l'Empire turc (XIX), la prospérité de Livourne (XXIII). Dès le début du recueil un parallèle s'esquisse ainsi entre la monarchie et le despotisme[1]. C'est ce parallèle qui sous-tend de juin 1712 à septembre 1715 les observations et les jugements formulés sur Louis XIV et son règne. Explicite dans la lettre XXXVII – qui prête à Louis XIV une sympathie avouée pour « la politique orientale » – le parallèle est le plus souvent suggéré par tout un système d'analogies ou d'oppositions transparentes. Si la « gloire » est en France un ressort de gouvernement plus efficace que ne le sont en Perse et en Turquie la crainte ou la faveur arbitraire (LXXXIX) l'étrange « égalité » qui règne à Paris n'est-elle pas inquiétante (LXXXVIII) ? Car « la faveur est la grande divinité des Français » ; en France comme en Perse les hommes sont distingués, non par la « naissance », la « vertu » ou le « mérite » mais seulement par le regard du roi *(ibid.)*. Il est vrai que selon Usbek la tendance au nivellement social n'est pas nouvelle en Europe : les princes européens ont depuis longtemps saisi le prétexte de l'égalité chrétienne pour soustraire le « bas peuple » des serfs à l'autorité des

1. Le mot lui-même de *despostisme* n'apparaît que dans les lettres CII et CXXXI.

seigneurs (LXXV). Grand seigneur lui-même, mais sans indulgence pour la noblesse de cour, Usbek s'amuse de la vanité de corps qui anime en France jusqu'aux «plus vils artisans» (XLIV) ; il s'étonne en revanche du dédain où la noblesse d'épée tient celle de robe *(ibid.),* cette même robe dont Louis XIV dévalue les titres en multipliant les offices royaux (XXIV). A l'inspiration aristocratique de ces propos, dont l'accent porte discrètement sur les «mérites» de la caste parlementaire, font écho les remarques de Rica sur le peu d'autorité laissé par les mœurs et le droit français aux pères de famille (LXXXVI). Ainsi le portrait de la France vue de Versailles, ce lieu illusoire du caprice et de la «magie», dessine *a contrario* celui de la France réelle ou rêvée, une société de tradition, hiérarchisée et patriarcale.

A quelques nuances près Usbek et Rica se rangent parmi les partisans d'une restauration aristocratique, dans la ligne de Fénelon et des opposants longtemps groupés autour du duc de Bourgogne : est-ce par hasard que Montesquieu les fait arriver en France quelques semaines après la mort de celui-ci ? Mais les idées et aspirations qu'il leur prête sont marquées de la même ambiguïté que l'on relève chez Fénelon. Opposition «féodale» ou opposition libérale ? Les historiens n'ont pas fini d'en débattre[1]. Il est sûr en tout cas qu'elle va au-delà des intérêts étroits d'une caste. Trois lettres des premiers mois de 1715 font indirectement le bilan du règne et suggèrent au lecteur des questions pressantes : sur la vanité de l'esprit de conquête (LXXXI), sur les méfaits économiques et sociaux de l'intolérance et les avantages du pluralisme religieux (LXXXV), sur le risque que court la France de devenir une seconde Espagne, orgueilleuse, oisive, fanatique, ignorante et misérable (LXXVIII). La lettre LXXX développe les avantages d'un gouvernement «doux» et

1. Voir Denis Richet, «Autour de la Révolution française : élites et despotisme», *Annales ESC,* janvier-février 1969.

les dangers, pour le prince lui-même, d'un régime de type « asiatique » ; à la Turquie, à la Perse, au Mogol Usbek n'oppose pas l'exemple de la France, cas douteux, mais la Hollande, Venise (sur laquelle Montesquieu changera d'avis) et enfin – choix et légère réticence également instructifs – « l'Angleterre même ». Quelques semaines plus tôt, défendant la légitimité du suicide, il ébauchait une philosophie politique autour de l'idée de contrat : « La société est fondée sur un avantage mutuel [...]. Le prince veut-il que je sois son sujet quand je ne retire point les avantages de la sujétion ? » (LXXVI).

Dès septembre 1715 le choc psychologique du changement de règne favorise la maturation de toutes ces idées en même temps qu'un regain d'intérêt pour les affaires publiques ; si les lettres contemporaines de la Polysynodie ne sont pas très nombreuses – une trentaine – deux sur trois abordent des questions politiques, et celles-ci monopolisent presque complètement l'attention dans les derniers mois de l'année 1718. Décidément gagné à la cause parlementaire, Usbek applaudit à l'accord passé entre le Parlement et le Régent, à la cassation du testament de Louis XIV et au rétablissement du droit de remontrances. Il y a quelque grandiloquence dans sa manière d'évoquer le rôle traditionnel du Parlement, « image de la liberté publique [...] appui de la monarchie et [...] fondement de toute autorité légitime » ; mais c'étaient là des sentiments très répandus et le Persan n'a pas tort de présenter l'événement comme « agréable au peuple » (XCII). Longtemps après 1715 l'autorité du Parlement apparaîtra au plus grand nombre comme un frein à l'arbitraire de la cour et des ministres, et la restauration de cette autorité comme le moyen de libéraliser la monarchie.

Il n'est donc pas étonnant qu'Usbek se range au côté des parlementaires tout en défendant une conception contractualiste de l'État. Car nous devons abandonner l'idée reçue selon laquelle l'auteur des *Lettres persanes* aurait dédaigné ou rejeté les théories du pacte social. S'il est vrai que la lettre XCIV raille les spéculations sur l'origine des sociétés, elle est dirigée contre Hobbes et non contre Grotius : pour celui-ci et pour ses continuateurs la sociabilité naturelle est la condition du pacte social et non son contraire[1] ; c'est tellement vrai que lorsque Usbek développe trois jours plus tard une vigoureuse réfutation du réalisme politique dans les rapports internationaux et qu'il se préoccupe d'établir « le droit des gens ou celui de la raison », l'idée d'une convention lui vient tout naturellement à l'esprit : « Une société ne peut être fondée que sur la volonté des associés. Si elle est détruite par la conquête le peuple redevient libre. »[2]

Est-ce le seul cas de dissolution du pacte social ? Usbek n'élude pas longtemps la question. Philosophant, dans la lettre CIV, sur la révolution anglaise de 1648, il ne cache pas son aversion pour les mouvements populaires, marque un recul devant l'affirmation brutale du droit de résistance, mais manifeste aussi de la curiosité pour les affirmations « extraordinaires » des politiques d'Outre-Manche et une évidente complaisance pour leur réfutation de l'absolutisme :

« [...] si un prince, bien loin de faire vivre ses sujets heureux, veut les accabler et les détruire, le fondement de l'obéissance cesse : rien ne les lie, rien ne les attache à lui ; et ils rentrent dans leur liberté naturelle. Ils soutiennent que tout pouvoir sans bornes ne saurait être légitimé parce qu'il n'a jamais pu avoir d'origine légitime. »

La formule finale éclaire l'allusion de la lettre C aux « assemblées générales de la nation » qui auraient partagé le pouvoir avec les « premiers rois » francs. Problème d'origine, problème de légitimité : les deux questions sont

1. Voir mon introduction aux morceaux choisis de *L'Esprit des lois,* publiés dans la collection des « Classiques du Peuple », Éditions sociales, 1969.
2. XCV. C'est le texte des éditions de 1721 et 1754.

liées dans les *Lettres persanes* comme elles le resteront dans *L'Esprit des lois*[1] ; pour Rica et Usbek déjà la raison et l'histoire plaident également en faveur de la liberté et de l'équilibre des pouvoirs.

L'exemple anglais a aussi valeur d'avertissement pour les monarques tentés d'abuser de leur puissance. Il complète ce que les deux lettres précédentes disaient du gouvernement « tyrannique et affreux » des princes d'Orient : pouvoir d'autant plus cruel qu'il est constamment menacé. A la faiblesse devant les menaces extérieures – faiblesse indiquée dès la lettre XIX et démontrée dans la lettre CXXIII par les victoires du prince Eugène sur les Turcs – s'ajoute le risque toujours présent d'une révolution de palais : l'immobilité politique qui condamne les pays orientaux à la stagnation et à la misère va en effet de pair avec une sanglante instabilité (CIII). Cette dernière idée n'est pas non plus nouvelle sous la plume d'Usbek puisque le thème de la fragilité du pouvoir despotique avait déjà été introduit par la lettre LXXX. Mais les développements que le Persan lui donne cette fois-ci permettent de mesurer ce qu'ont été en deux ans l'enrichissement et l'affermissement de sa pensée politique.

Plus précise, celle-ci est aussi plus nuancée. Dans le parallèle sans cesse repris de la monarchie et du despotisme l'avantage reste à la première mais une inquiétude apparaît à son sujet. La lettre CII analyse le gouvernement monarchique comme « un état violent » – c'est-à-dire, au sens de l'ancienne physique, un état forcé, donc précaire – « qui dégénère toujours en despotisme ou en république ». Usbek ajoute aussitôt qu'entre les deux régimes appelés à la succession les chances ne sont pas égales : comme le prince dispose de la force militaire la

---

1. Faut-il rappeler que la thèse « germaniste » sur les origines de la monarchie française, illustrée surtout en 1727 par l'ouvrage posthume de Boulainvilliers, ne va pas forcément au XVIIIe siècle dans le sens de la réaction « féodale » ? Rousseau, par exemple, lui donne une signification démocratique (*Contrat social*, III, 12).

25

balance penche le plus souvent de son côté. Ainsi le glissement du règne de Louis XIV vers le despotisme n'est plus attribué à la seule ambition ou au seul orgueil d'un individu ; il apparaît maintenant comme un cas particulier d'une loi générale de dégénérescence de la monarchie.

Cependant Usbek ne tarde pas à nous rassurer : même s'il n'existe plus en Europe de véritables monarchies le frein des mœurs et des croyances et surtout la claire notion de leur véritable intérêt suffisent à dissuader les princes européens de se comporter en despotes. La lettre CII met les rois en garde contre la tentation d'un exercice arbitraire de leur autorité mais elle magnifie aussi leur rôle : « Ces monarques sont comme le soleil, qui porte partout la chaleur et la vie. » En 1717 Usbek est loin de désespérer du nouveau règne. Tandis que son compagnon égratigne d'une épigramme la politique étrangère de l'abbé Dubois (C), il approuve, lui, la politique financière du duc de Noailles et s'amuse de voir les traitants contraints, peut-être, de rendre gorge. C'est la réaction d'un gentilhomme indigné de ce que le « corps des laquais » soit devenu en France « un séminaire de grands seigneurs » (XCVIII) et qui n'admettrait pas de fumer ses terres en épousant la fille d'un parvenu. Mais ce dédain aristocratique pour les gens de finance n'empêche pas Usbek de plaider, contre Rhédi, pour « les arts » et la « circulation des richesses » (CVI) ni de suggérer l'année suivante par son analyse des causes « morales » de la dépopulation une politique de développement économique fondée sur la paix, la tolérance et la liberté (CXIII-CXXII), ni même de protester contre « l'injuste droit d'aînesse » en invoquant « l'égalité des citoyens » (CXIX). Ces propos ne sont pas d'un « féodal » enfermé dans les préjugés et les intérêts de sa caste. Usbek a le sens de l'État. Pour l'avenir il met vraisemblablement ses espérances, comme le fait Rica, en la personne du jeune roi (CVII). Il a en tout cas peu de goût pour les factions et le souvenir de la Fronde lui inspire un discours humoristique qui n'est pas à l'avantage des Frondeurs[1]. De son côté Rica ironise sur l'attitude vétilleuse des «grands corps», d'autant moins enclins à la sagesse qu'ils rassemblent plus de sages (CIX). La lettre est de février 1718, époque où Noailles se heurte à l'opposition du Parlement. Les temps sont proches où le Régent renverra l'un et matera l'autre au profit de nouveaux «vizirs».

«Vous me demandez ce que c'est que la Régence. C'est une succession de projets manqués et d'idées indépendantes; de saillies mises en air de système, un mélange informe de faiblesse et d'autorité...» Ce jugement sévère était destiné aux *Lettres persanes*[2]; il ne répond guère aux espérances conçues en 1715 ni à l'appréciation trop favorable portée rétroactivement sur la Polysynodie (CXXXVIII), mais correspond assez bien aux sentiments qu'expriment Usbek ou Rica de 1718 à 1720. Plus que la compassion du second pour le duc du Maine (CXXVI) la diatribe sarcastique d'Usbek contre le parasitisme des courtisans (CXXIV) marque leur passage à l'opposition. Dès avril 1719 la nouvelle de l'exécution du premier ministre de Suède est l'occasion de suggérer quel sort menace les mauvais conseillers des princes (CXXVII). En parlant de Görtz Rica vise Dubois autant que Law. Mais c'est l'Écossais qui occupe ensuite le premier plan de l'actualité et les Persans ne l'épargnent pas. Pour lui avoir résisté le Parlement de Paris retrouve aux yeux de Rica tout son prestige (CXL). Trois lettres du même Rica – CXXXII, CXXXVIII, CXLII – multiplient les sarcasmes

---

1. CXI. A la différence de P. Vernière, je ne puis voir dans cette lettre l'expression d'un état d'esprit «féodal et parlementaire». Elle me paraît viser la légèreté brouillonne du cardinal de Retz beaucoup plus que les ridicules de Mazarin, Montesquieu a fort bien jugé les deux hommes : «Le cardinal de Retz était plus propre à être à la tête d'une faction, et le cardinal de Mazarin, plus propre à être dans un cabinet» (*Mes pensées,* 1368 [1611]).
2. Édition Vernière, p. 339.

à l'égard du «fils d'Éole» qu'Usbek, à son tour, accable bientôt de son mépris et de sa colère (CXLVI).

Pourquoi cet acharnement injuste? Un chapitre célèbre de *L'Esprit des lois* (II, 4) accusera Law d'avoir voulu «ôter les rangs intermédiaires» et le dénoncera comme «un des plus grands promoteurs du despotisme que l'on eût encore vus en Europe». Dans les *Lettres persanes* l'accusation est moins précise mais il est évident que l'hostilité des Persans ne se fonde ni sur des arguments de technique financière ni sur une analyse économique. Les historiens d'aujourd'hui insistent volontiers sur le rôle du Système – *New Deal* de la Régence»[1] – dans la relance de l'économie française au début du XVIIIᵉ siècle. Mais sur le moment, traumatisés par le spectacle de la rue Quincampoix, les contemporains ont surtout retenu le scandale de la spéculation et des fortunes vertigineuses. Chacun des deux Persans exprime à sa manière le sentiment public, Usbek par la colère, Rica par le persiflage. Mais lorsqu'ils se rejoignent pour dénoncer la perversion des valeurs traditionnelles ils ne réagissent pas seulement en moralistes; l'indignation si véhémente du premier contre l'attitude honteuse de quelques grands seigneurs, l'ironie dont le second accable les nouveaux riches sont également une réaction de défense sociale.

S'il fait la fortune des généalogistes, le Système est une menace pour tous les «gens de qualité». Soit qu'il les expose au voisinage prétentieux des parvenus (CXXXII), soit qu'il les séduise et les corrompe (CXLVI), il met en danger l'ordre traditionnel de la société monarchique. Mais sa faillite compromet aussi la rénovation de la monarchie. Ces deux craintes mêlées expliquent la colère et le désarroi d'Usbek. La monarchie selon son cœur et sa raison devait concilier la tradition et la nouveauté, l'ordre aristocratique et la prospérité du négoce, le «mérite» du sang et celui

---

1. La formule est d'E. Leroy-Ladurie, dans *Les Paysans du Languedoc* (SEVPEN, 1966; édition abrégée, Flammarion, 1969).

d'une « généreuse industrie », la terre et l'argent. Dès l'automne 1719 cet heureux équilibre n'est plus qu'un espoir déçu. Et par contrecoup l'attitude des deux porte-parole de Montesquieu tend à se figer dans le conservatisme. La lettre CXXXII met en parallèle le risque des aventures financières et la sécurité, même médiocre, d'une « petite terre ». La lettre CXXXVIII va jusqu'à découvrir des vertus aux régimes de Perse et de Turquie ; en réalité ses premières lignes sont moins à l'avantage du despotisme qu'à celui de la tradition. Devant les incertitudes de la politique française, Rica est saisi d'un désir de stabilité ; il rêve d'un gouvernement qui supprimerait toute différence « entre l'administration des revenus du prince et celle des biens d'un particulier », faisant du souverain le premier des pères de famille. Précisément Usbek se livrait quelques mois plus tôt à une vibrante apologie de la puissance paternelle « la plus sacrée de toutes les magistratures » (CXXIX)[1]. Ainsi les désordres du Système réveillent la nostalgie d'un ordre terrien et patriarcal qu'exprimait déjà l'apologue des Troglodytes et que l'optimisme conquérant des années 1715-1718 n'avait pas complètement dissipée.

Le Persan se garde bien, toutefois, de confondre autorité paternelle et autorité politique. Dans le débat ouvert sur ce sujet à la fin du XVIIe siècle et qui se prolongera jusque dans l'*Encyclopédie,* Montesquieu est d'emblée du côté de Locke et de Rousseau, contre Filmer ou Bossuet. L'autorité paternelle, dit Usbek, « est la seule qui ne dépend pas des conventions et qui les a même précédées » (CXXIX). Exalter ainsi la petite société familiale au détriment de la société « civile » revient à souligner qu'aucun pouvoir politique ne peut se réclamer de la nature : la monarchie est elle aussi un effet de l'art et relève d'une convention. Au moment même où la

---

1. A rapprocher des lettres LXXXVI et XCIV. Mais il y a beaucoup plus d'âpreté et d'émotion dans la lettre CXXIX dont le pessimisme justifie la place que l'auteur lui a finalement assignée : initialement datée de 1715, elle a été décalée de quatre ans dans l'édition posthume de 1758.

29

tentation patriarcale est la plus forte nous retrouvons donc le thème libéral du contrat social. Reste à définir les parties contractantes. C'est le rôle de la lettre CXXXI où Rhédi développe, en réponse à Rica, les vues esquissées deux ans plus tôt par celui-ci (C) sur les origines de la monarchie française : les rois francs « n'étaient proprement que des chefs ou des généraux », des chefs auxquels il arrivait d'être déposés et dont l'autorité était toujours limitée par les « assemblées de la Nation ». Lorsque Rica nous avait pour la première fois parlé de celles-ci, il n'en avait pas indiqué la composition. Rhédi nous apprend qu'elle était tout aristocratique puisque le prince partageait son autorité avec « un grand nombre de seigneurs ». La revendication qui perce dans ce propos nous rapproche plus de Boulainvilliers que de Locke. Mais lorsque Rica revient une dernière fois sur ce sujet, dans la lettre CXXXVI, pour regretter lui aussi la « douce liberté » des temps barbares, il ne s'exprime pas en porte-parole d'une caste privilégiée mais en philosophe qui défend « la raison, [...] l'humanité, [...] la nature » et ce langage universaliste l'entraîne à des références modernes : la Suisse, « image de la liberté », la Hollande commerçante dont les négociants voient en Asie « tant de rois prosternés devant eux », l'Angleterre surtout, déjà évoquée à deux reprises mais dont, en trente mois, le prestige a encore singulièrement grandi :

« Ce sont ici les historiens d'Angleterre, où l'on voit la liberté sortir sans cesse des feux de la discorde et de la sédition : le Prince toujours chancelant sur un trône inébranlable ; une nation impatiente, sage dans sa fureur même, et qui, maîtresse de la Mer (chose inouïe jusqu'alors) mêle le commerce avec l'Empire.[1] »

Telle est apparemment la leçon des *Lettres persanes,* également étrangère au scepticisme élégant et à l'assurance heureuse que l'on a parfois prêtés à leur auteur. On peut se

1. Par rapport aux lettres CIV et LXXX (voir *supra*) la progression de la sympathie est manifeste.

demander à quels intérêts correspond la dénonciation si vigoureuse du « despotisme », souligner que tout en concédant au « bas peuple » (LXXV) le droit de vivre et en favorisant le grand négoce elle répond surtout aux aspirations de la noblesse d'épée et de la Robe. On peut aussi dégager du livre une « politique naturelle » qui rassemble déjà les grands thèmes de la Philosophie militante. Mais à s'en tenir là on risquerait de manquer l'essentiel. Les *Lettres persanes* ne sont pas un traité ou une dissertation arbitrairement morcelés, mais l'expression romanesque d'une prise de conscience politique. La perspective temporelle que la chronologie fictive des lettres impose au lecteur présente en effet un triple avantage. D'une part, éclairant à chaque fois les idées par l'histoire et l'histoire par les idées, elle donne un sens à l'anecdote et au raisonnement un poids de réalité : des liens se tissent ainsi entre des lettres qu'une analyse méthodique eût classées en séries hétérogènes et l'on s'aperçoit qu'une lettre signifie souvent autant par sa date et sa place que par son contenu. D'autre part la fragmentation d'un exposé qui s'enrichit et se nuance au fil des pages sollicite la participation active du lecteur et lui interdit de se reposer dans la tranquillité des certitudes acquises, renforçant ainsi l'effet produit par la pluralité des correspondants. Et enfin, malgré cette diversité, l'existence d'un personnage privilégié invite à partager ses espérances et ses enthousiasmes, ses colères et ses inquiétudes.

Il est vrai que le dernier mot n'appartient pas à Usbek mais à Roxane et que la vérité romanesque rompt, en fin de recueil, avec la succession chronologique. Comme l'a excellemment montré Roger Laufer[1], le regroupement des lettres consacrées à la crise du sérail en fin de volume n'est pas un artifice gratuit : il souligne la contradiction intime d'Usbek, à la fois philosophe et despote, l'écart entre ses idées et

---

1. « La réussite romanesque et la signification des *Lettres persanes* de Montesquieu », *RHLF,* avril-juin 1961 (art. repris dans *Style rococo, style des Lumières,* J. Corti, 1963).

son comportement. Mais la lettre ultime de Roxane lui donne raison contre lui-même : n'est-ce pas lui qui prêchait naguère la légitimité du suicide et montrait aux despotes la précarité de leur pouvoir ? Usbek se tait mais la révolte de Roxane répond au cri de colère de la lettre CXLVI. On n'a peut-être pas suffisamment remarqué que pour Usbek les deux lettres CXLVI et CLXI sont contemporaines : c'est en novembre 1720 qu'il écrit l'une et reçoit l'autre. Ainsi l'effondrement de l'« ordre » oriental fait pendant à la faillite du Système ; les fausses valeurs de l'orient et de l'occident sont simultanément discréditées. Montesquieu-Usbek garde le silence mais le « suicide héroïque »[1] de Montesquieu-Roxane parle à sa place. Le geste de Roxane est un refus sans appel de l'ordre établi et du conformisme social. Peu importe après une telle rupture que l'auteur abandonne son héros à un sort énigmatique : celui-ci mettra-t-il d'accord sa pensée et ses actes en affranchissant ses esclaves ? La vraisemblance historique s'y oppose mais la vraisemblance morale ne permet pas d'imaginer Usbek, l'inquiet Usbek, revenu à Ispahan et définitivement fixé parmi ses femmes comme si rien ne s'était passé. Montesquieu n'a pas voulu pour lui de ce destin médiocre. A la vérité était-il en mesure de lui inventer un avenir ? Reniement ou révolution étant également exclus, restait la solution de ne pas conclure. C'est pourquoi les *Lettres persanes* se terminent sur un grand point d'interrogation. Et, quoi qu'en dise R. Laufer, après ce bilan lucide d'un monde en crise Montesquieu ne fermera pas les yeux. De plus en plus soucieux de comprendre un univers déconcertant mais aussi de l'améliorer, il n'abdiquera jamais ni l'acuité du regard ni la générosité de la raison : tel « l'homme d'esprit » dont parlait Usbek, « porté à la critique, parce qu'il voit plus de choses qu'un autre et les sent mieux » (CXLV).

---

1. Voir J.-M. Goulemot, « Montesquieu : du suicide légitimé à l'apogée du suicide héroïque », in *Gilbert Roinme et son temps* (Actes du Colloque Romme), Clermont-Ferrand, De Bussac, 1966.

L'avenir de Des Grieux[*]

Des Grieux a-t-il un avenir ? Vaine question puisque le héros de roman n'existe que dans et par le texte, et que la fiction s'enferme dans le livre refermé. Question utile si l'au-delà illusoire d'un texte peut en éclairer la substance. La lecture naïve devient approche critique lorsque la tentative pour prolonger le récit au-delà de lui-même achoppe sur des incertitudes qu'avait d'abord dissimulées la trompeuse limpidité de la narration[1] : hésitations de l'auteur sur la façon de conclure son roman et d'accorder le dénouement au corps du récit; présence discrète d'un commentaire qui double celui-ci, en amplifie les effets, l'enrichit de nuances multiples, mais sans parvenir à vraiment l'éclairer. Entre les « faits » et le lecteur s'interpose ainsi un second écran: non seulement la façon dont le héros les a vécus, mais aussi la manière dont le narrateur les revit en les commentant. Une question absurde nous

---

[*] Première publication: «L'avenir de Des Grieux: le héros et le narrateur», *Mélanges de littérature française offerts à Monsieur René Pintard,* Strasbourg, 1975.

1. Sur la fausse transparence du récit de Des Grieux et ses « discordances » d'excellentes choses ont été dites par S. Delesalle, mêlées cependant à des analyses très contestables («Lectures de *Manon Lescaut», Annales ESC,* mai-août 1971). En discutant les secondes nous nous garderons d'oublier les premières.

aide donc à déjouer le piège de la narration à la première personne : elle nous force à nous souvenir que le narrateur est lui-même un personnage, un être de fiction.

En accord avec l'intention morale exposée, en prélude au roman, dans l'*Avis de l'auteur des « Mémoires d'un homme de qualité »,* le dénouement nous laisse sur l'image édifiante du retour de l'enfant prodigue : « J'étais résolu de retourner dans ma patrie pour y préparer, par une vie sage et réglée, le scandale de ma conduite »[1]. Le texte de 1731 donnait à cette volonté de *réparation* une tonalité religieuse très marquée ; la version de 1753 laïcise discrètement ce qui était d'abord, au sens plein du mot, une conversion. Ce n'est plus immédiatement à Dieu que revient le chevalier mais à « des idées dignes de [sa] naissance et de [son] éducation » ; les « inspirations de l'honneur » se substituent aux « exercices de piété » et il n'est plus question de « pénitence ». Certes les deux versions ne sont pas incompatibles : le « Ciel » intervient dans l'une et l'autre, et l'on sait que la « vertu » enseignée par Tiberge relève à la fois du temporel et du spirituel. De plus, d'un texte à l'autre l'essentiel demeure : dans les deux cas l'ordre l'emporte enfin sur le désordre. Reste une différence d'accent qui est loin d'être négligeable. En 1753 le « scandale » que Des Grieux se promet de réparer n'est plus directement affaire entre sa conscience et Dieu, mais entre son être social et l'opinion publique. Dans les deux versions le héros est « récupéré », mais dans la seconde cette récupération s'effectue principalement au profit de la Société, alors qu'en 1731 la victoire revenait d'abord à la Religion.

Au gré de leur dévotion les lecteurs et les lectrices des premières éditions pouvaient prêter à Des Grieux un avenir de chrétiennes mortifications ; ils pouvaient même l'imaginer enseveli dans quelque couvent, non comme simple pensionnaire – selon l'exemple de Renoncour

1. Édition Deloffre et Picard, Classiques Garnier, 1965, p. 202.

pleurant Sélima et tentant de retrouver dans la paix du cloître celle du cœur – mais sous la robe de chartreux qu'avait auparavant revêtue le père de l'Homme de Qualité. Pour les lecteurs de 1753 il est encore possible de se représenter le chevalier entrant dans les ordres, mais de façon moins dramatique et seulement comme il convient à un cadet de bonne famille docile à ce qu'avaient été les vues de son père et à ce que demeurent sans doute celles de son aîné. Dès lors le récit semble gagner en cohérence ; la vie « sage et réglée » qui attend le héros peut n'être pas très éloignée de celle qu'il lui était arrivé de se promettre quand, arraché une première fois à Manon par la volonté paternelle et la première trahison de sa maîtresse, il avait trouvé dans l'étude un efficace dérivatif à sa passion : « Une maison écartée, avec un petit bois et un ruisseau d'eau douce au bout du jardin, une bibliothèque composée de livres choisis, un petit nombre d'amis vertueux et de bon sens, une table propre mais frugale et modérée... »[1] Bref un « système de vie paisible » – sinon tout à fait « solitaire » – très voisin de celui qu'avait effectivement embrassé à l'approche de la cinquantaine et que devait suivre jusqu'à sa mort, à Chaillot puis à Chantilly, le « bon abbé Prévost »...

Une réflexion en marge du récit paraît bien actualiser, à quatre ans et demi de distance, ce projet de retraite dont on a pu dire justement qu'il devait plus à Horace qu'au christianisme[2]. C'est le moment où le narrateur évoque le « commentaire amoureux » qu'il avait composé dans sa « prison » sur le quatrième livre de *L'Énéide,* et où il précise : « Je le destine à voir le jour et je me flatte que le public en sera satisfait. »[3] Faut-il donc pousser à la limite l'assimilation du héros à son créateur, imaginer un Des Grieux homme de lettres, vieillissant parmi les livres

1. *Ibid.,* p. 40.
2. *Ibid.,* p. 41, n. 1.
3. *Ibid.,* p. 38.

dans la «tranquillité» de travaux érudits? Les éditeurs n'ont pas tort de noter que ce tableau studieusement épicurien «correspond chez Prévost à une aspiration profonde»[1]. Ajoutons qu'il répond surtout à l'«inclination» naturelle prêtée par le romancier, dans les premières pages du roman, au bon élève du collège d'Amiens. Les mêmes mots qui indiquent dans la conclusion du récit l'ultime projet du narrateur figuraient déjà dans son préambule, mais à propos de l'heureuse innocence des succès scolaires: «Je menais une *vie* si *sage* et si *réglée,* que mes maîtres me proposaient pour l'exemple du collège.»[2] Nul doute que cet écho verbal ne nous révèle le mythe secret de Des Grieux. Déclassé malgré lui, il n'a jamais été un révolté et c'est avec un grand respect qu'il parle des autorités établies: «Monsieur l'Évêque... M. l'évêque d'Amiens... M. le lieutenant général de Police.»[3]

Mais mythe n'est pas réalité et il ne suffit pas d'avoir la nostalgie du paradis perdu pour jouir du paradis retrouvé. Rien ne peut effacer les cinq années écoulées depuis la rencontre de Manon dans la cour de l'hôtellerie d'Amiens; rien ne peut faire que le jeune homme «en fort mauvais équipage» de l'auberge du *Lion d'Or* redevienne le sage et doux adolescent qu'estimaient naguère «tous les honnêtes gens de la ville»[4]. Rendu à sa famille, Des Grieux pourra satisfaire aux devoirs de sa condition, accomplir les gestes de la réintégration sociale; ces mots de «sagesse» et de «règle» n'auront plus jamais pour lui leur sens plein d'autrefois. Pour lui la «tranquillité» retrouvée ne tiendra jamais lieu du bonheur entrevu et définitivement perdu. C'est lui qui nous le dit, quelques

1. *Ibid.,* p. 41, n. 1.
2. *Ibid.,* p. 17.
3. *Ibid.,* p. 18, 40, 160. Notons que l'édition de 1753 accentue de façon significative cette attitude déférente. La version de 1731 disait plus familièrement, dans le dernier passage cité, «le Lieutenant de Police».
4. *Ibid.,* p. 17.

instants avant de conclure son récit, lorsqu'il déplore de n'avoir pu suivre Manon dans la tombe: «Mon âme ne suivit pas la sienne. Le Ciel ne me trouva point, sans doute, assez rigoureusement puni. Il a voulu que j'aie traîné, depuis, *une vie languissante et misérable. Je renonce volontairement à la mener jamais plus heureuse.*»[1] Déclaration contradictoire avec le projet littéraire qu'il formulait deux heures plus tôt?[2] On devrait le penser si l'érudition du héros portait sur n'importe quel texte ancien... Mais il s'agit d'un «commentaire *amoureux*», et du quatrième livre de *L'Énéide*![3] «Hélas! disais-je en le faisant, c'était un cœur tel que le mien qu'il fallait à la fidèle Didon.» En commentant Virgile le chevalier n'oubliait pas Manon: il transfigurait par la pensée «une lâche et perfide maîtresse» en archétype de la fidélité, ou bien il faisait siennes les plaintes de la reine abandonnée, sublimant poétiquement sa propre passion d'amant trahi:

«*Improbe Amor, quid non mortalia pectora cogis!*»

Aujourd'hui, est-ce un banal amour-propre d'auteur qui le porte à *se flatter* d'un accueil favorable du public? Plutôt la certitude amère d'avoir mis dans ce travail tout autre chose qu'une exégèse pédante, quelque chose que les lecteurs admireront sans pouvoir le comprendre. Envisagé sous ce jour, le projet de publication cesse d'apparaître comme une simple entreprise littéraire: la rencontre intime de l'écolier et du poète va consacrer pour la

1. *Ibid.,* p. 200 (c'est nous qui soulignons).
2. La première partie de son récit a duré «plus d'une heure» (p. 116), pour cent pages de l'édition Garnier; la seconde partie est légèrement plus brève (88 p. Garnier). L'allusion au commentaire de *L'Énéide* intervient au cinquième environ de la première partie.
3. Il est curieux de constater que S. Delesalle et les savants éditeurs que sont Fr. Deloffre et R. Picard se rejoignent dans la méconnaissance de cette précision essentielle. La première parle «d'une belle traduction [?] de *L'Énéide*» (*loc. cit.,* p. 735)... Les seconds se bornent à rappeler que pour Prévost «commentaire et traduction sont en effet les formes nobles de la littérature, ainsi que son œuvre en témoigne» (*op. cit.,* p. 38, n. 2).

postérité le merveilleux d'une aventure que l'opinion avait dû juger aussi triviale que scandaleuse. Autant dire que si Des Grieux est appelé à devenir homme de lettres ce sera seulement pour perpétuer, fût-ce *a contrario*, le souvenir de Manon.

Si tel est bien le sens du seul projet d'avenir un peu précis que le narrateur formule en marge de son récit, il est permis de tirer des remarques qui précèdent trois conclusions. La première concerne la supériorité certaine, au moins pour ce qui est de l'unité immédiate du texte, du dénouement de 1753 sur celui de 1731. Dans une retraite vouée exclusivement à la pénitence et à la réconciliation avec Dieu il n'y avait aucune place pour Manon; il n'en est pas de même d'une vie simplement discrète et rangée : dans ce contexte la conversion de Des Grieux n'est pas un reniement. Aussi bien est-il abusif – second point – de prétendre déceler dans les derniers paragraphes du récit quoi que ce soit d'« allègre »[1]. La hâte de conclure, le ton neutre d'une narration réduite à l'énoncé des faits traduisent plutôt une sorte d'atonie et de vide intérieur; sans que soit en cause la sincérité du narrateur manifestant à Tiberge sa bonne volonté, on peut penser que la « vertu » qu'il se promet lui sera aussi « sévère et pénible » qu'il la jugeait naguère[2]. Il a devant lui la vertu, derrière lui la félicité. Le retour à l'ordre familial n'est pas pour lui, comme on l'a soutenu, « la vie qui revient »[3], mais la crainte d'avoir contribué à la mort de son père. Brève addition de 1753, la mention de ce remords, ou de cette

---

1. Le mot est de S. Delesalle, article cité, p. 734 et 736. Le même auteur parle, à propos du commentaire de *L'Énéide* (p. 735), de « riants projets d'avenir », et refuse curieusement d'admettre qu'au terme de son récit Des Grieux soit en aussi « mauvais équipages » que lorsqu'il l'a commencé. En quoi le narrateur est-il, à la fin du roman, « évidemment florissant » ? Il me semble que le commentaire force ici le texte, pour y trouver des « discordances » imaginaires.
2. *Op. cit.*, p. 93.
3. Simone Delesalle, *loc. cit.*, p. 734.

inquiétude, attire plus l'attention du lecteur que ne le faisait en 1731 la simple nouvelle : assez pour que l'événement équilibre *in extremis* la mort de Manon, mais pas au point d'effacer la scène de l'ensevelissement. Jusque dans le détail du texte les dernières pages du livre trahissent ainsi la dualité du personnage.

Mais celle-ci n'est pas seulement la traduction psychologique d'une situation contradictoire. Elle se marque dans la structure du roman par la relation qui sépare et rapproche le narrateur du héros. Le jeune homme qui parle devant le marquis de Renoncour et son compagnon appartient à la fois aux longues années de grisaille qui sont désormais son lot et à l'exaltation encore récente d'une expérience unique. Très différent ce de qu'il a été et pourtant semblable : au moment où il parle il ne s'est écoulé qu'un peu plus de neuf mois depuis la mort de Manon[1]. C'est dire qu'il est encore sous le coup de l'événement. On s'est récemment avisé de la place que tient la scène de l'ensevelissement – scène oméga – dans l'organisation de son récit[2]. Cette analyse éclaire aussi et l'incertitude délibérée du dénouement et l'impossibilité où se

1. Un délai non déterminé, mais sans doute bref (grâce à l'intervention de Synnelet) pour instruire son procès (p. 201) ; « trois mois » de maladie (p. 202) ; « environ six semaines » dans son « petit emploi » jusqu'à l'arrivée de Tiberge (p. 203) ; « deux mois » passés avec son ami au Nouvel Orléans (p. 204) ; sans doute encore deux autres mois de navigation (voir, p. 184, la précision donnée sur le voyage aller) ; et enfin « quinze jours » (p. 204) entre le débarquement au Havre-de-Grâce et l'arrivée à Calais.
2. J. Proust, « Le corps de Manon », *Littérature*, décembre 1971. Si je souligne l'intérêt de cette remarque, étayée d'une analyse rigoureuse, je ne puis me résoudre à voir « dans l'œuvre entière [...] une figure du corps décomposé de Manon » (p. 10). Car dans l'esprit du lecteur, comme dans la mémoire du narrateur la beauté de Manon, magiquement préservée du « sable » par les vêtements de Des Grieux, survit, intacte, à l'héroïne (alors que celle de Théophé s'altérera du vivant même de la jeune grecque). Il me semble que la perte de sa maîtresse est pour Des Grieux le mal absolu : vouloir faire sourdre du texte l'image refoulée de la décomposition physique, n'est-ce pas à la fois le forcer et l'affaiblir ?

trouve le narrateur d'échapper à un passé obsédant : entre ce qu'il a été et ce qu'il va devenir la dernière image de Manon est à la fois lien et rupture. Le génie de Prévost est d'avoir choisi, pour nous faire entendre la voix du héros, ce moment ambigu où, à peine revenu d'un long rêve, déjà à demi étranger au songe qui l'habite encore, il cherche vainement à lui donner un sens, mais sans se résoudre à s'en détacher.

Le « ton uni » de la narration, « les mots transparents de cette histoire si simple »[1] ne doivent pas masquer au *suffisant lecteur* la subtilité du tissu romanesque. Comme l'a bien vu S. Delesalle le livre est fait d'un discours et d'un récit superposés. Des Grieux se commente en même temps qu'il se raconte. Il est étrange que ce double niveau textuel ait souvent échappé aux commentateurs les plus perspicaces. Bien loin que – comme l'écrivent deux d'entre eux – « Des Grieux, presque toujours, s'efface devant son histoire »[2], les interventions du narrateur dans son récit sont extrêmement nombreuses : présentes en moyenne dans une page sur deux. Si elles n'attirent pas immédiatement l'attention, c'est du fait de leur discrétion et surtout par l'aisance avec laquelle elles se fondent dans le récit. Mais cette aisance même, miracle de « parfait naturel »[3], ne peut être considérée comme une grâce surajoutée à l'intérêt de l'histoire. Il n'y a pas d'un côté celle-ci et de l'autre la façon dont elle est contée. Le style narratif de Prévost dans *Manon Lescaut* est indissociable de la personnalité prêtée au narrateur et du moment de la narration. Il traduit, dans sa fluidité et son apparente limpidité, la proximité affective des deux personnages qui s'opposent en Des Grieux : l'amant inconsolable de Manon et le jeune homme repentant sur le point de rejoindre son frère aîné.

---

1. Fr. Deloffre et R. Picard, *op. cit.,* p. CXC et CLVI.
2. *Ibid.,* p. CXVI, n. 1.
3. *Ibid.,* p. CXLIV.

« Il y avait quelque chose de si cruel et de si insultant pour moi dans cette lettre, que demeurant suspendu quelque temps entre la colère et la douleur, j'entrepris de faire un effort pour oublier éternellement *mon ingrate et parjure maîtresse*[1] [...] Je me hasardai à lui recommander Manon, et à lui faire l'éloge de *sa douceur et de son bon naturel* »[2].

Qui parle ici ? Et peut-on dire que dans ces deux passages contrastés les mots placés à la chute de la phrase expriment au moment où ils sont prononcés un jugement périmé ? Malgré la distance créée par l'imparfait et les passés simples il est clair que le narrateur reprend à son compte ses propos de naguère. Pour celui qui le raconte, et pour son auditeur privilégié, le passé redevient présent. Ce glissement d'hier à aujourd'hui entraîne de curieux effets de participation émotive, comme si le narrateur ne s'éloignait de lui-même que pour mieux se retrouver. Ainsi dans ce passage où le dédoublement devient écho : « Mon cœur crevait de rage à ce discours insultant. J'aurais donné, pour être libre un moment... *Juste Ciel ! que n'aurais-je pas donné !* »[3].

Sans que la frontière entre le récit et le commentaire soit forcément plus nette que dans les exemples précédents, d'autres interventions du narrateur – un mot, une phrase, un paragraphe – ont un caractère moins exclusivement et spontanément émotif, soit qu'elles visent à soutenir la narration, soit qu'elles expriment un jugement de Des Grieux sur des tiers, sur Manon ou sur lui-même. Dans le premier cas il s'agit d'éclairer le déroulement des faits, de préparer des renversements dramatiques – « Nous étions dans le délire du plaisir, et le glaive était suspendu sur nos têtes »[4] –, de souligner le pathétique d'une situation : « ... il m'assassina cruellement par le plus horrible de tous les récits. »[5]

1. *Ibid.,* p. 135.
2. *Ibid.,* p. 160.
3. *Ibid.,* p. 155 (c'est nous qui soulignons).
4. *Ibid.,* p. 151.
5. *Ibid.,* p. 33.

C'est ici que prend toute sa force suggestive la rhétorique de l'indicible – « Ah ! les expressions ne rendent jamais qu'à demi les sentiments du cœur »[1], surtout lorsque ses effets se doublent d'un appel à l'auditeur : « Pardonnez, si j'achève en peu de mots un récit qui me tue. Je vous raconte un malheur qui n'eut jamais d'exemple... »[2] S'il est vrai que les « transports », les « tremblements », les « larmes » et les « soupirs » de l'amant de Manon sont « rapportés, dépeints avec un recul qui les atténue, qui en montre l'aspect dérisoire et touchant »[3], ce recul est exploité avec art pour émouvoir plus sûrement. Ce n'est pas seulement devant Tiberge ou le supérieur de Saint-Lazare que Des Grieux se montre « bon élève »[4] des jésuites d'Amiens et du séminaire de Saint-Sulpice. Tout son récit est un plaidoyer habilement présenté comme une confession. Nous le savons avant même qu'il ne commence, dès la réponse du jeune homme à la demande de Renoncour ; réponse en deux phrases symétriquement balancées dont la seconde inverse l'effet de la première et où l'insistance initiale sur les fautes commises puis la condamnation d'avance acceptée transforment insidieusement le coupable en victime : « Je veux vous apprendre, non seulement mes malheurs et mes peines, mais encore mes désordres et mes plus honteuses faiblesses. Je suis sûr qu'en me condamnant, vous ne pourrez pas vous empêcher de me plaindre. »[5]

Un tel préambule annonce plus sûrement un récit sincère qu'un commentaire objectif. Des Grieux ne trouve pas d'excuse à ses ennemis, même lorsqu'ils ont eu à pâtir de lui ; à deux ans de distance G... M... le père demeure à ses yeux « ce vieux monstre d'incontinence »[6], « ce vieux

---

1. *Ibid.,* p. 178.
2. *Ibid.,* p. 199.
3. J. Sgard, *Prévost romancier*, Corti, 1968, p. 298.
4. J. Sgard emprunte le mot à Etiemble (*ibid.,* p. 299) pour appliquer la remarque à l'ensemble du récit.
5. *Op. cit.,* p. 16.
6. *Ibid.,* p. 153.

tigre »[1] qui répondait par le sarcasme à ses prières. Prisonnier de la perspective que lui impose le récit à la première personne, le lecteur fait sienne d'autant plus facilement cette antipathie tenace que, même après réflexion, elle ne lui apparaît pas très difficile à justifier. Il faut en revanche un effort d'analyse critique pour échapper à cette optique subjective quand il s'agit de Manon. On s'aperçoit alors que les jugements portés sur elle au fil des pages sont parfaitement contradictoires et que le narrateur crée lui-même le mystère qu'il s'épuise en vain à élucider. Tantôt il rejette sur la jeune fille la responsabilité de leurs malheurs, accuse sa frivolité[2], son inconstance[3], lui reproche de « perfides larmes »[4] – sans être effleuré par l'idée que le chagrin de sa maîtresse pouvait être sincère –, se déclare encore incertain du vrai mobile de sa visite à Saint-Sulpice – curiosité ou repentir ?[5] – alors que Manon lui a donné à deux reprises la seconde explication[6], et manifeste ainsi à son égard une défiance bien éloignée de l'aveuglement passionnel qui lui faisait naguère « fermer les yeux sur toutes *ses fautes* »[7]. Tantôt il s'associe à elle dans une commune culpabilité, mais avec les mêmes excuses : « L'amour et la jeunesse avaient causé tous *nos désordres.* »[8] Tantôt le souvenir de l'« amante incomparable »[9] des dernières semaines lui fait confirmer ce qu'il avait cru apercevoir précédemment en elle de prédisposition à la vertu : le « elle était droite et naturelle... » du narrateur fait écho au « elle est droite et sincère » par quoi le

1. *Ibid.,* p. 156.
2. *Ibid.,* p. 20.
3. *Ibid.,* p. 25.
4. *Ibid.,* p. 30.
5. *Ibid.,* p. 43.
6. *Ibid.,* p. 45 et 47.
7. *Ibid.,* p. 148.
8. *Ibid.,* p. 190.
9. *Ibid.,* p. 198.

héros se rassurait deux ans auparavant[1]. Mais il rapporte sans commentaire l'explication que Manon lui a donnée de ses trahisons : « Crois-tu qu'on puisse être bien tendre lorsqu'on manque de pain ? »[2]. On peut se demander si l'homme bien né qui parle aujourd'hui n'est pas aussi déconcerté, sinon choqué, que naguère d'une telle « grossièreté de sentiments ». Sans doute l'expérience a-t-elle appris au narrateur le poids inéluctable des nécessités matérielles, mais il n'en parle qu'avec réticence : « rien n'est plus désespérant, pour un amant délicat, que de se voir ramené par là, malgré lui, à la grossièreté des âmes les plus basses. »[3] Plutôt que de pousser l'analyse dans une direction gênante, il aime mieux faire de Manon une énigme et parler du « caractère extraordinaire »[4] de « cette étrange fille »[5], ou bien se donner l'élégance de plaindre « cette fille infortunée [...] cette pauvre fille »[6].

Incapable d'unifier le personnage de Manon, le narrateur se réfugie dans le mystère et le pathétique. Et par un mouvement analogue il se constitue lui-même en héros tragique. Car s'il est vrai que la critique s'est trop longtemps satisfaite d'une « lecture romantique » de *Manon Lescaut*[7], il faut bien reconnaître que l'art diabolique du romancier rend cette lecture naïve non seulement légitime, mais presque inévitable. C'est l'intériorisation du récit qui transforme le roman de mœurs en tragédie et donne à ce qui

1. *Ibid.*, p. 190 et 148.
2. *Ibid.*, p. 69. S. Delesalle souligne avec force la précarité du statut social de Manon et « l'abîme » qui sépare sa condition de celle de Des Grieux (*loc. cit.*, p. 729 et n. 4).
3. *Op. cit.*, p. 109.
4. *Ibid.*, p. 170.
5. *Ibid.*, p. 61 et 140.
6. *Ibid.*, p. 165 et 179. A rapprocher de « ma malheureuse maîtresse » (p. 79), « cette pauvre enfant » (p. 136), « ma pauvre maîtresse » (p. 160 et 178).
7. S. Delesalle, *loc. cit.*, p. 725. « Ainsi constitue-t-on Des Grieux en héros tragique... ». Le *on* me semble transformer injustement en caprice de la critique une analyse en tous points conforme à la lettre du texte.

pourrait n'être que l'histoire banale, et parfois sordide, d'un fils de famille dévoyé par une fille légère une dimension métaphysique. En vain le regard de Des Grieux sur lui-même s'efforce-t-il à la lucidité. S'il relève, avec l'amertume d'un homme mûri par la souffrance, sa « crédulité » d'antan[1], il s'avoue hors d'état, même après plusieurs années, de faire la pleine lumière sur ce qui se passait en lui : son être lui échappe[2]. On peut même se demander s'il ne met pas quelque complaisance à insister sur la complexité et la rareté de ses états d'âme, de même qu'il souligne à plaisir le caractère « unique » des situations où il s'est trouvé. Victime d'« un malheur qui n'eut jamais d'exemple »[3], il lui arrive d'y voir la juste conséquence de ses fautes[4], mais il est trop convaincu de la candeur de son âme et de ses « bons sentiments »[5] pour ne pas être enclin à diminuer la gravité de celles-ci, soit qu'il les explique par les mœurs des jeunes gens de l'époque[6], soit qu'il use de détours pour atténuer la brutalité d'un mot désagréable[7], soit enfin que par une étonnante dialectique il tourne à son avantage la « honte » qu'elles ont pu d'abord lui inspirer[8]. Aussi ne lui reste-t-il

---

1. *Op. cit.,* p. 31 : « J'avais la crédulité de m'imaginer (...) ». A rapprocher de « J'avais le défaut d'être excessivement timide » (p. 19).
2. *Ibid.,* p. 69 : « ... j'ignore encore aujourd'hui par quelle espèce de sentiments je fus alors agité... ».
3. *Ibid.,* p. 199.
4. *Ibid.,* p. 19 : « Le précipice où mes passions m'ont entraîné. »
5. Selon le commentaire prêté à Renoncour dans l'*Avis de l'auteur...*, p. 5.
6. *Op. cit.,* p. 163.
7. *Ibid.,* p. 155 : « ... ce qu'il lui plut de nommer notre larcin. » Les annotateurs font justement remarquer qu'il s'agit bel et bien d'un vol.
8. *Ibid.,* p. 81. Les annotateurs commentent fort judicieusement (p. XI à CXIV) ce « privilège du sentiment » qui fait de la sensibilité le propre des âmes d'élite. Voir sur le même sujet mon *Idée de Nature en France dans la première moitié du XVIII* siècle,* SEVPEN, 1963, p. 360-361, etc. – Mais plutôt que d'attribuer cette morale « essentialiste » à l'auteur mieux vaut remarquer, me semble-t-il, qu'elle est exprimée ici, en une longue parenthèse, non par le héros, mais par le narrateur, ce qui en renforce assurément la portée.

plus qu'à mettre son infortune au compte d'une puissance maléfique attachée à sa perte : « funeste ascendant », « mauvais sort », « mauvaise destinée », ou « Ciel impitoyable »... On a souvent relevé la fréquence dans le roman de ce vocabulaire de la tragédie. Mais il ne suffit peut-être pas de dire que Des Grieux est entraîné par le destin : la vérité littérale est qu'il se voit et se dit tel. Bien plus, c'est son discours sur lui-même qui développe et amplifie le thème tragique, si bien que celui-ci est autant et plus le fait du narrateur que du héros (voir tableau ci-dessous). Quoique le langage de la fatalité soit à peu près aussi fréquent chez l'un que chez l'autre il est en effet inégalement distribué dans l'ensemble du roman : tardif chez le héros, comme il est normal, et presque entièrement concentré dans les cinquante dernières pages, alors que l'idée est exprimée avec force dès le début du commentaire qui double le récit. Aux références païennes à la destinée s'ajoutent d'autre part, des deux côtés, des mentions du Ciel chrétien, tantôt hostile, tantôt secourable : comme celles de la seconde catégorie sont nettement plus nombreuses chez le héros que chez le narrateur, l'ensemble des propos tenus par celui-ci ne confirme guère la résignation chrétienne de sa conclusion. Non seulement le sentiment tragique se révèle beaucoup plus aigu chez le narrateur, mais il va jusqu'à mettre Dieu en question : un Dieu dont les « secours » sont impuissants à vaincre la force de la passion[1], un Dieu redoutable qui frappe par surprise[2], un Dieu capricieux dont la colère punit le plus lourdement la plus légère de deux fautes[3] et ne tolère le vice que pour mieux frapper la vertu renaissante[4].

Résignation ou révolte ? Entre les deux sentiments la balance n'est pas égale. Chez un homme qui se dit victime de sa « constance »[5], elle ne l'est pas non plus entre les

1. *Op. cit.*, p. 42-43.
2. *Ibid.*, p. 124.
3. *Ibid.*, p. 78.
4. *Ibid.*, p. 191.
5. *Ibid.*, p. 25.

remords et les regrets. Mais il faut encore noter combien ces derniers sont eux-mêmes ambigus. Tantôt Des Grieux regrette de n'avoir pas su écouter les conseils du sage Tiberge[1], déplore l'«instant malheureux» de la visite de Manon à Saint-Sulpice[2], et va jusqu'à marquer d'un grand «hélas!» le récit de leur première rencontre[3]. Tantôt il revit par la pensée les «charmantes délices» que sa passion lui a révélées[4] et «trouve encore de la douceur» à évoquer «l'humeur folâtre» de sa maîtresse[5]. En cinq ans il a connu tout au plus quelques mois de bonheur. Mais celui-ci est-il affaire de quantité? Au siècle de l'arithmétique morale, alors que d'ingénieux calculateurs définissent le bonheur comme le produit de l'intensité du plaisir par sa durée, mais finissent toujours par privilégier prudemment la seconde par rapport à la première, Des Grieux a été l'homme d'un engagement absolu, celui aussi d'une destinée exceptionnelle, dans le bonheur comme dans le malheur: «En dépit du plus cruel de tous les sorts, je trouvais ma félicité dans ses regards.»[6] Il n'est pas question pour le narrateur de renier ce bonheur paradoxal. Bien au contraire il ne peut s'empêcher de rêver, contre toute raison, à ce qui aurait pu être: «Il est sûr que, du naturel tendre et constant dont je suis, j'étais heureux pour toute ma vie, si Manon m'eût été fidèle.»[7]

---

1. *Ibid.,* p. 19.
2. *Ibid.,* p. 43.
3. *Ibid.,* p. 19.
4. *Ibid.,* p. 66. Écho aux propos tenus antérieurement par le héros à Tiberge et qui sont rapportés plus loin, p. 91. Les éditeurs rapprochent justement les deux passages (*op. cit.,* p. CXVI).
5. *Ibid.,* p. 119.
6. *Ibid.,* p. 180.
7. *Ibid.,* p. 25. Notons qu'il se dit «le plus malheureux de tous les hommes» et parle de son «désespoir» au présent: «Ce *qui fait* [et non *a fait*] mon désespoir a pu faire ma félicité.» On est loin de la «tranquillité» qu'il s'attribue au dénouement.

Mirage persistant de l'impossible, révolte métaphysique et interrogations sans réponses, poids du remords et merveilleux du souvenir : la simplicité de la narration est faite de ces éléments composites. Ne nous étonnons pas qu'il arrive au narrateur de se contredire, puisque son expérience lui demeure contradictoire. Hors d'état de dominer par la pensée son aventure pour lui découvrir un sens univoque, incapable aussi de l'oublier, il ne peut que la raconter. Resté au plus près de lui-même et pourtant déjà autre, il est le lieu où s'affrontent la poésie et la prose : la poésie d'un passé exaltant et terrible qui emplit à jamais sa mémoire, la prose d'un avenir aussi terne qu'indéterminé. Les menus décalages relevés entre son récit et son discours témoignent surtout de ses efforts pour se donner la dignité d'un héros de tragédie. Mais un héros tragique ne se raconte pas et, par définition, il n'a pas d'avenir.

Qu'en sera-t-il de Des Grieux ? Faute de savoir, au moment où il parle, ce qu'il est exactement, nous ne pouvons deviner ce qu'il deviendra. N'est-ce pas lui, plutôt que Manon, le « sphinx étonnant », définitivement énigmatique ? Mais il ne s'agit pas ici d'on ne sait quel mystère de la nature humaine : l'énigme tient au statut du narrateur, seul personnage dont l'être ne nous soit donné que par l'intermédiaire de sa propre parole[1]. En vain Prévost s'est-il évertué à remanier son dénouement : la logique du texte résiste à celle du romancier, et c'est elle qui nous laisse, subjugués et perplexes, sur une question insoluble.

---

1. Avant de n'être plus que *je* (sauf dans les quelques lignes qui terminent la première partie) Des Grieux a été *il*, dans le double préambule de Renoncour. Mais l'effet des deux images qui nous sont données de lui est moins de nous éclairer que de forcer en nous attention et sympathie. Les sentiments immédiatement éprouvés par Renoncour, frère spirituel du héros, sont ceux-là mêmes que le récit vise à nous inspirer.

Annexe

LE LANGAGE DU SURNATUREL ET DE LA FATALITÉ
DANS MANON LESCAUT

Héros	*Narrateur*
	P. 20 « *l'ascendant de ma destinée* »
	P. 42 « la joie intérieure que le Ciel m'y faisait goûter... »
	« *par quel funeste ascendant* »
P. 53-54 (la Providence du tricheur)	P. 53 « Le Ciel me fit naître une idée... »
P. 57 « comme un effet de la protection du Ciel »	

P. 61 « *l'aveuglement d'un amour fatal.* » [Il me semble que ces mots appartiennent à la fois au narrateur et au héros. Le contexte indique qu'il ne s'est agi sur le moment que d'une demi-découverte. Des Grieux a « aperçu » que son amour *l'aveuglait* sur « la honte et l'indignité » de sa conduite. Serait-ce fausse subtilité que de prêter au héros le mot « aveuglement » et de considérer « fatal » comme un discret renchérissement du narrateur ?]

Héros	*Narrateur*
P. 72 « *par quelle fatalité...* »	P. 75 « *j'étais né pour les courtes joies...* »
	P. 78 « Le Ciel permit que la plus légère de ces deux injustices... »
P. 85 « justice du Ciel ! »	
P. 90 « *cette fatale tendresse* »	P. 107 « ... la manière dont la Providence enchaîne les événements ».

49

P. 189 « comme une faveur du Ciel »

P. 191 *« asservi fatalement à une passion »*
« la rigueur du Ciel »

P. 194 « toute la colère du Ciel »

P. 195 *« le sort, qui voulait hâter ma ruine »*

P. 199 « à prier le Ciel de lui accorder... »

P. 199 « O Dieu !... par quel rigoureux jugement... »

P. 200 « j'invoquai le secours du Ciel ».

P. 200 « Le Ciel ne me trouva point... assez rigoureusement puni ».

P. 202 « Mais le Ciel, après m'avoir puni... m'éclaira de ses lumières »

	Héros		Narrateur	
Fatalité hostile	8		10	
Fortune favorable	1		0	
Ciel hostile	3	11	6	16
Ciel secourable	10	11	4	4
	22		20	

Nous ne donnons ce tableau qu'à titre indicatif. Il se peut que des références aient échappé à notre attention. Nous avons écarté délibérément celles qui ne nous ont pas paru significatives (ex. p. 191 « si le Ciel m'avait fait naître avec une couronne »). Enfin la rigueur apparente de la statistique ne doit pas masquer le caractère inévitablement subjectif de l'analyse qui la fonde.

Marivaux, romancier de Paris[*]

Malgré sa jeunesse provinciale Marivaux est un Parisien: ses *Lettres sur les habitants de Paris,* publiées dans *Le Mercure* d'août 1717 à août 1718, étaient déjà le signe de cette vocation: vocation doublement «moderne», par le mode d'expression comme par le thème choisis. Les romans de sa maturité confirment sa première orientation de journaliste: l'action du *Paysan parvenu* est parisienne à 100%; celle des huit premières parties de *La Vie de Marianne* l'est à 98%, et si l'histoire de Tervire est surtout provinciale, elle se déroule du moins à Paris sur près d'un tiers du texte des trois dernières parties du même roman. On ne saurait trop souligner la modernité littéraire et idéologique de ce choix, au moment où le genre romanesque conçoit l'ambition de devenir, comme l'écrit en 1763 l'auteur des *Égarements du cœur et de l'esprit,* le «tableau de la vie humaine», et alors que va bientôt s'engager un grand débat de civilisation dont la ville sera l'enjeu, et Paris le centre. Mais si Marivaux est moderne, il l'est à sa façon à lui, comme à celle de son temps et du milieu qu'il a fait sien. Résistons à la tentation de voir en

* Première publication dans *Französische Literatur im Zeitalter der Aufklärung Gedachtnisschrift für Fritz Schalk,* Herausgegeben Von Wid Hempel, Frankfurt-am-Main, V. Klostermann, 1983.

lui un « précurseur » de Balzac, et évitons ainsi le ridicule d'avoir à lui reprocher ensuite de n'être pas suffisamment balzacien... Car il ne l'est d'aucune sorte, ni dans sa vision de la société parisienne, ni par la fonction que la capitale joue dans ses deux romans, encore moins dans sa manière de romancier[1].

Sans doute peut-on demander à Marivaux les éléments d'un « tableau de Paris », mais à condition d'abandonner les grosses lunettes du lecteur de La Comédie humaine pour la minutie d'une lecture à la loupe, voire au microscope. A condition aussi de rassembler artificiellement ce qu'il a préféré disperser : de multiples notations partielles, fragmentaires, parfois réduites à un seul mot, mais dont l'abondance, comme la dispersion, appelle à une lecture aussi serrée que précise. Il en est ainsi pour la topographie de l'action. Même transposée à la ville, la tradition picaresque impose aux héros de nombreux déplacements. Ceux-ci s'effectuent toutefois dans l'espace relativement étroit du centre de la capitale : le Paris encore Louis-Quatorze du plan de Turgot. Nous ne savons pas dans quel quartier – Marais, faubourg Saint-Germain ? – habite Mme de Miran, et nous ignorons de même l'emplacement de la boutique de Mme Dutour : mais par rapport à ce quartier, très certainement central, le triste et populeux faubourg Saint-Marceau où vit la mère de Toinon – « si loin » (p. 106) – est un autre univers. L'histoire parisienne de Tervire, plus explicitement située que celle de Marianne, se déroule entre la place Royale, la rue Saint-

1. Nos références renvoient, pour La Vie de Marianne (désignée en abrégé par M.) à l'édition de Frédéric Deloffre, Classiques Garnier, 1963, et pour Le Paysan parvenu (désigné par P.) à celle de Michel Gilot, Garnier-Flammarion, 1965.

Sur les antécédents urbains des deux romans dans les œuvres antérieures de Marivaux on lira notamment, en plus des études d'ensemble de Henri Coulet et Michel Gilot, l'article de Suzanne Muhlemann, « La genèse d'un « espace littéraire » : la ville dans l'œuvre romanesque de Marivaux » (in La Ville au XVIIIe siècle, Aix-en-Provence, Édisud, 1975, p. 19-32).

Honoré et le faubourg Saint-Germain. On est tenté de placer sur la rive gauche aussi bien le magnifique hôtel du premier maître de Jacob que la «gargote» (p. 53) où celui-ci trouve asile après la mort soudaine du seigneur et la ruine de sa maison. Sur la même rive gauche voici en tout cas la Comédie, où nous sommes contraints d'abandonner le héros du *Paysan parvenu* à sa destinée. La maison trop accueillante de Mme Rémy est sise dans un faubourg écarté (p. 166). Mais il suffit de traverser la Seine par le Pont-Neuf pour déboucher immédiatement sur la rue de la Monnaie : du cheval de bronze au domicile de Mlle Habert cadette il n'y a vraiment pas loin, et l'on comprend que le narrateur se sente tenu d'expliquer comment, sur un si bref trajet, il a pu trouver le temps de lui raconter sa vie : «Nous cheminions avec une lenteur étonnante» (p. 55). Plus à l'est, mais tout proche, se presse le quartier Saint-Gervais, où les nouveaux mariés vont abriter leur lune de miel : il est un peu au nord-est de la prison du Grand Châtelet, qui est sans doute celle où les archers conduisent Jacob, victime d'une fâcheuse méprise (p. 139-140), tout près du Marais où réside pro-bablement le Président, mais pas loin non plus du Palais-Royal, siège de l'Opéra dont le comte d'Orsan est un habitué (p. 233).

Ainsi délimité, le Paris marivaudien est aussi dense que resserré. Ses rues étroites sont animées d'une vie intense. C'est Mme Dutour, «assise à l'entrée de sa boutique» (p. 90), en conversation sur le pas de sa porte avec Toi-non (p. 86) ou une voisine (p. 157) ; c'est le crocheteur auquel Marianne a recours pour transporter sa «petite cassette», autre figure familière du quartier, «qui se tenait d'ordinaire à deux pas du logis» (p. 158). Ce sont les pas-sants à l'admiration indiscrète («Voilà une belle fille», p. 135), les badauds qui s'attroupent autour de la lingère et du cocher de fiacre, dans l'attente du plaisir de quelque émotion forte (p. 94-96), ou le «cercle de canailles» qui se déplace stupidement avec M. d'Orsan et ses agresseurs

(*P.*, p. 227). C'est la foule qui *enveloppe* et *entraîne* Marianne, toute rêveuse, au sortir de l'église (p. 64), le « fracas » qui l'étonne (p. 17), les « embarras » de circulation (p. 145), la commodité de conversation qu'offrent deux carrosses de front (p. 278), le danger couru par le malheureux piéton qui n'entend pas assez vite le cri d'un cocher (p. 64-65). Plus prudent que Marianne, Jacob préfère interrompre sa marche plutôt que de se mêler à « un grand embarras de carrosses et de charrettes » (p. 138). Goûte-t-il le bonheur tout neuf de se déplacer en fiacre, il faut encore que « quelques embarras dans la rue » l'obligent à en descendre prématurément (p. 227) ; et la même mésaventure se reproduit peu après avec le fiacre où il tient compagnie au comte d'Orsan, par la faute de « deux ou trois carrosses » en stationnement abusif (p. 236). Telles sont les rues de Paris, avec leurs encombrements, leurs dangers, mais aussi le pittoresque d'un spectacle sans cesse renouvelé, une « multitude de choses différentes » auxquelles Marianne se prend d'instinct, à peine arrivée de province, comme si elle avait toujours été parisienne (p. 17), et que Jacob juge moins étonnantes que divertissantes (p. 28).

Encore devons-nous remarquer que ce spectacle n'est guère qu'indiqué. Le lecteur le devine plus qu'il ne le voit. Car l'aspect extérieur des choses retient moins le romancier que leur intérêt moral, leur portée dramatique ou leur fonction de signe social. C'est seulement par la nécessité d'un récit à la chronologie minutieuse que nous apprenons qu'il suffit de deux heures pour revenir de Versailles à Paris en carrosse particulier (*P.*, p. 199 et 200), et que le trajet en sens inverse, en voiture publique, demande à peine davantage (p. 176 et 187). Une contrainte narrative d'un autre ordre exige un fiacre pour conduire Jacob en prison (p. 140) : non que la distance à parcourir soit forcément très longue, mais parce que la police en usait souvent ainsi, par souci de discrétion et de peur de provoquer dans la foule un mouvement de solidarité envers ses prisonniers[1]. Il faut par ailleurs des circonstances extraordinaires pour qu'un simple domestique ou même une petite rentière aillent autrement qu'à pied : Mlle Habert prend un bras de Jacob (p. 88) pour aller à la recherche d'un nouveau logis. Si le valet de chambre du Président emprunte un autre fiacre pour conduire M. de La Vallée chez son maître, c'est parce que cet enlèvement ressemble un peu à une arrestation, et surtout parce que l'on ne fait pas attendre les gens importants (p. 119). Mais lorsque le héros se laisse tenter par l'invite obséquieuse d'un cocher (« moi qui n'avais jamais eu d'autre voiture que mes jambes, ou que ma charrette »), c'est pour la « petite douceur » de se croire bel et bien « gentilhomme » (p. 227). Et l'on devine qu'il s'y habituera vite, pour peu que la bourse de Mme de Ferval, ou une autre, lui demeure ouverte (p. 166), malgré le prix élevé des courses que déplore M. Bono, qui sait compter (« les voitures sont chères », p. 199). Signe coûteux d'un événement exceptionnel ou d'une certaine distinction sociale, le fiacre a cependant dans cette seconde fonction l'orgueil modeste à côté du carrosse. Jacob est arrivé à la prison en un simple fiacre, mais c'est un carrosse qui l'attend à la sortie : « et quel carrosse ? celui de Mme de Ferval, où Mme de Ferval était elle-même, et cela pour donner plus d'éclat à ma sortie, et plus de célébrité à mon innocence » (p. 149). De ce premier carrosse à celui de Mme de Fécour (p. 172) le passage est aisé ; mais l'équipage élégant du comte d'Orsan (« rien de plus leste », p. 236) impressionne presque autant le jeune homme – incertain si la politesse lui enjoint ou non d'y monter le premier – qu'il va être intimidé par le monde brillant de la Comédie... A pied, en fiacre, en carrosse : trois modes de dépla-

---

1. Sur ces émeutes de solidarité, comme sur tout ce qui concerne les rues parisiennes, voir les documents réunis et présentés par Arlette Farge dans *Vivre dans la rue à Paris au XVIIIᵉ siècle,* « Archives », Gallimard-Julliard, 1979.

cement qui sont donc surtout trois degrés dans la bassesse ou l'élévation sociales. Quand le romancier abandonne son héros au sortir du carrosse d'un grand seigneur, l'essentiel est dit[1].

Dans les deux romans la précision sociologique l'emporte largement sur la couleur et le pittoresque. Le bel habit « doublé de soie rouge » que M. Simon fournit à M. de La Vallée réjouit encore plus la vanité de celui-ci que ses yeux : par le prix du tissu comme par un coloris éclatant qui est d'ordinaire le privilège des gens de condition (« cette soie rouge me flatta ; une doublure de soie, quel plaisir et quelle magnificence pour un paysan ! », p. 157). Mais il n'est même pas besoin de détails aussi concrets pour que le lecteur attentif sache tout ce qu'il doit savoir sur le cadre de l'action. Non, Marivaux n'est pas Balzac, et la tentation de décrire la maison de Mme Dutour, celle des demoiselles Habert, ne l'effleure même pas. Quelques indications scéniques suffisent pourtant à évoquer de façon assez précise cet habitat petit-bourgeois. La maison de Mme Dutour est à trois niveaux : au rez-de-chaussée, sur la rue, la boutique : celle-ci communique avec la « salle » – dont Marianne nous dit qu'elle est « petite » – et le « taudis » où la commerçante et ses employées prennent leurs repas (p. 107). Au premier étage, les chambres : trois au plus, y compris celle que Marianne partage avec Toinon (« je montai dans notre chambre... », p. 128). Au deuxième, l'appartement de l'*hôte,* M. Ricard, malheureusement absent quand sa présence serait si utile pour mettre le cocher revendicatif à la raison (p. 94) : c'est lui le propriétaire, puisque Mme Dutour se plaint de la hausse des loyers (p. 125). Les demoiselles Habert n'ont pas ce souci : la maison de la rue de la Monnaie leur appartient-elle ? Elles s'y trouvent en tout cas un peu plus au large, pour une vie douillette-

---

1. Il ne reste plus à Jacob qu'à acquérir son propre équipage : il le fera dans la *Suite* apocryphe de 1756.

ment organisée, bien que leur immeuble ne paraisse comporter qu'un étage au-dessus de la cuisine en rez-de-chaussée («je descendis vite dans la cuisine», p. 74, etc.). Significative malgré tout de l'exiguïté des lieux, l'inquiétude mêlée d'espoir de la cuisinière Catherine, toute prête à déménager aussi pour un peu plus de confort: «La cuisine est-elle commode? aurai-je une chambre?» (p. 87). Que la pauvre Catherine se console de devoir rester rue de la Monnaie! Elle n'aurait guère été plus au large chez Mme d'Alain. Là aussi la cuisine est en bas («nous entendîmes monter la cuisinière», p. 116): non seulement cette situation, traditionnelle, doit être peu pratique pour le service, mais la cuisine est probablement unique et deux cuisinières vont avoir à la partager... Si par ailleurs l'habitation de Mme d'Alain est un peu plus vaste que les deux précédentes, elle est également plus peuplée. Sans doute parce que son veuvage l'a privée de ressources suffisantes, la propriétaire loue à un tailleur, M. Simon, «quelques chambres dans le fond de la maison» (p. 156): ces pièces sur cour étaient-elles autrefois les bureaux du défunt procureur? – Revenons côté rue. A l'étage Mlle Habert et son «cousin» vont voisiner avec leur logeuse et sa fille: la chambre de Mlle Habert, complétée d'un cabinet attenant (p. 88 et 158), et isolée de celle que M. de La Vallée occupera fort peu (p. 85), ne constitue pas un «appartement» autonome, au sens actuel du mot. L'empressement indiscret de la propriétaire à faire à la porte des nouveaux mariés le lendemain de leur noce, sous prétexte d'une tasse de café, «un tapage qu'elle croyait la chose du monde la plus galante» (p. 155) souligne un manque certain d'intimité. A peine affranchie de la tutelle de son aînée, la pauvre cadette aura du mal à échapper à la sollicitude bavarde de sa logeuse.

A côté de ces maisons moyennes, parfois profondes (la toise de façade sur rue revient cher!), mais toujours étriquées et incommodes, si typiques du vieux Paris, se dressent des immeubles plus importants: immeubles de rapport aux nombreux locataires, comme celui où habitent les d'Orville. « La cour de Mme d'Orville » (p. 228) n'est pas à la disposition exclusive de celle-ci : il s'agit simplement de la cour sur laquelle donne son appartement, situé « au premier sur le derrière » ; au total, sur cour et sur rue, l'immeuble compte de nombreux locataires que le bruit de la bataille fait descendre « de tous les étages ». Il semble en être de même de la maison où Jacob a l'idée malencontreuse de ramasser une épée sanglante, et avec une disposition des lieux analogue : un escalier au fond d'une « allée » à laquelle on accède par une porte sur rue pour les appartements de derrière, un autre pour ceux de devant (p. 139).

Reste une troisième catégorie, toute différente des deux précédentes : les hôtels particuliers des hauts magistrats, des financiers et des grands seigneurs : ici la cour, où l'on pénètre en carrosse, protège des bruits de la ville le corps de logis principal (M. de Climal, p. 242 ; Mme de Miran, p. 341 ; Mme de Ferval, p. 161 ; Mme de Fécour, p. 220). On accède à l'étage noble soit par l'escalier d'honneur que Jacob doit gravir, chez le Président, entre deux haies de domestiques (p. 121), soit par un escalier plus modeste qui conduit directement aux appartements privés et facilite, comme chez Mme de Ferval, les visites discrètes (p. 161). Quant à l'organisation interne des appartements, elle allie – par exemple chez Mme de Miran – solennité et intimité : depuis son veuvage la maîtresse de maison se réserve une chambre et un cabinet, séparés par une grande antichambre commune de l'appartement « plus vaste et plus orné » qu'elle occupait autrefois et qui va devenir celui de Marianne (p. 345). L'ensemble donne, agréablement, « sur un très beau jardin » *(ibid.),* avec terrasse et cabinet de verdure (p. 401). On y est si loin de la rue et de son fracas qu'il faut au portier un sifflet pour annoncer les visites (p. 345). Cet habitat privilégié sied à la distinction de Marianne et de sa mère adoptive, mais il peut arriver qu'il soit usurpé par la vanité et une fortune trop vite gagnée : l'hôtel du seigneur de La Vallée donne, lui aussi, par derrière, sur un grand jardin qui doit à ses « bosquets » un air de petit parc (p. 45).

Si l'on ajoute à ces jardins aristocratiques ceux des couvents dont, de bon ou de mauvais gré, Marianne reçoit l'hospitalité (p. 235, etc.), on voit s'opposer ainsi deux Paris marivaudiens : une ville aérée, où l'on respire à l'aise, et une ville bruyante, étouffante, où l'on s'entasse et se presse. Mais ce qui est surtout inscrit dans le plan des immeubles, tel que des indications clairsemées, mais précises, nous permettent de le reconstituer, c'est tout un ordre social : une société différenciée et à la hiérarchie aussi rigoureuse que riche de nuances. Conscient de son originalité, Marivaux revendique, on le sait, le droit de ne pas se restreindre à la peinture des « grandes conditions » (*M.*, p. 57). Il n'abuse pas de ce droit dans *La Vie de Marianne,* mais en use plus largement dans *Le Paysan parvenu* où son héros fréquente des milieux très différents : la domesticité de grande et de très moyenne maison, le petit monde des boutiquiers voisins des demoiselles Habert, et de proche en proche – car ces bourgeoises qui *vivent noblement* avec chacune quatre ou cinq mille livres de rentes (p. 90 et 154) ont des relations vers le haut comme vers le bas – le clergé des directeurs doucereux et des « petits maîtres d'église » (p. 122), puis le grand monde de la haute magistrature, celui de la finance – encore imparfaitement policé, mais déjà allié à la noblesse –, enfin les grandes familles de Cour, représentées par le jeune comte d'Orsan qui est le neveu du Premier ministre et dont le train de vie contraste fortement avec la gêne de ces nobles déclassés que sont les d'Orville. Plutôt que de nous attarder à détailler cet inventaire au risque de répéter ce que d'autres études ont déjà dit, il est peut-être intéressant de s'interroger sur ses silences. Car si variée et vivante que soit la sociologie marivaudienne, elle comporte des manques, des lacunes pleines de sens.

61

Marivaux innove – c'est son côté Chardin – lorsqu'il peint avec une délicatesse à l'ironie discrète les mœurs de la petite ou moyenne bourgeoisie, celle qui vit de rentes sur l'hôtel de ville. Il a le trait plus dur pour les fermiers généraux, exception faite des qualités de cœur qu'il prête à M. Bono, et suggère par là que l'époque des Turcaret n'est pas révolue. Mais ces partisans sont les seuls hommes d'affaires qu'il semble connaître : des financiers parfaitement intégrés à un système sociopolitique auquel ils doivent toute leur richesse. Ni dans *La Vie de Marianne* ni dans *Le Paysan parvenu* n'apparaissent un seul instant, fût-ce en simple silhouette, ces représentants du grand négoce dont les *Lettres philosophiques* – avant l'abbé Coyer, Sedaine, Beaumarchais et bien d'autres auteurs – proclamaient à la même époque le mérite éminent et le rôle moteur dans le progrès social. Quant à la « populace », la « canaille », nous ne faisons que les entrevoir – anonymement, bien sûr, c'est leur lot – dans *Le Paysan parvenu* (p. 145, etc.), et le mouvement du récit les efface aussitôt qu'apparues. Compagnons et ouvriers, ces classes laborieuses qui deviendront dangereuses, miséreux et mendiants, si nombreux dans la boue des rues de Paris, se dérobent également à notre regard. Marianne se croit menacée de tomber dans l'indigence, mais celle-ci reste abstraite et la jeune fille, miraculeusement protégée de la laideur urbaine, ne croise jamais aucun gueux. « J'allais être mendiant sans elle », dit Jacob de Mlle Habert (p. 128), mais il le dit au passé et d'une menace qui n'a été que virtuelle. Les personnages que Marivaux invente peuvent souffrir d'une gêne distinguée : une frontière infranchissable les sépare toujours de la vraie misère. Celle-ci n'a pas plus sa place dans la société du roman marivaudien qu'aucune autre force perturbatrice. Est-ce un hasard si un bilan – vite dressé – de la délinquance dans *Le Paysan parvenu* fait apparaître un seul délit sordide, le vol domestique qui ruine la pauvre Geneviève (p. 50), pour deux cas de crime passionnel (p. 147 et 227) ? Le récit de

Marianne s'ouvre, il est vrai, sur l'évocation de deux crimes de cupidité : l'attaque meurtrière du carrosse de Bordeaux – en rase campagne – et le vol d'une partie de son bien dont elle est victime à l'auberge ; mais c'est l'imagination de la jeune fille – la narratrice tient à le préciser (p. 26) – qui prête à l'aubergiste et à sa femme une physionomie patibulaire, « ténébreuse ». Encore ne sommes-nous là qu'aux pages liminaires du roman, sur le seuil du monde infiniment moins inquiétant où l'héroïne est appelée.

Un monde stable et encore plus rassurant que divers. Un Paris sans « mystères », et comme aseptisé. Une société que ne travaille aucune force de subversion, ni le dynamisme économique de la classe montante, ni la violence aveugle de la misère et de la faim : telle est la seule société parisienne que Marivaux accepte de voir. Pourtant cette société conservatrice n'est pas complètement figée. La noblesse de Marianne, qu'elle soit de cœur ou de sang, doit finir par être reconnue, et elle n'a chance de l'être qu'à Paris, Marianne le sait d'instinct. Quant à Jacob, à peine a-t-il livré, pour la première fois, le vin paternel, qu'il ne lui est plus possible de quitter la capitale : « Le peu de jours que j'y avais passé m'avait éveillé le cœur, et je me sentis tout d'un coup un appétit de fortune » (p. 30). Cet appétit nouveau, d'une autre nature que la saine gourmandise de notre « gros brunet », n'est pas de son seul fait. Avant lui, à sa façon, son frère aîné, en épousant une aubergiste, a cédé au mirage, et Jacob expliquera bientôt au comte d'Orsan qu'en essayant de *se pousser* et de « devenir quelque chose » il n'a fait que suivre l'exemple de « tous les jeunes gens de province » (p. 239).

Relevons ici, par-delà l'habileté du propos, l'opposition marquée entre la province et Paris. La France immobile, où chacun serait enfermé héréditairement dans sa condition originelle, ce serait la France provinciale. Dans la grande ville tout est possible : l'avenir y est ouvert. C'est à Paris, et à Paris seulement que l'on parvient : non par

63

l'énergie de l'intrigue ou du travail – Jacob, on l'a dit souvent, n'a rien d'un Rastignac, encore moins d'un *self made man* – mais par la protection et la faveur. Parce que Paris est le centre du pouvoir – social, économique, également administratif et politique, grâce à la proximité de Versailles – l'action d'un roman d'ascension sociale devait nécessairement être parisienne. Car au Paris de la stabilité s'oppose le Paris du mouvement, comme l'animation et l'imprévu de la rue, où toutes les conditions se mêlent, contraste avec l'ordre – bourgeois ou aristocratique – de l'habitat. Leur réelle tension dramatique, les romans de Marivaux ne la doivent-ils pas à cette opposition structurelle entre les maisons et la rue ? Ce qui scandalise le plus Mlle Habert aînée dans le projet de mariage de sa sœur, ce n'est pas l'origine paysanne de son beau-frère, ni même qu'il ait été domestique, mais que tout ait commencé entre eux dans la rue : « Un mari sur le Pont-Neuf ! » (p. 108). « Est-ce que ma folle de Sœur ne vous a pas rencontré dans la rue ? » (p. 124). La rue, c'est l'inconnu, l'imprévisible, l'aventure. Un banal accident de circulation, une rencontre fortuite à l'église – lieu public – y décident de la destinée de Marianne. Celle de Jacob, après s'être nouée aux pieds du cheval de bronze, se confirme à l'occasion d'un fait divers de la voie publique. Peu importe à notre propos que le hasard marivaudien, ici comme au théâtre, soit secrètement orienté selon un ordre providentiel et qu'il joue plutôt le rôle d'une cause occasionnelle que d'une cause efficiente ; peu importe ici que l'élévation de nos deux héros soit moins une chance – et encore moins une conquête – qu'une grâce. L'essentiel est que les voies de la Providence doivent suivre le tracé des rues parisiennes ! La vision de la société statique et traditionaliste, bien que relativement large, que les deux romans mettent en œuvre – Paris vu du salon de Mme Dorsin – trouve ainsi sa contrepartie : même dans cet univers immobile se manifeste un principe de mouvement ; même en l'absence des masses populaires – qui n'ont pas encore droit à l'existence littéraire – l'ordre établi des intérieurs confortables ou prestigieux entend monter vers lui une sourde menace, le vague péril de la rue[1].

Marianne est probablement *bien née*. Mais elle a besoin d'être reconnue comme telle, et son passage de la boutique au salon heurte si fort conventions et intérêts qu'il devient affaire d'État. Jacob, lui, est ce qu'il est : tout au plus, et non sans quelque jeu de mots, « le fils d'un honnête homme qui demeure à la campagne » (p. 199). Sans doute le lecteur attentif à la lettre du récit peut-il d'autant moins douter de son avenir que celui-ci est censé accompli quand le récit s'engage... Reste que la narration s'interrompt brusquement, de même que le talent du romancier s'épuise en vain à relayer l'histoire de Marianne par celle de Tervire. On peut se demander si le conflit structurel entre l'ordre des maisons et l'anarchie de la rue qui est au cœur du projet romanesque de Marivaux n'est pas pour beaucoup dans cet inachèvement[2]. Dans cette hypothèse l'impossibilité de conclure ne serait pas la preuve d'une défaillance du romancier, mais au contraire l'ultime réussite du roman. Toujours est-il que l'entreprise paradoxale de faire parler un parvenu qui serait resté dans l'âme un paysan achoppe au moins sur deux difficultés. La première est dans la conciliation supposée de l'innocence naturelle avec la corruption mondaine et l'esprit de lucre de la finance. Le roman nous présente trois figures de

---

1. Entre l'extérieur et l'intérieur existe une médiation : l'escalier. Celui-ci est élément d'un espace scénique clos chez les demoiselles Habert, comme le soulignent justement Henri Coulet et Michel Gilot (*Marivaux. Un humanisme expérimental,* Larousse, 1973, p. 228-229). Mais l'escalier des D'Orville, avec l'allée qui y conduit, est aussi bien une annexe de la rue, un lieu collectif et semi-public, partie d'un espace ouvert. On peut dresser une typologie fonctionnelle des escaliers chez Marivaux.
2. J'ai moi-même posé le problème de l'inachèvement des deux romans dans le chapitre « Marivaux, ou les chemins de la sincérité » du volume n° 9 – *XVIII* siècle, 1, 1720-1750 – de la collection « Littérature française » (Arthaud, 1974, *op. cit.*). Je le reprends ici dans le même esprit mais une perspective un peu différente.

financier : le parvenu jouisseur et libertin des premières pages ; un homme d'affaires cupide et dur, M. de Fécour ; enfin l'homme au cure-dents, bon cœur, mais dépourvu de toute délicatesse. Cette troisième figure est la plus originale ; mais il faut noter qu'elle est autant archaïsante que novatrice : Marivaux ne rétablit le financier dans l'ordre de la nature qu'en lui refusant la culture... Jacob réussira-t-il la synthèse ? Ne risque-t-il pas aussi bien de se conformer à l'un des deux autres modèles ? Ces questions restent sans réponse et à vrai dire aucune des trois directions ainsi ouvertes à l'imagination du lecteur, même la troisième, ne conduit à ce que le narrateur est supposé devenu.

Sur cette première incertitude s'en greffe une seconde. Même vécu dans une sage retraite campagnarde, le bonheur stable et assuré dont le narrateur paraît jouir fait lui aussi problème. Car le roman n'envisage concrètement que deux types d'ascension sociale. Le premier correspond à la réalité moyenne du temps telle que l'analysent les historiens d'aujourd'hui : ascension lente, laborieuse, modeste et qui a quelques chances d'être durable. Le second type, s'il peut se réclamer de sources historiques, relève bien plus du mythe littéraire que de la réalité sociale : là l'élévation est rapide, brillante, mais des plus fragiles. D'un côté la famille Habert : trois générations pour passer de la ferme beauceronne au commerce, puis aux rentes de « bons bourgeois de Paris ». De l'autre, la grandeur subite, puis l'effondrement qui punit vanité et libertinage. Or il faut moins de trois semaines à Jacob pour passer de la condition de domestique à la familiarité d'un grand. Cette promotion accélérée ne le prédisposerait-elle pas à suivre plutôt la seconde voie, celle de son ancien seigneur ? Une grave menace semble peser ici sur son avenir : disons qu'en bonne logique la lettre du récit contredit le projet du romancier.

N'en doutons plus. Ce que l'on a imprudemment appelé le « réalisme » des romans de Marivaux consiste moins dans la représentation explicite de certaines réalités parisiennes – si neuve et savoureuse qu'elle soit – que dans les *choix* idéologiques et esthétiques qui orientent et délimitent cette représentation. Également dans les *contraintes* narratives et stylistiques auxquelles se plie un écrivain particulièrement rigoureux : si, au lieu d'écrire : «Je descendis vite dans la cuisine», Jacob disait platement : «J'allai dans la cuisine», nous ignorerions que celle-ci est au rez-de-chaussée. Plus généralement encore, la vérité sociologique des deux romans est dans la résistance insurmontable que la réalité sociale oppose à la liberté de la fiction. Peut-être le plus grand mérite du *Paysan parvenu* est-il dans la *faille* que nous y avons aperçue : dans l'écart entre ce que Jacob commence à être à la fin de la cinquième partie et ce qu'il était censé être devenu dans le préambule. C'est bien cet écart irréductible qui interdit à Marivaux de donner à son roman le dénouement optimiste qu'il a pourtant annoncé. Mais si le mieux n'est pas facilement crédible, le pire n'est pas toujours sûr. Le roman inachevé ne bascule pas dans un pessimisme que sa structure narrative lui interdit. Le lieu champêtre où le narrateur écrit ses mémoires est pour le héros à la fois inaccessible et inévitable ; le récit ne peut ni l'atteindre ni conduire ailleurs. Car Marivaux n'est pas le Paul Bourget des Lumières, et il se garde sans peine du didactisme qui gâtera le talent de *L'Étape*. Si nous comprenons mal la réussite morale de Jacob, il nous est impossible de l'imaginer matériellement ou moralement déchu. Ainsi le roman tel que nous le lisons, ouvert, problématique, est à l'image de la grande ville, avec ses chances et ses risques.

Avec Marianne (1) : l'argent*

S'il s'agissait ici d'Arlequin tout serait vite dit. Arlequin n'est pas cupide ; il aime l'argent pour la bonne chère et le bien vivre que présagent les espèces sonnantes et trébuchantes : donnez-moi une pistole, je vous fais la cabriole *(Le Prince travesti,* III, 8). Le cas de *Marianne* est d'une autre complexité, et si la minutie de l'analyse pouvait prétendre rivaliser avec la précision d'écriture de Marivaux, le commentaire lasserait encore plus vite le lecteur d'aujourd'hui que certains de ceux du XVIIIᵉ siècle ont pu l'être des « réflexions » de la narratrice. Mais le constat essentiel tient en quelques mots : l'étonnante abondance de chiffres dans ce roman d'analyse. Et à qui prend la peine de les relever et de les interroger ils disent beaucoup : les écarts de revenus et de condition sociale ; l'origine de l'argent qu'ils mesurent ; la destination de cet argent et l'usage qui en est fait. Beaucoup, finalement, et sur la morale et sur l'esthétique du roman. Lire Marivaux, c'est aussi apprendre à compter[1].

* Première publication, «L'argent dans *La Vie de Marianne*», dans *Marivaux e il teatro italiano,* a cura di Mario Matucci, Pisa, Pacini Editore, 1992.
1. Toutes les allusions ou citations qui suivent renvoient à l'édition F. Deloffre de *La Vie de Marianne,* Paris, Classiques Garnier, 1963. Nous indiquons les parties en chiffres romains, les pages en chiffres arabes.

Dans la société du roman les écarts de revenus sont considérables. Avec le petit capital de deux cents livres (II, 23) que lui ont laissé les voleurs de son modeste héritage, Marianne est fondée à s'inquiéter de l'avenir : à peine de quoi payer quelques semaines de pension dans une mauvaise auberge, si nous en croyons le récit fait par Tervire des malheurs de la soi-disant Mme Darneuil qui se voit réclamer par son hôte « dix écus » pour « dix ou douze jours » (XI, 556-557)[1]. Certes, Marianne n'est pas réduite à l'indigence et si elle est « pauvre » (I, 19-20 ; III, 116), elle ne connaît pas, et ne connaîtra jamais la vraie misère[2]. Bien vite les « quelques louis d'or » – un louis vaut vingt-quatre livres – reçus « avec honte » de son nouveau protecteur viennent élargir un peu sa marge de sécurité, d'autant que M. de Climal paie par ailleurs sa pension à Mme Dutour. Une aisance de petite bourgeoise s'offre même à elle quand en plus d'une pension « forte »

1. Il est vrai qu'elle a été malade et que l'aubergiste lui a fait l'avance du coût d'une partie des soins... Admettons que Marianne ait les moyens de s'offrir un trimestre de pension, ou de tenir quelques mois de plus en subvenant elle-même à tous ses besoins : 200 livres, c'est presque le salaire annuel moyen d'un ouvrier (J. Sgard, L'échelle des revenus, *Dix-huitième siècle,* n° 14, 1982, p. 426). Même pas de quoi, pour une « fille de boutique », payer les droits d'accès à la maîtrise, comme le souligne M. de Climal (I, 116).
   Au XVIIIe siècle, à partir de 1726, l'écu d'argent vaut trois livres. On est surpris que le diamant « d'environ deux mille francs » légué à Tervire par Mme de Tresle (IX, 445) soit estimé trois pages plus loin à « mille écus » (448). Comme l'action du roman est censée se passer au XVIIe siècle on pourrait être tenté de prêter à l'auteur un scrupule d'exactitude historique tout à fait exceptionnel pour son temps. Mais si la valeur des « louis d'argent » puis « écus » a varié au cours du siècle précédent, de Louis XIII à Louis XIV dont une ordonnance la fixe à 3 livres 6 sols en 1689, c'est toujours autour de 3 livres (voir Jean Boizard, *Traité des monoyes,* 1692, 2e éd., 1722, p. 310-318). Écrivain précis, Marivaux a ses moments de distraction : ne donne-t-il pas dans son roman le même nom – Villot – à deux personnages différents ? Ses deux évaluations du diamant de Tervire relèvent sans doute du même tour d'esprit.
2. Même pas chez autrui. Bien différent du Paris réel, le Paris de Marianne ignore la mendicité. Voir ci-dessus « Marivaux romancier de Paris ».

chez un couple d'apparence honnête, d'un mobilier complet, de maîtres de danse et de musique, Climal lui propose « un petit contrat de cinq cents livres de rente » : à peine moins que les six cents livres gagnées au Collège royal par un professeur débutant[1]. Pour avoir refusé l'argent du déshonneur elle s'en voit bientôt attribuer davantage du moribond repenti et converti : « douze cents francs » (V, 250) d'une rente dont elle ne tardera pas à recevoir des mains de Mme de Miran le premier quartier, « un petit rouleau de louis d'or » (VI, 286). Mille deux cents livres, c'est moins que les « mille écus » garantis à Tervire par le second testament de la vieille Mme Dursan (X, 532). Mais c'est le salaire d'un pensionnaire de l'Académie royale des Sciences[2] et, calculée selon l'usage au denier vingt – à 5 % –, cette rente correspond à un capital de vingt-quatre mille livres. En quelques jours la Providence a permis à la jeune fille de multiplier par cent vingt son avoir initial. La voilà non seulement délivrée de l'angoisse du lendemain, mais assurée d'un discret confort. Si sa destinée était celle d'une demoiselle Habert, elle pourrait s'en contenter, mais elle aime Valville : et quelle distance encore, du seul point de vue de la fortune, entre elle et lui !

Mme de Miran qui n'est pas prisonnière des usages du monde, mais qui en évalue le poids lucidement, ne la laisse pas s'illusionner. « Vous n'avez pas vingt mille livres de rentes, on ne ferait aucune alliance en vous épousant » (IV, 184). Pour être un parti acceptable, indépendamment même de l'incertitude qui pèse sur sa naissance, Marianne devrait donc posséder en revenus ce qu'elle vient d'acquérir en capital... Car Valville n'est pas seulement de haute naissance, d'une « famille illustre » (VII, 410), il détient une fortune considérable qui va encore s'accroître de l'héritage de son oncle, alors même

1. J. Sgard, *loc. cit.* p. 426.
2. *Ibid.,* p. 427.

que, selon sa mère, « il peut se passer de l'augmenter »
(IV, 205). Ce surcroît de richesse est ressenti par
Marianne comme une menace pour son bonheur : « Si
M. de Climal meurt à présent, disais-je, Valville, qui en
hérite et qui est déjà très riche, va le devenir encore
davantage ; eh ! que sais-je si cette augmentation de
richesses ne me nuira pas ? » (V, 240). L'événement ne
tarde pas à justifier sa crainte ; enlevée, transportée dans
un couvent inconnu, elle s'entend dire par l'abbesse,
comme en écho à ses propres réflexions : « Il y a un
homme dans le monde, homme de condition, très riche,
qui appartient à une famille des plus considérables, et qui
veut vous épouser ; toute cette famille en est alarmée... »
(VI, 297). Bien sûr, cette réaction familiale n'a rien de
désintéressé : du mariage « très avantageux » (IV, 174) que
Valville manquerait en épousant Marianne serait résulté
pour la famille tout entière un supplément de puissance et
de prestige. Dans l'ordre habituel – et jugé normal – des
choses l'argent va à l'argent et l'influence au pouvoir pré-
existant. C'est pourquoi les vingt mille livres de rentes qui
font défaut à l'héroïne auraient été un minimum pour
rendre tolérable aux yeux de la bonne société son entrée
dans la famille de Mme de Miran : une grande dame elle-
même très riche, qui roule carrosse, possède hôtel à Paris
et château à la campagne... Ce serait déjà un bien beau
parti, pour une Marianne, que les « vingt-cinq mille livres
de rente » que lui apporterait, si elle acceptait de l'épouser,
le vieil officier ami de sa protectrice (VIII, 421).

Cet « homme de qualité » (*ibid.*, 418) est à situer dans la
hiérarchie des fortunes parisiennes – si l'on suit les analyses de Turgot[1] – à l'avant-dernier des cinq échelons de
richesse reconnue : au niveau de revenus atteint par le
président de Montesquieu, du moins quand les vendanges

1. Texte de 1764 rappelé par J. Proust, *Diderot et l'Encyclopédie,* Paris,
A. Colin, 1963, p. 86, n. 18, d'après L. A. Maverick, *China a model
for Europe,* San Antonio, Texas, 1946, p. 53.

ont été bonnes et que la guerre n'empêche pas la vente de son vin outre-Manche. Mais la vie est moins chère en province qu'à Paris et Montesquieu a l'avantage de pouvoir se partager entre La Brède et la capitale. Les vingt mille livres qui manquent à Marianne, dix-sept fois plus qu'elle ne possède, seraient à peine au-delà de la frontière qui sépare à Paris la richesse de la bonne aisance.

Certes, l'argent n'est pas tout. Dans la société du roman l'argent va d'abord à la naissance. Défendant sa mère contre l'arrogance de sa belle-sœur, Tervire rappelle qu'à défaut d'être riche la marquise, dès avant son mariage, était femme de condition (XI, 577-578). Et Marianne elle-même se consolerait plus facilement d'être «pauvre» que de n'être pas noble (II, 70). Mais de façon générale il est dans l'ordre que les nobles soient riches. Pour eux la pauvreté est un malheur, comme pour Marianne et – dans une moindre mesure – pour Tervire ; parfois une punition comme pour le jeune abbé libertin, neveu de M. de Sercour, qui finira ses jours en prison (IX, 483), pour le voleur et faussaire Dursan (*ibid.*, 485), ou pour la soi-disant Mme Darneuil qui paie de l'indifférence de son fils sa propre négligence envers Tervire. Surtout, et dans tous les cas, la pauvreté est pour le noble une humiliation. L'inconnue de l'auberge – Mme Darneuil – dîne seule d'un peu de bouilli, à l'écart de ses compagnons de voyage auxquels elle veut cacher son dénuement (XI, 544 et 574). La pitié même est honteuse pour une âme bien née. Tervire joue sur ce sentiment en reprenant le mot de façon provocante pour secouer l'indifférence des amis du jeune marquis : de la « pitié » pour une marquise ! (XI, 579). Quant à Marianne, préservée de la vraie misère et du triste sort de la jeune mendiante de bonne famille sur laquelle s'apitoyait naguère la quatrième feuille du *Spectateur français*[1], elle refuse fièrement l'aumône de la

---

1. Marivaux, *Journaux et Œuvres diverses,* éd. F. Deloffre et M. Gilot, Paris, Classiques Garnier, 1969, p. 127. Voir également ci-dessus n. 3.

prieure (III, 153-154) et l'on a vu sa gêne à accepter d'abord l'aide de M. de Climal (I, 28-29). Mais il y a louis et louis. Ceux de la charité étaient un peu honteux ; il n'en va pas de même du « petit rouleau de louis d'or » que Mme de Miran n'a pas trop de mal à faire accepter à sa fille adoptive, premier « quartier » d'une nouvelle aisance : « Prends toujours, me dit-elle, il faut bien t'accoutumer à en avoir » (VII, 344).

L'avoir : une préoccupation constante dans tous les milieux de la société du roman. Mais aussi une ligne de clivage entre ceux qui gagnent de l'argent et ceux qui, tout simplement, en possèdent. Parmi les premiers, d'abord tous les subalternes : domestiques, crocheteurs, cochers de fiacres, filles de boutiques ; au-dessus d'eux artisans et boutiquiers, petits employés comme le jeune Villot qui attend du mariage convoité « une bonne place » (VI, 310) ; et à la campagne aussi bien le « pauvre vigneron » (IX, 447 et 448) chez lequel Tervire a failli devoir chercher refuge que le riche fermier qui la recueille, le second Villot *(ibid.,* 444, 449). Gens très divers, mais qui ont en commun d'avoir à gagner leur vie : Marianne, elle, pleure à l'idée de « travailler pour vivre » (I, 28), et cette répugnance instinctive, qui n'a rien à voir avec de la paresse, est un sûr indice de naissance[1]. Autre indice : étrangère au monde du travail – qu'elle ne fait que traverser – elle n'est pas pour autant éblouie par celui des manieurs d'argent. En vain le jeune Villot, sorte de Jacob triste, se vante-t-il devant elle de ses espoirs de promotion : « On va me mettre dans les affaires, dès que notre

---

1. Répugnance d'autant plus notable qu'elle sait travailler : « Je passe tout le temps de mon éducation dans mon bas âge, pendant lequel j'appris à faire je ne sais combien de petites nippes de femme, industrie qui m'a bien servi dans la suite » (I, 15). *Dans la suite ?* On se demande à quelle époque. Car, par une petite discordance très significative, Marivaux va au contraire choisir de souligner, lors du passage éclair de l'héroïne chez Mme Dutour, sa maladresse à la tâche ; c'est que le lecteur ne doit pas assimiler Marianne à une quelconque Toinon : « Pour moi, j'étais si gauche à ce métier-là, que je l'impatientais à tout moment » (I, 33).

contrat sera signé» (VI, 310). Marianne se souvient sans doute, amèrement, du parent parisien de son premier protecteur, le curé de campagne, dont celui-ci et sa sœur avaient cru hériter, et qui est mort ruiné, criblé de dettes, sa maison saisie: «Cet homme avait été dans les affaires» (I, 17). Dans la société marivaudienne, la fortune des «gens d'affaires», – c'est-à-dire selon la définition de Furetière, «les Financiers, Traitants et Partisans» – est souvent trop vite acquise pour être durable. Le Paysan parvenu en offre un autre exemple, avec la ruine du premier maître de Jacob. Dans le second grand roman de Marivaux la figure vulgaire, mais sympathique, de M. Bono équilibre cependant celle du parvenu jouisseur. Rien de tel ici où la finance n'apparaît que sous un jour négatif.

Le grand négoce serait-il mieux considéré? On sait qu'au XVIIIᵉ siècle, et tout particulièrement dans les années de publication de La Vie de Marianne, le grand commerce des négociants-manufacturiers, seul créateur de richesses, est l'élément moteur d'un début de développement économique. Tout un courant d'opinion, avec le Voltaire des Lettres philosophiques, en célèbre alors la puissance bénéfique. Or la grand-tante de Tervire, l'excellente Mme Dursan, est veuve d'un «riche négociant» (IX, 483) dont la mémoire bénéficie de l'estime qu'elle-même inspire au lecteur... Le fait demeure pourtant marginal, pour une triple raison: d'abord parce qu'il est unique dans le roman; ensuite par la date tardive de son apparition, en 1742; enfin, et surtout, parce qu'il concerne un personnage hors-texte. Comme le père du Lucidor de L'Épreuve (1740), «riche négociant» qui a laissé à son fils «plus de cent mille livres de rentes» (scène première), M. Dursan a eu le bon goût de mourir avant que l'action ne commence: seule sa veuve y joue un rôle, mais de la classe des gagneurs elle est passée dans celle des possédants.

Dans la société du roman la considération due à ceux-ci ne va pas aux producteurs, mais aux rentiers. Ceux-là ne créent rien, ils sont. Et s'ils acquièrent, c'est en circuit fermé, dans le cadre d'une richesse globalement stable et dont la répartition seule se modifie, soit par mariage, soit par héritage. Dans tous les milieux le mariage est affaire d'argent, autant et plus que de sentiment: si l'amant de Mme Dutour n'est pas assez riche pour l'épouser (I, 34), le jeune Villot, avant même d'avoir vu Marianne, est prêt à se marier avec elle « par raison et par intérêt » (VI, 309). C'est vrai également, sinon davantage, au sommet de l'échelle sociale. Le désintéressement de Mme de Miran est exceptionnel. Feignant de consoler Marianne de l'infidélité de Valville, Varthon se fait l'écho de la rumeur publique: « Une fille qui n'a rien! » (VIII, 391). Et Marianne elle-même prend soin de mettre en garde son prétendant, le vieil officier, contre l'erreur sociale qu'il commettrait en l'épousant: « Ne serez-vous pas fâché de ne vous être allié à aucune famille, et de n'avoir pas augmenté votre bien par celui de votre épouse? » (VIII, 424). Dans une société où le mari gère la dot de la femme – les douze cents francs de rente légués à Marianne par M. de Climal reviendront à Valville, héritier naturel, s'il épouse la jeune fille (VI, 280-281) – le mariage est l'une des deux voies d'extension du patrimoine, source d'un surcroît de prestige et de puissance.

L'autre voie normale d'enrichissement est l'héritage. Dans *La Vie de Marianne* on ne dénombre pas moins d'une douzaine de cas, soit en moyenne, dans l'édition F. Deloffre, un héritage toutes les cinquante pages. Récapitulons:

— le procès qui a fait perdre leur bien au curé et à sa sœur (I, 14) ;
— la succession de leur parent parisien, saisie par les créanciers du disparu (I, 17-18) ;
— Valville, héritier de Climal (IV, 207) et son légataire (V, 250) ;
— le legs de Climal à Marianne *(ibid.)* ;

— le testament rédigé par Marianne malade et qui fait rire Mme de Miran (VII, 359-361);
— l'héritage disputé qui retarderait l'attribution de la charge ambitionnée par Valville (VIII, 402);
— le testament défavorable au père de Tervire, que le grand-père n'a pas eu le temps de modifier avant de mourir (IX, 435-436): «dix-huit ou vingt mille livres de rentes» (XI, 552) qui vont au cadet, tandis que l'aîné se trouve réduit à «une simple légitime»[1] (IX, 436), soit «très peu de chose» (ibid.), à peine plus que les «quelques parts de vignes, de prés et d'autres terres» qui reviennent à leurs sœurs (ibid., 442);
— le testament de Mme de Tresle, l'inventaire auquel il donne lieu et le droit de «reprise» dont se prévalent les filles de la disparue (IX, 445);
— la convoitise du jeune abbé pour l'héritage de son oncle, M. de Sercour, qui oblige celui-ci à tenir secret son projet de mariage (ibid., 470);
— les vues de Tervire cadet, oncle de la narratrice, sur l'héritage de Mme Dursan (ibid., 486) et le testament de celle-ci en faveur de sa protégée, qui déshérite le fils indigne (X, 496); le risque, jugé faible par la béné-ficiaire, que Mme Dursan en cas de refus de sa part teste en faveur d'un tiers (ibid., 511);
— le second testament rédigé par la même Mme Dursan quelques jours avant sa mort (ibid., 531), qu'elle confie à son amie Mme Dorfrainville et que la jeune Mme Dursan cherche à faire casser (ibid., 530-531): il assure à Tervire le tiers de la succession au cas où le petit-fils de la testatrice ne l'épouserait pas dans le délai d'un an et, pour l'immédiat, «une pension de mille écus» (ibid., 532-533);

1. Voir dans l'*Encyclopédie* l'article «Légitime (jurisprudence)» de Boucher d'Argis.

— la succession qui motive le voyage à Paris de Mme Darcire (XI, 542 et 550-551) ;
— la dot « assez considérable » à laquelle la marquise a eu l'imprudence de renoncer en faveur de son fils, accroissant d'autant pour lui l'héritage paternel (*ibid.*, 570).

Source de fréquents litiges, ces affaires d'héritage sont parmi les principaux événements de la vie sociale des personnages. Une succession opportune redresse une destinée ; une succession disputée la ruine. C'est en toute vraisemblance que pour donner une explication honorable de l'indigence des Dursan Mme Dorfrainville allègue « la perte d'un procès » qui, dit-elle, « avait déjà dérangé » leur fortune (X, 512). Et l'infidèle Valville s'excuse de même de son peu d'empressement à tenir la parole donnée à Marianne sur des difficultés de succession, sans avouer bien sûr qu'il les a lui-même suscitées (VIII, 402, *loc. cit.*). On notera que ces affaires d'héritage – dont Balzac aurait fait autant de romans – se répartissent de façon équilibrée entre l'histoire de Marianne et celle de Tervire. Cependant, réduites dans le premier cas à des allusions rapides, elles tendent dans le second à se charger de détails et à occuper de plus en plus de place, jusqu'à la mise en scène pathétique – plus de deux grandes pages (X, *loc. cit.*, 495-497) – du premier testament de Mme Dursan, puis aux deux épisodes voisins de la rédaction et de l'ouverture du second *(loc. cit.)* : signe, s'ajoutant à d'autres, de la mutation esthétique qui marque le début des années 1740 et à laquelle le roman marivaudien ne résistera pas[1].

Reste que, simplement esquissé ou déjà un peu encombrant, le tableau social qui ressort de *La Vie de Marianne* est très représentatif des réalités et des valeurs de la société patrimoniale – et procédurière – du XVIIIᵉ siècle.

1. Voir ci-dessous, « Avec Marianne (2) : mises en scène de la mort ».

Selon Henri Lafon, qui a étudié cinquante romans de la période 1730-1800, on voit s'entremêler et s'affronter dans ceux-ci, à travers les questions d'argent, deux idéologies : celle de l'argent « noble », c'est-à-dire acquis passivement, et celle de la richesse liée à une activité personnelle. Si la première est largement dominante dans l'ensemble des textes analysés on peut dire que dans *La Vie de Marianne* sa domination est presque exclusive. C'est ici que s'applique particulièrement la formule d'Henri Lafon selon laquelle la société romanesque est faite au XVIIIᵉ siècle de consommateurs, non de producteurs[1]. Encore est-il souhaitable, et possible, de préciser quel type de « consommation » prévaut dans le roman de Marivaux : après l'avoir, la dépense.

Le nécessaire ou le superflu ? Si ces mots n'ont pas le même sens pour toutes les conditions, on constate sans surprise que les dépenses « nécessaires » des riches pour eux-mêmes ne sont qu'exceptionnellement notées : il faut le voyage à Paris d'une provinciale, Mme Darcire, pour que nous ayons à être informés des « emplettes » qu'elle y fait « chez quelques marchands » (XI, 549) ; mais nous n'avons pas besoin de savoir combien Mme de Miran paie ses domestiques. Ce sont les gens modestes qui sont attentifs au prix des choses et à leur propre budget : Mme Dutour sait ce que vaut une course de fiacre : ce n'est pas elle qui donnerait vingt sols pour douze (I, 93), et elle déplore que Marianne ne soit pas aussi bonne ménagère que Toinon (*ibid.,* 98), laquelle va à pied voir sa mère jusque dans le lointain faubourg Saint-Marceau (III, 106). Qui n'est pas riche doit savoir compter. Surtout quand la conjoncture est défavorable et qu'inflation et récession mêlées déclenchent une crise où le capital se défend mieux que le travail : « Le temps est mauvais, on

---

1. Henri Lafon, « Problèmes d'argent dans le roman français du XVIIIᵉ siècle », dans *Roman et société,* Université de Valenciennes, 1983, p. 21-30.

ne vend rien, les loyers sont chers» (III, 125). Certes, l'esprit d'économie ainsi forcée ne supprime pas le goût du superflu. Cette mauvaise langue de Toinon critique sa patronne de faire «un peu trop bonne chère» à son amant (I, 34), et de fait Mme Dutour apprécie les occasions de petits «cadeaux» (*ibid.,* 48), c'est-à-dire de gourmandes collations. Mais à la différence du père du jeune Villot qui a «un peu mangé, un peu trop aimé la joie, ce qui n'enrichit pas une famille» (VI, 310), elle ne cède à sa gourmandise qu'avec circonspection. Chez elle la dépense de luxe reste strictement contrôlée, et elle s'entend fort bien à la faire porter sur un tiers: «Voilà que ma fête arrive; quand ce viendra la vôtre, celle de Toinon, dépensez alors, qu'on se régale, à la bonne heure, chacun en profite» (II, 100).

Chez les possédants surtout il y a un bon et un mauvais usage de l'argent. Souvent la cupidité accompagne la richesse. Quand Dursan ajoute un faux aux vingt mille francs volés à sa mère (IX, 485), il a au moins l'excuse de la passion. Le neveu de M. de Sercour est un dépravé et ses besoins d'argent viennent de son libertinage: «La corruption de ses mœurs [...] devait lui faire souhaiter d'être riche» (*ibid.,* 471). Ce sont là des cas de dérèglement somme toute banals. Beaucoup plus grave est la véritable dénaturation produite par le *toujours plus* de trop nombreux riches. L'avidité altère les liens du sang, éteint les sentiments familiaux: toute l'histoire de Tervire, de ses relations avec son oncle, ses tantes, sa mère, et des relations de celle-ci avec le jeune marquis, son fils, illustre ce processus de destruction. L'avidité anéantit tout sentiment altruiste: «Brunon», la jeune Mme Dursan, doit tout à Tervire; mais oublie la gratitude dès que Tervire, volontairement appauvrie au profit de Dursan, n'est plus un parti intéressant pour leur fils (X, 533)! Plus grave encore, l'achat des consciences: pour beaucoup de riches tout est à vendre. Mlle de Fare tente d'acheter le silence de sa propre femme de chambre au sujet de Marianne

(V, 267). Le jeune abbé paie d'une bague et d'un «billet de mille écus» à valoir sur la succession de son oncle – pas encore ouverte! – la complicité de la femme de chambre de Mme de Sainte-Hermières (IX, 480). Et l'on sait comment M. de Climal entreprend d'acheter Marianne. Ainsi la dépense corruptrice se porte moins vers les biens matériels que vers les personnes. Plutôt que moyen de consommation, au sens habituel du mot, l'argent corrupteur est un instrument de pouvoir.

Acheter, c'est corrompre. Le bon usage de l'argent, l'usage noble, ne consiste pas dans l'achat, mais dans le don. La dépense noble se doit d'être gratuite. Elle l'est parfois par sa frivolité : est-ce pour l'aumône que Mme de Miran remet une bourse à Marianne (VII, 344) ou bien par respect d'un des usages du monde, le jeu? Pour Tervire le doute n'est pas possible : «Car de l'argent, j'en avais; Mme Dursan, qui, dans les occasions, voulait que je jouasse, ne m'en laissait point manquer». La gratuité vient aussi de l'excès : dépense de munificence, comportement de grand seigneur. Un noble ne marchande pas : parce que Marianne a payé vingt sols une course qui en valait douze, Mme Dutour l'accuse de «jeter l'argent par les fenêtres» (I, 98); dans ce geste, incompréhensible pour une boutiquière, la jeune fille révèle sa nature aristocratique. Elle est spontanément digne d'un Valville qui, pour se débarrasser de la marchande, lui achète d'un coup tout son carton de toile (V, 265). Cette prodigalité ne se manifeste pas seulement pour les petites choses : alors que le vendeur chicane, Mme Dursan paie comptant – à une époque où l'argent est rare[1] – et plus qu'il ne vaut le château de Tervire (IX, 486).

Il est une forme de dépense gratuite, voire prodigue, que le roman met particulièrement en valeur, la généro-

1. Voir ci-dessus les propos de Mme Dutour, et aussi les plaintes de la prieure qui refuse d'accueillir Marianne sur les dettes de son couvent (III, 153).

sité. Certes, elle n'est pas le privilège des grands : en offrant à Tervire son hospitalité le ménage Villot sait qu'il y sera de sa poche (IX, 483) ; la « grosse bourgeoise » qui paie la pension de Mme Darneuil menacée d'expulsion de son auberge cède à un mouvement désintéressé de compassion (XI, 555-558) ; et déjà l'ancienne femme de chambre de la malade venait de lui offrir – en vain – « tout ce qu'elle avait d'argent » (XI, 563). Sans déprécier ces gestes généreux on doit cependant noter qu'ils ne sont pas vraiment gratuits : la bourgeoise compatissante a conçu au premier coup d'œil pour l'inconnue dans le besoin plus que de la pitié, « de la considération » (*loc. cit.,* 557) ; en prenant le risque de perdre ses dix écus elle sait néanmoins avoir une bonne chance de les recouvrer... A l'inverse, Villot et la femme de chambre ont été récompensés d'avance de leur générosité : la seconde, qui a servi Mme Darneuil dix-sept ans, s'est attachée à elle et lui sait gré d'avoir assuré sa sécurité en la plaçant chez Mme de Viry (*loc. cit.,* 562) ; le premier n'oublie pas qu'il s'est enrichi auprès des Tervire et grâce à eux (IX, 444 et 449). Cette très estimable gratitude, tout à l'honneur des humbles, ne peut se confondre avec la générosité des grands. Ceux-ci ont leurs bonnes œuvres habituelles : Mme Dursan a coutume de confier de l'argent pour des aumônes à un prêtre (X, 523). Les mouvements spontanés caractérisent encore mieux la générosité aristocratique : à peine Mme de Miran a-t-elle vu et entendu Marianne qu'elle la prend sous sa protection (III, 154) ; à la lumière de cette attitude l'aide précédemment offerte par M. de Climal se lit, dans son hypocrisie, comme un hommage du vice à la vertu. On ne sait trop si Mme Dorfrainville a cédé à un mouvement analogue en recueillant chez elle la famille Dursan (X, 512-513) ou si elle a d'abord reconnu le fils de sa vieille amie. Mais la spontanéité généreuse de Tervire est aussi indiscutable lorsqu'elle se porte au secours de Mme Darneuil (XI, 543-544) que lorsqu'elle s'affirme résolue, sitôt découverte l'identité de Dursan, à lui rendre son héritage (X, 531-532). La vraie générosité est entière, absolue, et c'est pourquoi elle brave les usages du monde. Mme de Miran en défend éloquemment les droits devant le ministre :

> « Il serait honteux d'y trouver à redire, à moins qu'il n'y ait des lois qui défendent d'avoir le cœur humain et généreux ; à moins que ce ne soit offenser l'État que de s'intéresser, quand on est riche, à la personne la plus digne qu'on la secoure, et qu'on la venge de ses malheurs » (VII, 329).

« Il n'y a rien de si beau que le don », déclarait Mme Dutour pour persuader Marianne d'accepter, sans vains scrupules, les cadeaux de M. de Climal (I, 47). Et Marianne elle-même aime mieux donner que recevoir. Plutôt que du modèle d'une société de « consommateurs », la haute société de *La Vie de Marianne* ne relèverait-elle pas du modèle archaïque, et aristocratique, si bien décrit par le sociologue Marcel Mauss : le don, « forme primitive de l'échange » ? La question, séduisante, appelle une réponse nuancée. Dans l'action et l'économie sociale du roman l'échange cède au don le premier rôle. Mais le désintéressement du donateur n'exclut pas chez Marivaux le calcul, fût-il intuitif, de la raison. Si sympathique que soit Mme Dorsin, elle encourt un discret reproche : « Mme Dorsin était extrêmement généreuse, mais ses domestiques étaient fort économes, et malgré qu'elle en eût, l'un corrigeait l'autre » (V, 229). Mme Dursan, plus raisonnable, allie la prudence à la charité ; elle refuse d'acheter deux cents francs une bague qui ne les vaut pas et dont elle n'a que faire : dix écus – sept fois moins – devront suffire. Et la narratrice de commenter : « Mme Dursan n'était que bonne et charitable [entendons qu'elle n'était pas, elle, amoureuse] ; cela laisse du sang-froid » (X, 503-504). S'étonnera-t-on que M. de Climal, singeant la charité, soit dans sa concupiscence beaucoup moins prodigue que le vieux G... M... de l'abbé Prévost ? Celui-ci n'offrait pas à Manon une rente de cinq cents livres, mais de quatre mille huit cents : dix fois plus ![1] A la différence de ce riche financier Climal conserve dans le vice des habitudes d'économie qui semblent propres à son milieu.

Mme de Miran est une grande dame, et elle tient son rang. Mais dans le train de vie qui correspond à sa condition elle conserve une certaine simplicité ; ses dîners sont intimes, sa vie mondaine discrète et sans ostentation. Pour venir d'un élan du cœur sa bienfaisance n'est pas moins raisonnable. Les qualités de Marianne justifient la spontanéité et la constance de la protection qu'elle lui accorde : aurait-elle secouru de la même façon, dans une situation aussi pathétique, une jeune fille moins distinguée ? Il est permis d'en douter, d'après le propos même qu'elle tient au Ministre : une générosité éclairée sait être sélective et se proportionner à son objet ; moins « digne qu'on la secoure », Marianne aurait bénéficié d'une aide plus limitée et plus circonspecte. Mais elle a heureusement de nombreux points de ressemblance avec sa bienfaitrice. Elle n'est pas attachée à l'argent : « Je n'étais point avare, je n'étais que vaine » (III, 132) ; plus effrayée qu'attirée – on l'a vu – par la fortune de Valville, elle aime celui-ci d'un amour totalement désintéressé (VI, 280). Elle n'est pas non plus dépensière ; son premier mouvement est de refuser les louis que Mme de Miran veut lui faire prendre : « J'ai encore l'argent que vous m'avez donné vous-même (cela était vrai), et celui dont j'ai hérité à la mort de la demoiselle qui m'a élevée me reste aussi » (*ibid.*, 286). Il est vrai que les événements se sont succédé très vite : mais que de tentations, même innocentes, pour une toute jeune provinciale dans le grand Paris ! Sauf pour se débarrasser du cocher de fiacre et d'une dispute triviale Marianne n'a pas gaspillé un sol de son petit pécule. A lui

1. *Histoire du chevalier Des Grieux et de Manon Lescaut,* éd. F. Deloffre et R. Picard, Paris, Classiques Garnier, 1965, Première partie, p. 71 (voir aussi J. Sgard, L'échelle des revenus, *op. cit.*).

découvrir cet esprit d'épargne Mme de Miran peut légitimement se dire qu'elle n'a pas placé sa confiance et son
affection à fonds perdus, mais plutôt réalisé un sûr investissement moral.

Peut-être Marivaux, lui-même si peu économe, et constamment gêné dans ses finances, a-t-il pris un plaisir secret
à chiffrer des revenus sans proportion avec ceux dont il a
jamais personnellement disposé, aussi bien qu'à inventer
des personnages doués d'une sagesse pratique qui n'était
pas son fort[1] : *La Vie de Marianne* comme roman de com-
pensation ? L'auteur a en tout cas mêlé dans son livre à la
dénonciation d'une société régie par l'intérêt personnel et
corrompue par l'argent le rêve d'une société idéale où la
magnificence aristocratique saurait se concilier avec les
discrètes vertus de la bourgeoisie traditionnelle. Or l'ambiguïté de cette synthèse utopique n'est pas sans conséquence sur l'écriture du romancier. S'il y a dans *La Vie de
Marianne* la matière de plusieurs romans balzaciens, Marivaux n'est pas un lointain précurseur de Balzac. L'apparition, dispersée, de l'argent dans le texte est ici aussi discrète que précise. De même que, dans la société
représentée, la suprême distinction de la richesse est de
savoir se faire oublier, il faut lire le roman à la loupe pour
y apercevoir au détour d'une phrase cette puissance de
Plutus, souveraine et toujours un peu honteuse. Malgré
l'évolution esthétique qui se manifeste dans la substitu-
tion du récit de Tervire à celui de Marianne la technique
demeure jusqu'au bout essentiellement la même. A la fois

---

1. Voir le témoignage de Lesbros de la Versane, cité par H. Coulet et
   M. Gilot (*Marivaux, un humanisme expérimental,* Paris, Larousse,
   1973, p. 32-33) : « M. de Marivaux [...] pouvait avoir environ
   quatre mille livres de revenu. Il aurait pu se faire avec une pareille
   somme une situation aussi aisée que commode, s'il avait été moins
   sensible aux malheurs d'autrui et moins libéral ; mais il n'en dépen-
   sait que quinze cents pour ses besoins, et le reste était employé à
   ceux des autres. »

tout-puissant et digne de dédain aux yeux du moraliste, l'argent est dans la lettre du roman, contradictoirement, et marginal et omniprésent. Dans la technique de dispersion qui commande à cette présence paradoxale se révèle l'étroite cohérence d'une esthétique et d'une éthique.

Avec Marianne (2) :
mises en scène de la mort[*]

Dans l'œuvre de Marivaux la mort n'a qu'une présence discrète. Comme le note Robert Favre, Marivaux s'intéresse moins à la mort en elle-même qu'à ses conséquences pour les vivants, veuves ou orphelins : 13 références seulement à l'auteur de *La Vie de Marianne* dans son beau livre sur *La mort au siècle des Lumières,* pour 60 à l'œuvre de Prévost[1].

La différence n'est pas seulement dans les chiffres. Il y a loin, remarque encore R. Favre, des « grandes mises en scène funèbres » de Prévost à la manière fort peu baroque dont Marivaux traite le thème de la mort :

> « Marivaux a le don du détail émouvant par la sobriété. Une main serrée, un échange de regards suffisent, ou bien la soudaineté de la mort qui consterne l'entourage. Le récit le plus circonstancié n'a de motif que le souci de montrer un repentir édifiant dans le cas de M. de Climal [...] il semble que son parti soit pris de traduire les douleurs les plus désespérées par quelques traits vibrants plutôt que par d'amples compositions trop théâtrales. »[2]

Je ne contesterai certes pas le fond de cette analyse : la sensibilité et le goût d'un familier de Mme de Lambert sont

* Première publication dans *Atti della Accademia Peloritana dei Pericolanti,* Messina, 1990.
1. Robert Favre, *La mort dans la littérature et la pensée française au siècle des Lumières,* Presses Universitaires de Lyon, 1978 : voir en particulier chap. X et index.
2. *Ibid.,* p. 439.

aussi éloignés du futur « roman noir » qu'étrangers aux tableaux lugubres ou macabres dont usent les prédicateurs du temps, un Bridaine par exemple, pour susciter chez les fidèles effroi et attrition. Mais ce refus de la théâtralité baroque est-il incompatible avec toute théâtralité ? En étudiant en parallèle deux épisodes de *La Vie de Marianne,* la mort de M. de Climat *(Cinquième partie)* et celle de Dursan *(Dixième partie)* je voudrais montrer qu'il n'en est rien et qu'au contraire une tendance certaine à la mise en scène théâtrale de la mort, très discrètement marquée en 1736, s'accentue fortement dans le roman en l'espace de cinq ans. Avant de considérer ces épisodes en eux-mêmes il convient toutefois d'en éclairer analogies et différences en les situant dans leur contexte événementiel, moral et physique[1].

Personnage respectable dont la dévotion en impose, M. de Climal s'est découvert en offrant vainement à la jeune Marianne une protection très particulière. Recueillie par Mme de Miran, la jeune fille est brusquement appelée au chevet du frère de celle-ci, qui n'est autre que M. de Climal lui-même : elle redoute qu'il ne veuille se venger de ses refus, et c'est au paroxysme de l'émotion qu'elle va entendre sa confession publique. Marianne passe de l'inquiétude au soulagement – « ce qui est de sûr, c'est que je ne vis point de malice dans ce visage-là contre moi » (p. 245) – puis aux larmes (p. 248), aux soupirs et aux sanglots d'attendrissement (p. 250-252). Rassuré avec elle sur les intentions du moribond, le lecteur s'abandonne au pathétique de la situation et aux délices du sentiment. L'intérêt du second épisode est davantage lié à l'action. La narratrice de la *Neuvième* et de la *Dixième parties,* Tervire, ne se contente pas de s'émouvoir, elle agit. Voilà dix-sept ans que Mme Dursan a rompu avec son fils, coupable de mésalliance, de faux et de vol (p. 485). Or une

---

1. Toutes nos références renvoient à l'édition Frédéric Deloffre, Paris, Classiques Garnier, 1963.

famille dans le dénuement vient s'installer à proximité de son château. Le fils, un jeune homme, et la mère – que Mme Dursan prend à son service, comme femme de chambre, sous le nom de Brunon – ont un air de distinction qui contraste avec leur condition. Le père, lui, est très malade : Tervire découvre qu'il s'agit du fils prodigue de Mme Dursan ; elle le fait héberger au château, très mal en point, et entreprend de lui obtenir le pardon maternel.

S'ils ne sont pas sans parenté les deux moments n'ont donc pas dans le récit la même fonction. Ils n'ont pas non plus la même portée morale. M. de Climal est un pécheur qui se repent et « se convertit » à l'article de la mort, en avouant sa faute devant celle qui aurait pu être sa victime et en présence d'un prêtre, le P. Saint-Vincent, qui l'exhorte et le console : scène classique et édifiante de « bonne mort », qui prend toutefois chez Marivaux un sens neuf. On n'imagine guère le repentir de Tartufe ; mais dans l'univers marivaudien la méchanceté absolue n'existe pas, la rancune obstinée non plus. Quelque peu atténuée ici par un glissement à peine sensible de la spiritualité à l'anthropologie, la signification religieuse des derniers instants s'estompe presque totalement dans le cas de Dursan : bien qu'un prêtre y assiste également le drame est cette fois tout profane ; la faute était sociale, elle va s'effacer dans les effusions familiales d'une scène dont l'intérêt dramatique est double, puisqu'elle est à la fois de reconnaissance et de pardon : scène centrée non sur Dursan, alors que la précédente l'était sur M. de Climal, mais sur sa mère qu'il faut attendrir et convaincre. Avec ce thème du retour de l'enfant prodigue Marivaux est tout proche de Greuze... A cette différence près – à vrai dire capitale – que l'univers moral du peintre est, lui, impitoyable : le « fils puni » ne sera pas pardonné[1].

---

1. Voir Antoinette Ehrard, « Images de l'éducation, éducation par l'image », in *Vie familiale et éducation dans la seconde moitié du XVIIIe siècle : Greuze et Diderot,* Conservation des musées d'Art de la ville de Clermont-Ferrand, 1984, p. 23-24.

Au physique les deux moribonds font plus que se diffé-
rencier, ils s'opposent.

Depuis la *Première partie* du roman nous connaissons
M. de Climal comme «un homme de cinquante ou
soixante ans encore assez bien fait» (p. 26-27). Cette
approximation de dix années s'explique par la fraîcheur
qu'il conserve dans un âge avancé : seul l'«air de mortifi-
cation» qu'affecte le faux dévot détourne le regard d'un
«embonpoint» en lui-même engageant. Furetière définit
l'*embonpoint* comme une «pleine santé qui est accompa-
gnée d'un peu trop de graisse». N'est-ce pas de cet excès
de prospérité physique que M. de Climal va mourir?
Mme de Fare, une parente venue aux nouvelles, suggère,
il est vrai, une autre explication : «Ne serait ce pas de la
poitrine dont il est attaqué? Il y a six mois qu'il eut un
rhume qui dura très longtemps ; je lui dis d'y prendre
garde, il le négligeait un peu. La fièvre est-elle considérable?» Mais à cette commère distinguée – il en est de
toutes conditions – le médecin interpellé réplique par une
mise au point lourde de sous-entendus : «Ce n'est pas la
fièvre que nous craignons le plus, Madame... » (p. 258).
De fait le malade mourra le lendemain (*Sixième partie,*
p. 279). C'est la soudaineté de sa disparition qui frappe le
plus Mme de Fare : «Voilà qui est épouvantable ; cet
homme qui se meurt et qui se portait si bien. Il n'y a que
dix jours que nous dînâmes ensemble» (*Cinquième partie,*
p. 255). Ne doutons pas de la nature de la maladie Si
M. de Climal a la chance providentielle de pouvoir faire
acte de contrition avant de mourir, il n'évite que de justesse ce qui terrifiait les chrétiens de son temps : la menace
de la mort subite frappant le pécheur non repenti et privé
des derniers sacrements[1]. Cet homme «qui se portait si
bien» est certainement victime de l'«épaississement du
sang» dans lequel les médecins du XVIIIe siècle discer-
naient l'une des causes de l'apoplexie (*Encyclopédie,* art.

1. R. Favre, *op. cit.,* p. 84-86.

« Apoplexie »), et cela alors que les proches du mourant voyaient jusque-là dans sa corpulence et son teint rose un signe de santé...

En 1736 Marivaux ne rencontrait pas le thème de la mort subite pour la première fois. Il l'avait déjà traité treize ans plus tôt dans la *Dix-neuvième feuille* du *Spectateur français* (juillet 1723). Une femme vieillissante, encore « aimable », y contait le choc qu'elle avait éprouvé à trouver morte dans son fauteuil une amie qu'elle avait cru surprendre en la serrant dans ses bras :

« Tout mon sang se glaça dans mes veines, et je tombai sur elle évanouie. Le cri que je fis en tombant fit sortir les personnes qui étaient dans le cabinet ; [...]. On me fit revenir, mon évanouissement fut court ; j'ouvris les yeux dans le moment qu'on emportait le corps de mon amie. J'en frémis encore ! Sa tête penchait, je vis son visage, juste ciel ! Quelle différence de ce qu'il était alors, à ce que je l'avais vu trois jours avant ! L'apoplexie, dont elle était morte, en avait confondu, bouleversé les traits. Ah, quelle bouche et quels yeux ! Quel mélange de couleurs horribles !

« J'ai vu dans ma vie bien des figures que l'imagination du peintre avait tâché de rendre affreuses ; mais les traits qui me frappèrent ne peuvent tomber dans l'imagination : la mort seule peut faire un visage comme celui-là ; il n'y a point d'homme intrépide que cela ne rappelât sur-le-champ à une triste considération de lui-même. »[1]

Bien que Marianne n'ait pas lu *Le Spectateur français,* c'est bien un spectacle de ce genre qu'elle redoute lorsqu'elle se rend au domicile de M. de Climal. Chemin faisant, à l'inquiétude succède en elle un scrupule de délicatesse sous-tendu d'une appréhension d'ordre physique : lui revient-il d'humilier de sa jeunesse et de sa santé « ce vieux pécheur confondu et agonisant » qu'elle imagine dans un « état hideux et décrépit » (p. 244) ? Rien d'ef-

1. Marivaux, *Journaux et Œuvres diverses,* éd. Frédéric Deloffre et Michel Gilot, Paris, Classiques Garnier, 1969, p. 222.

froyable pourtant dans ce visage sur lequel elle va s'enhardir à lever fugitivement les yeux : ici sur son lit de mort l'apoplectique demeure lui-même, nullement défiguré. A la différence du conteur journaliste de 1723 le romancier renonce donc à jouer d'un ressort pathétique à l'efficacité assurée. Pourquoi ? Plutôt qu'à une réserve de goût propre au second et que le premier n'aurait pas partagée, mieux vaut penser à une exigence interne du récit : une mort aussi édifiante ne saurait être *hideuse,* ni l'admiration attendrie qu'elle inspire se mêler de répugnance. Le pécheur pardonné ne peut paraître devant Dieu enlaidi. Il faut au contraire que la dernière image à garder de lui évoque la paix éternelle qui lui est promise.

Tout cela, qui reste implicite, s'éclaire rétroactivement par le fort contraste que font avec cet épisode les circonstances physiques de la mort de Dursan. Celui-ci devrait être encore dans la force de l'âge : il n'a que « quarante-trois ou quarante-quatre ans » (*Dixième partie,* p. 509). Mais il a bien piètre apparence dès sa première rencontre avec Tervire et son vêtement « assez mal arrangé » n'en est pas la cause principale : la narratrice est frappée de son « air infirme » *(ibid.).* Peu de jours après elle constate que son état s'est beaucoup aggravé : « Je le trouvai si malade, il avait l'air si livide et si bouffi, les yeux si morts, que je doutai très sérieusement qu'il pût s'en retourner » (p. 517). Lucide sur la nature et le progrès de sa maladie, Dursan se sait atteint d'une « hydropisie » incurable *(ibid.).* De fait, sa décrépitude s'accentue en quelques heures : saisi d'une crise d'étouffement, il doit être soutenu jusqu'au château *(ibid.,* p. 518-519). Et Mme Dorfrainville n'exagère pas lorsqu'elle dit à son amie, la vieille Mme Dursan, lui avoir déjà trouvé quelques jours plus tôt un visage effrayant. « Il est vrai, Monsieur – dit-elle au jeune Dursan – que votre père me fit peur avec le visage qu'il avait. Il est hydropique, Madame... » (p. 520).

S'il nous fallait deviner le mal dont mourait M. de Climal, celui qui va emporter Dursan est donc explicitement désigné, et même à deux reprises. Or l'article « Hydropisie » de l'*Encyclopédie* nous renseigne à la fois sur les causes et sur les symptômes de cette maladie fort peu ragoûtante : l'une de ses variantes est due au « Skirre » (la cirrhose) du foie et « dans quelques cas que ce soit » elle est due à un « défaut de régime ». Ses manifestations sont de même assez constantes pour ne pas laisser de place à l'incertitude :

« Quant aux effets et aux progrès de l'hydropisie, on observe en général que, dans toutes les espèces de cette maladie, il y a communément enflure ou au moins tumeur sensible dans quelque partie du corps ; et un sentiment de pesanteur dans l'intérieur, lorsque la collection d'humeurs se forme dans quelque capacité : on remarque que la couleur de la peau est toujours viciée dans l'un et l'autre cas, lorsqu'elle est fort pâle, tirant sur le verdâtre ; que les malades ont un grand dégoût des aliments, et sont tourmentés par une soif continuelle, qui les porte à boire abondamment sans que la boisson les soulage à cet égard. »

L'article met également en garde contre des signes illusoires d'amélioration.

Certes, l'enflure peut disparaître la nuit,

« mais elle se forme de nouveau pendant le jour ; paraît le soir, de plus en plus considérable, et gagne peu à peu les jambes et les cuisses au point de s'étendre jusqu'à la hauteur des reins, dans les bourses et le tissu cellulaire des téguments de la verge qui se tuméfient toujours davantage, tellement qu'elle est quelquefois ensevelie dans l'enflure... ».

Sanction d'une vie déréglée, le dérèglement physiologique qui caractérise l'hydropisie en fait une sorte de maladie honteuse. Qu'elle rende le malade « méconnaissable » (p. 519) n'est pas seulement une nécessité du récit (il ne faut pas que Mme Dursan ni son entourage reconnaissent trop vite le malade), c'est aussi une nécessité morale : la déchéance physique de Dursan signifie, somme toute, qu'il est puni par où il a péché. Même défigurée, la victime de l'apoplexie suscitait ordinairement un effroi d'ordre métaphysique. Avec M. de Climal cette terreur

93

salutaire avait cédé la place à une compassion mêlée d'admiration et à l'espérance. Il en va tout autrement du malheureux Dursan. S'il inspire à la généreuse Tervire plus de pitié que de réprobation, le spectacle repoussant qu'il offre a néanmoins valeur de mise en garde. Certes – il faut le répéter – Marivaux n'est pas Greuze, et il a à la fois trop d'élégance et de véritable humanité pour tomber dans un didactisme moralisateur : mais ce n'est pas sans raison que la réalité physique de la maladie, éludée dans le cas précédent, est évoquée ici de façon discrète, mais directe.

Toute situation pathétique fait image. Il n'est pas surprenant que dès les premières éditions les deux épisodes aient tenté les illustrateurs : Jacob Van den Schley pour le premier en 1736 et Simon Fokke pour le second en 1742[1]. Mais d'un épisode à l'autre la relation de l'image au texte se transforme : analyser cette transformation permet de comprendre que si dans les deux cas le récit tend à faire place au tableau, ce n'est ni au même degré, ni de la même façon.

Couché sur le dos dans un lit à baldaquin, M. de Climal a la tête légèrement tournée vers le religieux qui, assis à son chevet, se penche vers lui et lui tient la main. Assise au pied du lit, Marianne s'essuie les yeux. Valville, debout, se mouche, le dos tourné au malade, pour lui cacher son émotion. Devant lui les vases sacrés de l'extrême-onction attendent, disposés sur un guéridon. Calme, recueillie, cette composition de Schley ne trahit nullement le texte. Mais celui-ci, très pauvre en notations visuelles, oblige l'illustrateur à inventer. Le roman indique seulement, et sans autre précision, qu'au moment de l'entrée de Marianne dans la chambre du moribond le P. Saint-Vincent « était au chevet de son lit » [...] « au-des-

---

1. Voir F. Deloffre, éd. citée, *Introduction,* p. C11. Cette édition reproduit commodément les deux gravures.

sous duquel était assise Mme de Miran» (p. 244); on doit imaginer un troisième siège, puisque la jeune fille à son tour va s'asseoir (p. 245), avant que sa protectrice ne quitte la pièce *(ibid.)*. Le texte qui n'en montre que deux mentionne aussi, on l'a vu, les larmes, puis les sanglots de Marianne; il prête également des pleurs à M. de Climal (p. 246), au «bon religieux» et à Valville lui-même (p. 248), et il nous présente l'un et l'autre s'essuyant les yeux (p. 250), ce qui ne correspond pas à l'usage que Valville, dans la gravure, fait de son mouchoir. Le graveur rassemble en un moment unique les quelques indications visuelles dispersées dans le récit, il choisit, modifie, recompose. Il ajoute aussi à la lettre du texte: la présence des vases sacrés, appelée par la situation, y restait implicite. En revanche l'image s'arrête en deçà du texte – et comment pourrait-il en être autrement? – lorsque celui-ci donne des indications de nature physique qui ne sont pas visuelles: sur les soupirs de M. de Climal (p. 246), sur ses difficultés d'élocution («d'une voix faible et embarrassée», p. 245), et la peine qu'il a à respirer («Il reprit haleine en cet endroit», p. 246). Or la respiration laborieuse est précisément, selon l'*Encyclopédie,* le principal symptôme de l'apoplexie:

«On tire le pronostic de l'*apoplexie* de la respiration du malade: lorsqu'elle est laborieuse, la maladie est mortelle; quand elle est aisée, ou que les remèdes la rendent telle, il reste encore quelques espérances de sauver le malade» (art. cité).

L'invention de l'illustrateur laisse donc perdre un détail caractéristique de l'écriture marivaudienne: une exigence de précision qui est ici d'ordre clinique. Quantitativement, l'essentiel de l'épisode n'en est pas moins occupé par la longue confession de M. de Climal, ainsi que par les exhortations et les consolations que lui adresse le prêtre. Le discours l'emporte de loin sur le spectacle, et cela jusqu'à l'invraisemblance. Comment un moribond épuisé peut-il parler si longuement? Interprète du romancier soucieux de prévenir l'objection, Mme de Miran en fait affectueusement le reproche au malade : « Allons, mon frère, êtes-vous en état de parler si longtemps ? Cela vous fatigue... » (p. 253). C'est qu'à la vérité physique, quelque place qu'il lui donne, Marivaux choisit de préférer la vérité morale. Choix de moraliste chrétien, choix esthétique aussi, puisque dans cette suite de scènes émouvantes l'émotion, même quand elle va jusqu'aux sanglots, n'a jamais rien de convulsif.

La gravure de Simon Fokke est d'une composition plus complexe, sinon plus agitée. Sept personnages au lieu de quatre : le prêtre, debout à droite, n'exerce pas son ministère ; un geste du bras et de la main expriment sa surprise. Le malade est un peu en arrière, au centre, couché sur le côté, le visage plutôt creusé que bouffi... Il regarde la vieille Mme Dursan assise à la tête du lit et lui tient la main gauche. Aux pieds de sa grand-mère, le jeune Dursan lui baise la main droite. Derrière lui, tout près, sa mère, également agenouillée, s'essuie les yeux. A gauche, à l'arrière-plan, l'amie de Mme Dursan, Mme Dorfrainville est figée, debout, dans une sorte de stupeur. Comme les yeux du prêtre son regard porte sur les quatre personnages centraux. Debout elle aussi, au premier plan à gauche, Tervire, détourne les siens et s'incline légèrement vers l'extérieur sous le coup de l'émotion. Dans cette composition savante, qui rapproche au sommet d'une pyramide les têtes des deux personnages principaux, tandis que le jeu des attitudes, des gestes et des regards reconstitue la chaîne de solidarité familiale autrefois rompue, c'est sur Mme Dursan que se porte dramatiquement l'attention des personnages. L'ultime geste d'appel au pardon maternel est déjà, de la part du fils prodigue, un geste d'adieu. C'est bien de Mme Dursan, et d'elle seule, que dépend le sort de la famille : symboliquement, la mère occupe ici la place qui, dans l'image précédente, était celle du prêtre.

Fidèle à l'esprit du texte, l'image s'en éloigne à la fois par défaut et par addition. Elle ne montre pas les instruments sacrés pourtant mentionnés dans le récit: «Le prêtre, qui avait apporté tout ce qu'il fallait pour le reste de sa fonction...» (p. 522). Tout à l'heure les vases sacrés étaient visuellement présents alors que le texte n'en faisait pas mention. Symétriquement, leur absence relève ici d'un chassé-croisé plein de sens; malgré la présence d'un prêtre − transformé, il est vrai, en simple spectateur − elle confirme la laïcisation de la mort que nous avions déjà notée. Simultanément, l'illustration est obligée d'inventer l'attitude des personnages qui restent debout; à leur sujet le roman est en effet avare de détails: «nous la plaçâmes dans un fauteuil à côté du chevet, et nous nous tînmes debout auprès d'elle» (p. 527). L'essentiel des attitudes et des gestes est pourtant déjà dans le texte, beaucoup plus visuel que le précédent. Ainsi les jeux de mains: «Le malade là-dessus fit un soupir; et comme elle appuyait son bras sur le lit, il porta la main sur la sienne» (p. 527) [...] «cette grand-mère, déjà toute rendue, tendit languissamment la main qu'il [le jeune Dursan] baisa en pleurant de joie» [...] «cependant ma tante [...] ne retirait point sa main qu'il avait prise» (p. 528). Même attention à noter les attitudes: «Dursan le fils, qui se jeta sur le champ à ses genoux» [...] «Brunon qui était à genoux derrière le jeune Dursan...» *(ibid.).*

Si le texte note également les «sanglots à demi étouffés» et la respiration difficile du mourant, il est en revanche très peu bavard: le malade ne prononce que quelques mots, les autres personnages quelques phrases. Par rapport à l'autre épisode les proportions de la pantomime et du discours sont inversées. On remarquera, dans le même sens, la valeur et la fonction différentes du silence dans les deux cas. L'épisode de la mort de M. de Climal, si bavard, est ponctué de trois moments silencieux. Les deux premiers sont des instants d'attente: «Il se fit un grand silence après que Mme de Miran fut sortie» (p. 246) [...] «Mademoiselle, reprit-il après quelques moments de silence» (p. 251). Là le silence est justifié par

97

une gêne naturelle avant la confrontation décisive, ici par l'état physique du malade. Dans les deux passages sa fonction est essentiellement dramatique. Aussi est-il raconté, et non montré. On ne peut dire tout à fait la même chose du moment intermédiaire :

« Je fondais en larmes pendant qu'il me faisait cette satisfaction si généreuse et si chrétienne ; elle m'attendrit au point qu'elle m'arracha des soupirs. Valville et le P. Saint-Vincent s'essuyaient les yeux et gardaient le silence » (p. 250).

Ici le silence est montré, il fait tableau. Ce caractère est encore plus marqué en 1742 dans la scène de reconnaissance où Mme Dursan découvre en sa nouvelle femme de chambre sa belle-fille :

« Je suis âgée, ma vie ne sera pas bien longue, qu'on me dispense de la voir. Il n'est plus temps, ma tante, lui dis-je alors ; vous l'avez déjà vue, vous la connaissez, Brunon vous le dira.
« Moi, je la connais ! reprit-elle. Brunon dit que je l'ai vue ? Eh ! Où est-elle ? A vos pieds, répondit Dursan le fils. Et celle-ci à l'instant venait de s'y jeter. Ma tante, immobile à ce nouveau spectacle, resta quelque temps sans prononcer un mot, et puis tendant les bras à sa belle-fille... » (p. 529).

La scène ne manque pas d'intensité dramatique : chacun est dans l'attente du geste décisif. Mais c'est le pathétique qui l'emporte et, au paroxysme de l'émotion, la parole s'efface : comme dans le futur système du dramaturge Diderot, l'action devient tableau. Marivaux, qui a le sens du mot juste, parle de « spectacle ». N'avons-nous pas quitté le roman pour le théâtre ? L'effet visuel de l'immobilité, l'effet auditif du silence sont rétroactivement renforcés par l'explosion de tendresse qui les suit. La lettre même du texte justifie l'impression de théâtralité. Nous avons en effet été avertis que Tervire allait se faire metteur en scène :

« J'avais donné ordre qu'on allât chercher un médecin et un prêtre, je ne doutais pas qu'on n'administrât M. Dursan ; et c'était au milieu de cette auguste et effrayante cérémonie que j'avais dessein de placer la reconnaissance entre la mère et le fils, et cet instant me paraissait infiniment plus sûr que celui où nous étions » (p. 521).

Imagine-t-on Marianne dans ce rôle actif ? Comme le théâtre de Marivaux son roman en vient à avoir besoin d'un meneur de jeu. Il est vrai que les choses ne vont pas se passer exactement comme Tervire l'avait voulu. Mais elle avait d'avance compté sur le « hasard » *(ibid.)* et prévu de le confisquer à son profit. N'était la différence de tonalité, on penserait à la manière experte dont le Dubois des *Fausses confidences* exploite, lui aussi, l'imprévu selon son dessein.

A l'exemple de M. de Climal, Dursan meurt dans les coulisses, à l'abri des regards – et non sur la scène – dans un parfait respect des bienséances classiques. Chez le Racine de l'amour naissant qu'on a voulu voir en Marivaux il arrive pourtant que le pathétique visuel tende à se substituer à la parole. Alors le roman est envahi par le théâtre : plus précisément par ce nouveau théâtre qui se cherche à partir des années 1740 et qui se découvrira avec Diderot. Le glissement en ce sens, accentué d'un épisode à l'autre, s'éclaire par référence à une scène archétype : la mort de M. de Clèves. « A genoux devant son lit, le visage tout couvert de larmes », Mme de Clèves s'est défendue contre les soupçons de son mari avec un tel accent de vérité qu'elle l'a « presque convaincu de son innocence ». Après cet ultime dialogue, partagé entre le « soulagement » et l'amertume, M. de Clèves meurt en quatre lignes :

« Il voulut continuer ; mais une faiblesse lui ôta la parole. Mme de Clèves fit venir les médecins ; ils le trouvèrent presque sans vie. Il languit néanmoins encore quelques jours et mourut enfin avec une constance admirable. »[1].

1. Mme de La Fayette, *Romans et nouvelles,* éd. E. Magne et A. Niderst, Paris, Classiques Garnier, 1970, p. 374-376.

Si elle interrompt son discours la « faiblesse » soudaine de M. de Clèves ne l'empêche du moins pas de terminer sa phrase. En 1678 le style coupé de Diderot est impossible : il le demeure chez Marivaux en 1742. Et pourtant la *Dixième partie* de *La Vie de Marianne* nous conduit au seuil d'un nouveau monde de la sensibilité, d'une nouvelle culture. Porté jusqu'à ce point par le courant du siècle, Marivaux y atteint une limite que son goût ne pouvait franchir : est-il besoin d'autre raison pour comprendre qu'abandonnant Tervire après Marianne il ait choisi de laisser son roman définitivement inachevé ?

Le corps de Julie[*]

Julie a-t-elle un corps ? Les premières pages de *La Nouvelle Héloïse* ne nous aident guère à fixer la vision qui hante l'imagination de Saint-Preux, le plonge dans l'ivresse, ou exaspère son désir. Car on ne décrit pas « la beauté des anges »[1], et les mots échouent, par définition, à exprimer l'ineffable. Croyons-en l'appel de son amant : « Ton image, plus belle que jamais, me poursuit. » Ou bien encore ce cri d'adoration : « Moi je te trouve trop parfaite pour être une mortelle... »[2] Mais cette beauté même, quasi divine, semble défier toute description. Comment aller au-delà du superlatif ? L'excès d'admiration risque même de confiner à la platitude. Seule la ferveur de Saint-Preux donne un accent personnel à la banalité de telles déclarations. Rien de plus banal en effet que la perfection des héroïnes du roman : du moins dans les romans qui enchantaient autrefois le jeune Jean-Jacques, emplis d'héroïnes toutes plus « admirables » les

---

[*] Première publication dans *Thèmes et figures du Siècle des Lumières. Mélanges Roland Mortier*, Genève, Droz, 1980.
1. I, 10, p. 53-54. (Dans nos références, le chiffre romain renvoie aux différentes parties du roman ; le chiffre arabe donne le numéro de la lettre, la pagination est celle de l'édition de La Pléiade, *Œuvres complètes* de J.-J. Rousseau, t. II, 1961.)
2. I, 38, p. 96.

unes que les autres, jusqu'à la monotonie. Si sa «beauté pure et céleste»[1] prenait une forme trop précise, Julie ne cesserait-elle pas d'appartenir à ce «pays des chimères» dont elle nous dit elle-même qu'il est «en ce monde le seul digne d'être habité»?[2]

On ne saurait pourtant relire de trop près le texte capital des *Confessions* où un «monde enchanté» se peuple «de créatures parfaites aussi célestes par leurs vertus que par leurs beautés»[3]. Car Julie n'y apparaît que dans un second temps, lorsque les idées de son créateur, «un peu moins exaltées», reprennent contact avec la terre. Et Rousseau d'indiquer alors, à propos des deux cousines: «Je les douai de deux caractères analogues, mais différents, de deux figures, *non pas parfaites*, mais de mon goût, qu'animaient la bienveillance et la sensibilité.»[4]

De fait, tous les proches de Julie n'ont pas pour elle les yeux de Saint-Preux. La perfection dont la crédite Milord Édouard, lorsqu'il lui avoue s'être d'abord trompé sur le sentiment qu'elle lui inspirait, relève moins du physique que du moral[5]. Quant à la raisonnable Claire, elle n'hésite pas à écrire à sa cousine: «Mille femmes sont plus belles que toi...»[6]

N'en doutons pas: si Julie est aussi classiquement blonde que Mme de Clèves, elle n'a pas la parfaite régularité de traits de celle-ci. Belle, assurément, elle est surtout «jolie», plus jolie même que la brune Claire qui le constate du reste «sans en éprouver le moindre chagrin»[7]. *Jolie* à la façon de Marianne qui avait les cheveux châtain, mais dont le «petit

---

1. I, 5, p. 41.
2. VI, 8, p. 693.
3. *OC,* t. I, liv. IX, p. 427-428.
4. *Ibid.,* p. 430. C'est nous qui soulignons.
5. II, 3, p. 197-198. La beauté qui a frappé Édouard est celle des deux amants, non de la seule Julie: beauté de deux âmes qu'un «observateur superficiel» aurait pu croire «communes».
6. II, 5, p. 204.
7. *Ibid.,* p. 205. Julie a le bas du visage d'un ovale légèrement irrégulier (II, 25, p. 292).

minois » appelait de même cet adjectif[1]. Ce n'est pas que les seize ans de Mlle de Chartres, dans leur éblouissante beauté, aient eu rien de guindé : « Son visage et sa personne étaient pleins de grâce et de charmes. » Mais du roman de Mme de Lafayette à celui de Marivaux l'importance relative des termes s'était inversée, et c'était surtout des *grâces* de Marianne que nous parlait la narratrice[2]. Bien plus, celle-ci insistait sur la distinction entre *beauté* et *grâce* : la première sérieuse et imposante, au risque de paraître figée ; la seconde la *tempérant*, « sans la perdre », par la mobilité expressive du visage[3]. « Plus d'âme et plus de vie »[4] : au moment où Rousseau composait *La Nouvelle Héloïse*, ces mots avaient défini depuis plus de vingt ans une nouvelle esthétique et rompu, sans tapage, avec les canons classiques de solennité et de grandeur. Il n'est guère surprenant que, selon la pente de son siècle – auquel il appartient plus qu'il ne voudrait – Rousseau ait préféré *animer* la beauté de Julie, plutôt que de l'imaginer parfaite.

Animation des yeux : ces « beaux yeux »[5] dont nous ignorons la couleur, mais qui – naturellement clairs – brillent de gaîté, s'assombrissent de mélancolie, troublent Saint-Preux d'« éclairs inattendus »[6]. Des yeux d'une

1. *La Vie de Marianne*, éd. Deloffre, Classiques Garnier, 1963, p. 36 (des cheveux « du plus clair châtain »), 51 (« un petit minois qui ne m'a pas mal coûté de folies ») et 13 (« J'étais jolie, j'avais l'air fin »), 146, 175, 209, 346, etc.
2. *Ibid.,* p. 15, 24, 51, 52, 61, 81, 82, 84, 86, 160, 191, etc. Notons que Marivaux emploie le plus souvent le mot au pluriel.
3. Voir le portrait de Mme Dorsin, *ibid.,* p. 214-215, et celui de Mlle de Fare, p. 256, par contraste avec ce que la comtesse dit de son orgueilleuse compagne, p. 232. Tout ceci est, bien entendu, à rapprocher du parallèle établi dans *Le Cabinet du Philosophe* (1734) entre le jardin de la Beauté et celui du *je ne sais quoi* (Marivaux, *Journaux et œuvres diverses*, éd. Deloffre et Gilot, Classiques Garnier, 1969, p. 347), ainsi que du commentaire qu'en donne Michel Gilot : *Les Journaux de Marivaux...*, Lille, 1974, quatrième partie, chap. V).
4. *La Vie de Marianne, op. cit.,* p. 256.
5. I, 14, p. 64.
6. I, 8, p. 48 ; 3, p. 26 ; 47, p. 129.

« douceur pénétrante »[1], tantôt timidement baissés[2] tantôt « inquiets et curieux »[3], emplis d'une « douce langueur »[4], ou souriant jusque dans la tristesse, mais où se lisent toujours les émotions que Julie voudrait cacher[5]. Animation du teint, qu'elle a « fleuri », et dont son amant aime la « fraîcheur de rose »[6], les « vives couleurs »[7], mais qui tour à tour se couvre, dans la tristesse, d'une « pâleur étrangère »[8] ou au contraire s'empourpre d'une émotion soudaine. Ainsi dans une réunion mondaine où elle se croit observée : « A ton arrivée, je rougis si prodigieusement, que ma cousine, qui veillait sur moi, fut contente d'avancer son visage et un éventail, comme pour me parler à l'oreille. »[9]

On notera ce recours à l'éventail pour cacher un trouble réel : l'âme de Julie est constamment sur son visage, à l'opposé de ce qu'exigent les règles de la mondanité. Dans le code du libertinage mondain tel que nous le connaissons par le roman à succès de La Morlière, *Angola, histoire indienne*, l'éventail sert à faire « des mines » pour attirer l'attention, ou bien à laisser croire que l'on rougit

1. I, 55, p. 149.
2. I, 47, p. 129.
3. I, 34, p. 106.
4. I, 26, p. 91. *Ibid*. « Tes regards tendres [...] tes yeux attendris. »
5. I, 31, p. 100 : « Ta tristesse, voilée d'un doux sourire... », dit Saint-Preux, après avoir manifesté sa clairvoyance : « Tu veux en vain me cacher tes peines ; je les lis malgré toi dans la langueur et l'abattement de tes yeux. Ces yeux touchants peuvent-ils dérober quelque secret à l'amour ? »
6. I, 8, p. 47-48. A rapprocher de I, 26, p. 91, et II, 25, p. 291-292.
7. I, 3, p. 36.
8. *Ibid*. Saint-Preux s'en inquiète, mais plus loin – quand il se croit oublié – il regrette cette « pâleur touchante » (I, 8, p. 48). En revanche, lors de la tempête sur le lac, il appréhende de voir éteint par « la pâleur de la mort » le « feu » que le visage de Julie doit à l'agitation du moment et qui ajoute à ses charmes. Julie pâlit également, avant de « tomber en défaillance », dans la scène du premier baiser (I, 14, p. 64).
9. I, 33, p. 104. Autre exemple de rougeur subite *in* IV, 10, p. 452 (scène de la collation).

lorsqu'on ne parvient pas à s'y forcer et que, pourtant, les bienséances le réclament[1]. Julie, elle, rougit, parce qu'elle est émue, tout simplement, et Saint-Preux a raison de lui déclarer : « C'est dans ton cœur, ma Julie, qu'est le fard de ton visage. »[2] De même ignore-t-elle l'efficacité d'un regard « en dessous », pourtant décisif – nous dit Crébillon – « dans les occasions délicates »[3], comme elle ignore l'art d'essuyer à bon escient une larme inexistante, voire de « pleurer sans être attendri »[4], ou celui de calculer avec une fausse discrétion un *demi-soupir*[5]. Lorsque Julie pleure – assez rarement – elle verse de vraies larmes : chagrin, remords, attendrissement, bonheur voluptueux[6]. Et les « soupirs entrecoupés » qu'elle pousse dans les bras de son amant[7] ne sont pas de comédie.

On voit ici la signification morale que revêt chez Rousseau, comme déjà chez Marivaux, l'esthétique de l'animation, et comment ce sens de la mobilité expressive traduit une éthique de la sincérité. A l'opposé du manège affecté des Parisiennes, Julie ne joue pas, elle est. En elle l'être coïncide avec le paraître : habitante du « monde vrai », personnage

---

1. La Morlière, *Angola, histoire indienne*, 1746 (réédité en 1751, 1763, 1770, etc.), éd. O. Uzanne, 1879, p. 52 et 43 : [le récit d'une aventure galante] « causait quantité de plaisanteries entre les jeunes seigneurs et beaucoup de rougeurs *préméditées* parmi les dames. Pour lors, les éventails étaient d'un grand secours : on minaudait, on se cachait le visage ; car à la Cour, *ne rougit pas qui veut*, et il est très disgracieux pour une femme de l'avoir entrepris sans y réussir. » (C'est l'auteur qui souligne.)
2. II, 25, p. 291.
3. *Les Égarements du cœur et de l'esprit*, in *Romanciers du XVIIIe siècle*, II, Bibliothèque de La Pléiade, p. 57. A rapprocher de La Morlière, *op. cit.*, p. 66. Selon La Morlière, le regard en dessous est encore plus dangereux que le « regard tendre ».
4. *Les Égarements...*, *op. cit.*, p. 157 : les larmes tiennent une grande place dans l'art des « gradations » auquel Meilcour s'initie.
5. *Ibid.*, p. 56.
6. Repentir : I, 30, p. 98 ; I, 31, p. 100. – Chagrin : VI, 11, p. 705. – Attendrissement : I, 38, p. 115. – « Douces larmes de bonheur » : I, 55, p. 148, etc.
7. *Ibid.*

105

transparent[1], son corps dit sa vérité. C'est pourquoi sa beauté ne relève d'aucun canon académique, fût-il celui des grâces. Julie est elle-même : unique non dans sa perfection, mais par tout ce qui la distingue et l'individualise. Cette singularité échappe à la clairvoyance de Milord Édouard, alors que c'est elle qui retient l'attention passionnée de Saint-Preux. Plus exactement, il est trois manières de regarder Julie. Tandis que l' observateur superficiel » n'aperçoit rien en elle de bien « extraordinaire », l'homme d'expérience qu'est Édouard discerne dans sa beauté la présence inaltérée du « modèle commun » — modèle premier, le « modèle idéal » de Diderot — dont les personnalités ordinaires s'écartent toujours par quelques « défauts particuliers »[2]. Mais ce sont précisément ces particularités que Saint-Preux déplore de ne pas retrouver dans la miniature que sa maîtresse lui a envoyée pour adoucir son exil. Passé le « premier enchantement », sa déception anticipe sur le célèbre commentaire que Diderot fera en 1767 de son propre portrait peint par Michel Van Loo : contraint de choisir une expression parmi cent, le peintre fige le mouvement de l'âme et du visage et transforme trompeusement l'instant en éternité. Démarche légitime lorsque la vérité était censée appartenir, par-delà les apparences changeantes, au monde immuable des essences ; approche fallacieuse dans une vision existentielle qui privilégie, au contraire, la mobilité et le changement. Toute la question est alors de savoir — et Saint-Preux en convient — s'il y a faute du peintre ou impuissance de la peinture. Sans doute l'auteur de la miniature incriminée n'était-il pas un La Tour : mais pour représenter Julie « dans tous les instants de (sa) vie »[3], il aurait fallu beaucoup plus que le talent du plus

1. Du moins dans l'intention de l'auteur et la signification immédiate du texte : signification quelque peu démentie, on le verra, par l'ambiguïté du dénouement. *La Nouvelle Héloïse* ne serait pas un si grand roman si Julie n'était finalement aussi énigmatique que transparente.
2. II, 3, p. 197-198.
3. II, 25, p. 291.

subtil pastelliste, un art de l'instantané et du mouvement dont personne, vers 1760, ne pouvait évidemment prévoir qu'il naîtrait un jour.

Du moins les grands portraitistes du temps de Rousseau auraient-ils été plus exacts que l'artiste médiocre dont parle le roman – « habile homme » sans grande personnalité – à rendre fidèlement les traits les plus individuels du visage de Julie. Que ne s'était-elle adressée à Liotard? Genève n'est pas si loin de Vevey... Liotard, Perronneau, La Tour auraient situé de façon moins approximative la racine de ses cheveux, respecté la finesse et la douceur de son regard, comme les nuances et le fondu de son incarnat; ils auraient enfin conservé à ses tempes la vie délicate de « deux ou trois petites veines » à fleur de peau, fragiles « rameaux de pourpre » visibles seulement pour un grand artiste, ou pour un amant. C'est en effet par de tels détails que le mot d'Édouard – « il n'y a qu'une Julie au monde »[1] – prend pour Saint-Preux un sens auquel son ami ne pensait pas. Il aime le visage de Julie dans ce qu'il a d'unique, et il regrette que le peintre l'ait affadi sous prétexte de l'embellir : « Ce n'est pas seulement de tes beautés que je suis amoureux, mais de toi tout entière, telle que tu es. »[2] Il suffit de situer le rappel des petits « défauts » de la vraie Julie dans la tradition du roman pour apprécier la force de rupture de ces quelques mots : imagine-t-on la moindre tache, fût-elle « imperceptible », dans la blancheur du teint de Mme de Clèves ? Et peut-on même se représenter ne serait-ce qu'une « petite cicatrice » sur la lèvre de Marianne ?

Or les lèvres de Julie, ainsi discrètement marquées, n'en sont que plus désirables. A la différence du malheureux peintre, Saint-Preux n'est pas « de bronze » : aussi le souvenir de ces lèvres n'est-il pas pour lui une simple image, mais une présence tactile, « toucher délicieux » du

1. *Loc. cit.*, II, 3, p. 198.
2. *Loc. cit.*, II, 25, p. 292.

premier baiser ce «baiser mortel» qui l'a enivré à jamais»[1]. Le corps de sa maîtresse n'est pas présent en lui à la seule mémoire des yeux, bien que d'autres visions puissent lui revenir : sa «taille enchanteresse», la légèreté de sa démarche, son pied si mignon et si souple, gage de plaisirs ineffables, la grâce d'une «main charmante» et la surprise d'un bras soudain déganté[2]. Dans le portrait reçu de Julie et où elle n'apparaît qu'en buste, il critique encore une coiffure «trop chargée», mais y relève surtout l'«ajustement peu modeste» – entendons le décolleté trop suggestif – prêté au modèle par l'imagination du peintre. Malgré la caution du baron d'Étange, c'est à ses yeux «défaut de goût» autant que «défaut de bienséance» : «Oui, ton visage est trop chaste pour supporter le désordre de ton sein.» On s'étonnerait de ce que cette double leçon soit donnée au père par l'amant, si celui-ci n'en avait souligné d'avance le caractère «singulier». De fait il est piquant de voir la jalousie transformer Saint-Preux en professeur de morale et de bon goût au moment même où sa lettre mime le geste d'une «main ardente» portée sur «l'heureux fichu» qui couvre la gorge de sa maîtresse[3]. C'est que ce «sein charmant» sur lequel s'est fixé son désir n'appartient qu'à lui. Avant même qu'il ne lui fût offert lors d'une «nuit inconcevable», son œil «avide et téméraire» en avait entrevu la blancheur, deviné la forme, apprécié l'élasticité...[4] Et au seuil du «sanctuaire», la vue des «deux légers contours» du corset déposé par Julie dans le cabinet attenant à sa chambre avait mis le comble à ses «transports»[5].

1. I, 14, p. 64.
2. I, 26, p. 91 ; I, 54, p. 147 ; I, 34, p. 107.
3. I, 23, p. 82 ; I, 34, p. 107 ; I, 51, p. 140 ; I, 54, p. 147, etc. Voir aussi la note des éditeurs, p. 1392-1393.
4. I, 38, p. 115 ; I, 55, p. 148 ; I, 23, p. 82 («un sens en peut quelquefois en instruire un autre»).
5. I, 55, p. 147.

Il est difficile de ne pas sourire de la façon dont cet épisode est porté à notre connaissance : au paroxysme de l'exaltation Saint-Preux aperçoit « de l'encre et du papier », et il en use aussitôt (sans autre lumière, en pleine nuit, que celle du « flambeau de l'amour » ?) pour « tempérer l'excès » de son ivresse... L'intensité érotique de la scène n'en est pas moins exceptionnelle, jusque dans ses aspects fétichistes. Matériellement absente du cabinet, bien qu'elle en soit toute proche, Julie y est intensément présente au désir de Saint-Preux, et d'une présence multiple. « Oui – s'écrie son amant – tous mes sens y sont enivrés à la fois. » Tous les sens ? La vue et le toucher : « Ah, je crois déjà sentir ce tendre cœur battre sous une heureuse main ! » L'odorat : Julie est un parfum, et Saint-Preux la respire avant de la dévorer. L'oreille : « J'y crois entendre le son flatteur de ta voix. » Peu importe donc que le roman ne nous donne de Julie aucun portrait en pied et que, pour nous la représenter, nous ayons à rassembler des notations certes précises, mais fragmentaires, fugitives et dispersées au long de plusieurs centaines de pages. Aucune héroïne de roman n'avait jamais eu une telle présence physique : non plus seulement visuelle, donc intellectualisée, comme Mme de Clèves, mais tactile, olfactive et musicale, une présence extraordinairement sensuelle[1].

---

1. L'invention la plus neuve est sans doute le parfum de Julie dont Saint-Preux aime aussi la « douce haleine » (*ibid.*, p. 150). Il doit y être d'autant plus sensible que, citoyen d'un pays frugal, lui-même n'a rien d'un petit maître parisien et n'use probablement guère de cet agrément de toilette. – C'est toutefois sur la qualité musicale de la voix de sa maîtresse qu'il insiste le plus : « cette voix touchante » (I, 1, p. 33) ; « Force invisible de la voix de ce qu'on aime ! » (I, 5, p. 41) ; « vos regards, votre voix » (I, 10, p. 53) ; « le doux son de ta voix » (I, 14, p. 64) ; « le son de ta douce voix » (I, 26, p. 91) ; « ton parler [...] cet air que tu chantes à demi-voix » (I, 47, p. 129)... Comme Jean-Jacques, Julie est née pour la musique (*Confessions, op. cit.*, V, p. 181), et toute son âme passerait dans son chant si elle n'était pas trahie par la « lourde psalmodie » de la musique française : c'est pourquoi Saint-Preux, converti à la musique italienne, l'adjure d'apprendre à son tour « le langage du cœur » (I, 48, p. 131).

C'est donc fausser le roman de Rousseau, et probablement s'interdire d'en comprendre l'immense succès, que d'y voir seulement, dans on ne sait quelle perspective «préromantique», le roman des «âmes sensibles». Car son lyrisme n'a rien de désincarné, et la sensualité en est le fond. Julie a eu beau prêcher à Saint-Preux «l'union des âmes», il ne peut la vivre qu'une fois ses désirs momentanément rassasiés, dans la «voluptueuse langueur» qui succède aux «délices» de la nuit. C'est la seconde fois que Julie lui cède, Rousseau ne nous le laisse pas ignorer: avec elle Saint-Preux avait déjà «goûté le plaisir», il découvre la plénitude du bonheur, dans l'abandon mutuel et total de leurs deux êtres[1]. L'un et l'autre ont ainsi progressé ensemble dans la connaissance du «véritable amour»: à lire les premiers propos de Julie, plaisir des sens et bonheur de l'âme auraient été incompatibles; elle croit désormais en un amour vrai et plein, capable de «tout accorder aux désirs sans rien ôter à la pudeur»[2]. Non, elle l'a compris, ils ne sont pas des «amants vulgaires»[3]. Aucune vulgarité, en effet, dans les pages les plus osées de ce roman de la passion totale, âme et corps indissociables. Encore la grande nouveauté littéraire de *La Nouvelle Héloïse* n'est-elle pas dans le refus d'un prosaïsme brutal: au XVIIIᵉ siècle, on savait dire les choses les plus crues en les «gazant» avec élégance. Rousseau le premier parle du corps – et non plus seulement, comme Prévost, de la passion – avec ferveur et gravité. Par contraste avec le badinage libertin qui faisait du corps, contradictoirement, à la fois le tout de l'existence et une réalité futile, cet accent neuf invite à lire le début de *La Nouvelle Héloïse* comme le blason lyrique du corps de Julie.

En rester là serait toutefois ne retenir que l'optique du seul Saint-Preux, alors que la forme brisée de la polypho-

---

1. I, 55, p. 148. A rapprocher de I, 29, p. 95.
2. I, 50, p. 138.
3. I, 32, p. 102.

nie épistolaire permet au romancier d'autres audaces. De fait, le corps de Julie n'est pas seulement un bel « objet » offert au désir. Il est également « sujet » du désir et accède ainsi à un statut que la littérature française classique avait rarement reconnu au corps féminin : tout au plus de façon fugitive, dans quelques vers de *Phèdre*, quelques pages brûlantes des *Lettres portugaises*. Ce n'est pas qu'ici la symétrie soit parfaite : l'interdit puissant qui frappe le désir féminin ne permet pas que nous voyions Saint-Preux à travers les désirs de sa maîtresse comme celle-ci nous apparaît par ses yeux et son imagination à lui. Tout ce que nous apprenons sur son physique, c'est qu'il est « jeune, bien fait, aimable »... mais pas plus que beaucoup d'autres jeunes gens![1] La sensualité de Julie est pourtant évidente. Les « feux » dont elle brûle, « l'ardeur » qui la « dévore » ne sont pas métaphoriques[2]. Et les « désirs sans espoirs » qui la tourmentent quand elle sait qu'elle n'épousera jamais son amant sont assez violents pour ébranler sa santé, submerger – ou peu s'en faut – sa raison et sa volonté[3]. Nous recevons de sa propre confidence l'aveu du pouvoir de *l'occasion* et d'une surprise de l'amour : « J'appris dans le bosquet de Clarens que j'avais trop compté sur moi, et qu'il ne faut rien accorder aux sens quand on veut leur refuser quelque chose. Un instant, un seul instant, embrasa les miens d'un feu que rien ne put éteindre. »[4] Cette surprise des sens, Julie l'a d'abord vécue dans la honte et l'humiliation[5]. Puis, s'il lui est arrivé (une fois) de devoir rappeler son amant au respect qu'il lui devait, cela n'a plus été pour refuser ses caresses, mais seulement pour exiger qu'elles conservent pudeur et décence, comme le veulent « les vrais plai-

---

1. III, 18, p. 340.
2. I, 4, p. 39.
3. III, 18, p. 346 sq. – A rapprocher de *ibid.,* p. 342 : « Cet affreux combat altère ma santé... »
4. *Ibid.*
5. I, 29, p. 95-96 ; I, 49, p. 136.

sirs»[1]. Loin de nier son propre corps, à la façon de Mme de Clèves, Julie fait profession de n'être « ni prude, ni précieuse ». A la nouvelle que Saint-Preux a reçu son portrait et le couvre de baisers, elle se laisse entraîner, par la vertu de ce « talisman », à une sorte d'hallucination : « Je crois sentir l'impression des caresses que tu lui fais et les baisers que tu lui donnes : ma bouche croit les recevoir... »[2]

Sept ans plus tard, a-t-elle vraiment changé ? En dépit de ce qu'elle pense d'après le calme où la laisse, dans le « bosquet redoutable », un autre baiser, sa tristesse, son « attendrissement » ne nous permettent guère de le croire[3]. Sans doute l'apaisement et la sérénité de Clarens lui ont-ils offert, avec les plaisirs innocents de la table, un substitut à ceux de l'amour[4]. Mais la sagesse même qu'elle applique à « l'art de jouir », à l'étonnement admiratif de Saint-Preux, est une confirmation de son tempérament voluptueux : « Julie a l'âme et le corps également sensibles [...]. Elle était faite pour connaître et goûter tous les plaisirs. »[5] Aussi bien la thérapeutique de M. de Wolmar ne tarde-t-elle pas à se révéler dangereuse : non parce qu'elle raviverait des *sentiments* que Julie n'a jamais reniés[6], mais parce qu'elle réveille imprudemment la tentation charnelle. Il suffit de quelques jours, et du pèlerinage à Meillerie, pour que Julie cesse de s'abuser sur sa force, comme elle le faisait encore aussitôt après la scène du bosquet : la main de Saint-Preux saisie et serrée, un soupir

1. I, 50, p. 138-139.
2. II, 24, p. 289.
3. IV, 12, p. 496.
4. IV, 17, p. 519. – Cf. V, 2, p. 542 : « Julie a du penchant à la gourmandise... »
5. V, 2, p. 541.
6. III, 15, p. 335 ; III, 18, p. 340 (notamment p. 353 et p. 355 : « Je sentis que je vous aimais autant et plus, peut-être, que je n'avais jamais fait ; mais je le sentis sans rougir. [...] En me disant combien vous m'étiez cher, mon cœur était ému, mais ma conscience et mes sens étaient tranquilles. »

mal étouffé, ses larmes, sa voix « altérée », ses yeux « rouges et gonflés », tout témoigne de la violence de son effort sur elle-même, « le plus grand combat qu'âme humaine ait pu soutenir »[1]. Combat victorieux, mais à quel prix ? Celui de la vie, Julie, en effet, ne lui survivra qu'un an, et sa dernière lettre achève de nous éclairer : « cette réunion n'était pas bonne [...] je me suis longtemps fait illusion [...]. Un jour de plus, peut-être, et j'étais coupable... »[2] Aussi faut-il en finir avec une lecture toute métaphysique de ce dénouement : l'ultime appel de Julie, dont B. Guyon souligne avec finesse l'ambiguïté théologique, est peut-être « incurablement romantique », il n'a rien de platonicien ni de pétrarquisant[3]. Julie a foi en un amour immortel qui réunira un jour son âme à celle de Saint-Preux, mais ce dont elle meurt, c'est d'un amour impossible : un amour plein, total, qui engage à la fois l'âme et le corps... à supposer que ces propos dualistes aient ici un sens. Car ce que nous dit la mort de Julie, c'est l'unité de son être, le mensonge d'une prétendue

1. IV, 17, p. 518-522. Il faut noter ici une discordance certaine entre le texte du roman et le commentaire qu'en donnent les instructions de l'auteur pour l'illustration. Rousseau demande surtout à l'artiste de montrer la force d'âme de l'héroïne, attendrie mais sûre d'elle : « On lit dans les yeux de Julie l'attendrissement que lui causent ses discours et les objets qu'il lui rappelle ; mais on y lit aussi que la vertu préside, et ne craint rien de ces dangereux souvenirs » (p. 768). C'est déjà beaucoup exiger d'une estampe, et l'on conçoit que l'image puisse difficilement rendre toutes les nuances du récit. Mais le débat intérieur de Julie serait moins violent s'il ne s'agissait que de souvenirs... La légende prévue pour cette huitième planche parle de « monuments des anciennes amours », et une note des éditeurs (p. 1639, n. 2) commente l'adjectif en se demandant s'il vaut pour le seul Saint-Preux, ou également pour Julie. Faux problème, me semble-t-il, car le roman, lui, n'applique l'épithète qu'au mot *monuments* (« d'anciens monuments d'une passion si constante et si malheureuse »). Ce n'est pas du tout la même chose, et rien n'autorise à dire ici, même à propos de Saint-Preux seulement, que « l'amour est mort ».
2. VI, 12, p. 740-741.
3. B. Guyon parle d'un « rêve platonicien et romanesque de l'amour invincible » (p. 1804).

sublimation qui s'est révélée insupportable mutilation. Cette mort ne proclame pas seulement les droits du cœur – « le droit de t'aimer toujours sans crime » – elle revendique les droits du corps : morale révolutionnaire qui tranche sur le conservatisme idéologique de Rousseau en matière de mœurs et contredit – sans bien sûr, l'annuler – le discours moralisateur et spiritualiste qui traverse tout le roman.

On a lu, et on peut lire, celui-ci de bien des manières. Pour ma part je découvrirais volontiers dans *La Nouvelle Héloïse* un grand roman matérialiste : plus efficace, dans sa hardiesse, que le *Système de la Nature*, plus véritablement hardi que les provocations du roman « libertin ». Car la fiction du libertinage s'inscrit sans difficulté dans une problématique dualiste : instrument de séduction ou d'exploit sportif, mais toujours maîtrisé, le corps du héros libertin demeure extérieur à son moi. Ici, au contraire, la distinction du « cœur » et des « sens », de l'âme et du corps, paraît moins fondamentale que leur intime union. Encore convient-il d'ajouter que l'inspiration matérialiste qui nourrit l'invention romanesque de Rousseau ne doit rien, ou peu de chose, à l'athéisme mécaniste de Wolmar-d'Holbach. Elle relève plutôt d'une vision biologique qui s'apparente au naturalisme de Diderot. Le corps de Julie n'est pas une machine. Ses mouvements ne forment pas seulement un système de signes renvoyant à autre chose que lui-même, ils dénotent une sorte de subjectivité physiologique. Ce n'est pas que Rousseau aille aussi loin que Laclos, jusqu'à l'indicible : l'éveil douloureux de la sexualité dans la honte et le plaisir. Julie n'est pas Mme de Tourvel contrainte d'avouer à Valmont « les fautes involontaires » d'une nuit solitaire et sans sommeil[1]. Rousseau n'a pas non plus le regard clinique du « médecin » Diderot analysant les effets psychophysiologiques

---

1. Laclos, *Œuvres complètes*, Bibliothèque de La Pléiade, 1951, p. 817-818 (lettre manuscrite, non publiée par l'auteur), voir ci-dessous.

des frustrations sexuelles de la vie claustrale. Mais il prête à Julie un corps qui a sa vie propre, lieu et enjeu d'un sourd travail.

Travail destructeur, travail de mort. C'est le « mal de cœur » qui la saisit subitement pendant la promenade sur le lac, « faible et défaillante au bord du bateau »[1]. C'est surtout le pouvoir physique du temps, même si la maladie qui menace de la défigurer ne laisse finalement son visage marqué que de « quelques traces presque imperceptibles »[2]. Car ces quelques marques, à peine visibles, annoncent la dernière image que nous ayons d'elle : « Cependant, après plus de trente-six heures, par l'extrême chaleur qu'il faisait, les chairs commençaient à se corrompre, et quoique le visage eût gardé ses traits et sa douceur, on y voyait déjà quelques signes d'altération. »[3] Alors que Manon mourait soudainement dans tout l'éclat d'une beauté intacte, comme il adviendra encore de Virginie, le corps de Julie lui survit d'une vie étrange : elle est toujours présente, et déjà ce n'est plus elle[4]. C'est l'aboutissement ultime du processus obscur que M. de Wolmar vient de raconter longuement : nous l'avons vue alternativement toute rayonnante « d'un feu

---

1. IV, 17, p. 516. L'important n'est pas que Julie défaille, mais que la cause de ce malaise soit uniquement physique. – Déjà Manon donnait la raison triviale d'un « besoin » pour tromper le vieux G... M... (*Histoire du chevalier Des Grieux et de Manon Lescaut*, éd. H. Coulet, Garnier-Flammarion, 1967, p. 85), mais ce n'était qu'un prétexte.
2. IV, 6, p. 421. D'où l'importance de la chronologie : sur celle-ci, voir la note de B. Guyon, p. 1826-1829. Lire aussi les utiles remarques de J.-L. Lecercle dans son *Rousseau et l'art du roman*, Paris, A. Colin, 1969, p. 136 et p. 154-159.
3. VI, 11, p. 737. À rapprocher de VI, 12, p. 743. B. Guyon (p. 1809, n. 1) parle de « *réalisme* physiologique » : je ne suis pas sûr que le mot *réalisme* nous éclaire beaucoup.
4. Sur le cas de Manon, je n'adopte pas exactement les conclusions du bel article de J. Proust (Le corps de Manon, *Littérature*, décembre 1971). Je m'en suis expliqué brièvement dans « L'avenir de Des Grieux : le héros et le narrateur » (voir ci-dessus II). Dans le roman de Prévost, la mort n'est physiquement présente que par les mains « froides et tremblantes » de Manon à ses derniers instants.

surnaturel »[1], sereine, «comme en pleine santé»[2], «plus aimable qu'en santé même»[3], et fiévreuse[4], défaillante[5], ou au contraire saisie de convulsions et d'étouffements[6]. Deux drames parallèles se sont joués dans ces vingt-cinq pages, et celui du corps n'est pas moins secret que celui de l'âme.

Travail de vie, non moins mystérieux. Est-ce seulement à la paix de son cœur, ou bien aussi à la maternité que Julie doit ce plein épanouissement de beauté, ce visage plus rempli et mieux formé qu'autrefois dont Saint-Preux est frappé lorsqu'il la retrouve après sept ans de séparation? Déjà la première partie du roman nous l'avait montrée attentive à ce qui se passait en elle, n'osant aller jusqu'au bout d'une allusion au « doux espoir d'être un jour... »[7], nuançant cette espérance d'un pudique «peut-être»[8], appréhendant les suites de sa chute[9], déçue enfin dans son attente[10]. Autant de sentiments explicables par tout ce qu'aurait pu lui apporter cet enfant[11]. Mais d'abord autant d'impressions qui ne relèvent pas de la psychologie : pur vécu physiologique où s'exprime l'intimité de son être physique. On aime imaginer Julie à l'écoute de son propre corps : un corps qui existe en lui-même, par lui-même, doué d'une intériorité qui lui confère opacité et mystère. Sujet de désir, sujet de vie; pour le statut romanesque du corps féminin c'est bien l'esquisse d'une véritable révolution, une révolution copernicienne, et non la moindre de celles qu'a préparées le misogyne Jean-Jacques.

1. VI, 11, p. 716
2. *Ibid.,* p. 719.
3. *Ibid.,* p. 730.
4. *Ibid.,* p. 710.
5. *Ibid.,* p. 720.
6. *Ibid.,* p. 722 et 730.
7. I, 33, p. 105.
8. I, 57, p. 160.
9. I, 63, p. 178.
10. I, 65, p. 186.
11. Non pas le scandale et le déshonneur, mais la seule chance de fléchir son père (III, 18, p. 344).

Paradoxes sur le Roman,
ou Denis le Fataliste*

De toutes les œuvres composées par Diderot dans la dernière période de sa vie *Jacques le Fataliste* est sans doute celle qui a le plus retenu depuis une dizaine d'années l'attention de la critique. Après tant de travaux d'érudition et d'interprétation, le temps est révolu des jugements sommaires et condescendants qui, naguère encore, faisaient autorité. Mais si l'importance du livre commence à être reconnue, si nous sommes mieux renseignés sur sa genèse et sur sa composition, sa signification philosophique et littéraire demeure controversée : satire ou apologie du « fatalisme » ? fantaisie parodique ou amorce d'un nouveau réalisme ? On peut lire *Jacques* de plusieurs manières[1], toutes enrichissantes : pour l'intérêt des discussions philosophiques, pour la fascination du style et l'art éblouissant du dialogue, pour l'agrément des anecdotes ou la séduction du romanesque, pour les traits de mœurs, les notations psychologiques, sociales, voire économiques qui font jaillir ce feu d'artifice verbal des réalités françaises

---

* Première publication, sous le titre «Lumières et Roman, ou les paradoxes de Denis le Fataliste», Paris (EPEH, 6ᵉ section) et Moscou (Académie des sciences), 1970.
1. Nos citations renvoient à l'édition H. Bénac des *Œuvres romanesques* de Diderot, Paris, Classiques Garnier, 1964. [L'édition critique de S. Lecointre et J. Galliot, Paris-Genève, Droz, 1976, est postérieure à cette étude.]

117

de 1770; mais la seule lecture fidèle à Diderot ne devrait-elle pas rassembler toutes les lectures possibles? Notre hypothèse sera que dans ce subtil divertissement de philosophe, l'idée détermine la forme et que l'ambiguïté littéraire de ce roman insolite exprime de la façon la plus adéquate l'ambiguïté philosophique d'une pensée critique et plus que jamais «questionneuse»[1]. Pour comprendre le livre ainsi que la sagesse dont il est porteur il faut donc interroger simultanément les discours qui y sont tenus et la fiction où ils s'insèrent: non seulement les idées de Jacques ou de tel autre personnage mais le livre tout entier, seul véritable porte-parole de l'auteur. Cette étude convergente des thèmes idéologiques d'une part, de la technique et de l'invention littéraires d'autre part, a déjà été plus qu'esquissée et les pages qui suivent doivent beaucoup à ceux qui l'ont tentée auparavant. Mais pour être pleinement efficace la démarche qui consiste à analyser le texte comme un tout exigerait que l'on n'oubliât pas que *Jacques* lui-même est partie d'un ensemble plus vaste – tout ce que Diderot a écrit parallèlement – ni enfin que l'œuvre entière du philosophe et de l'artiste s'éclaire par référence aux problèmes et aux antinomies du matérialisme des Lumières. Situer *Jacques* par rapport au *Système de la nature,* c'est suivre la voie qu'a suivie Diderot. Multiplier les rapprochements avec le *Paradoxe sur le comédien,* les *Éléments de physiologie* et surtout l'*Essai sur Sénèque,* c'est encore éclairer *Jacques* de l'intérieur puisque sous des formes variées et dans des directions diverses Diderot poursuit dans tous ces textes la même recherche. Parce qu'il est plus constant que ne le veut une légende tenace, une étude synthétique de sa vieillesse si pleine (qui serait pour les années 1769-1784 l'équivalent de ce qu'ont été pour sa jeunesse le beau livre de Franco Venturi et pour l'*Encyclopédie* la thèse magistrale de Jacques Proust) per-

---

1. L'expression est de Roland Mortier dans «Diderot et le problème de l'expressivité», *CAIEF,* n° 13, 1961.

mettrait seule de donner enfin à *Jacques le Fataliste* sa vraie portée de somme critique d'un art et d'une pensée.

Jacques est spinoziste. Son capitaine, qui l'a formé, savait Spinoza par cœur (p. 671) ; devenu concierge du château de Desglands, lui-même « s'occupe à susciter des disciples à Zénon et à Spinoza » (p. 780). On peut douter, il est vrai, que ces disciples soient fidèles à la doctrine de l'*Éthique*. Car le spinozisme de Jacques est celui d'un homme du XVIIIe siècle, un néo-spinozisme[1]. L'auteur ne nous dit pas si son héros a lu Condillac et Locke mais Jacques s'emploie à convaincre son maître que toutes nos idées nous viennent de nos sens (p. 509) ; bien plus, ce sensualisme est résolument matérialiste : « La distinction d'un monde physique et d'un monde moral lui semblait vide de sens » (p. 676). Peu s'en faut qu'il ne s'affirme également athée. Du célèbre adage de Spinoza – *Deus sive Natura* – Jacques ne retient en fait que le second terme. Pour lui tout est nature. De là son indifférence au problème d'un hypothétique au-delà : « Je n'y crois ni décrois ; je n'y pense pas » (p. 685). Et de même son peu d'intérêt pour les spéculations sur l'existence ou la non-existence de Dieu ; s'il lui arrive de prier, comme il dit, « à tout hasard » (p. 656), c'est en accompagnant son appel à l'auteur du « grand rouleau » d'un prudent « quel que tu sois » ; mais il lui importe peu d'éclairer ce dernier point :

« Et qu'est-ce qui a fait ce grand rouleau où tout est écrit ? Un capitaine, ami de mon capitaine, aurait bien donné un petit écu pour le savoir ; lui, n'aurait pas donné une obole, ni moi non plus ; car à quoi cela me servirait-il ? » (p. 503).

Avec ce sensualisme, ce matérialisme, ce refus tout pragmatiste de la métaphysique nous sommes assurément bien loin de l'*Éthique*. Comment Jacques peut-il encore se

---

1. Voir P. Vernière, *Spinoza et la pensée française avant la Révolution*, 2 vol., Paris, PUF, 1954.

dire spinoziste? Exactement à la façon du baron d'Holbach. Dans le *Système de la nature*, d'Holbach critique et utilise Spinoza; il accepte son monisme mais rejette ce qu'il appelle du panthéisme; pour lui il n'existe pas d'intelligence suprême, même coéternelle à la nature; tout est matière. Mais ce que le baron et Jacques retiennent surtout de Spinoza, c'est l'idée de la nécessité universelle. D'Holbach se réclame ouvertement du «fatalisme»[1]. Quant à Jacques, nous dit le narrateur, «il croyait qu'un homme s'acheminait aussi nécessairement à la gloire ou à l'ignominie qu'une boule qui aurait la conscience d'elle-même suit la pente d'une montagne» (p. 670). Et c'est ainsi que le thème du «grand rouleau» où sont écrites les destinées revient dans le récit comme un refrain, plus de 70 fois, principalement dans la bouche de Jacques.

On ne peut guère douter que l'auteur fasse siennes les idées qu'il prête à son personnage. Le résumé qui nous est donné assez tardivement, de la philosophie de Jacques (p. 670-671) rappelle la profession de foi déterministe de la *Lettre à Landois* de 1756; et la curieuse invocation à l'auteur du grand rouleau, déjà mentionnée, est un écho de l'insolite *Prière à Dieu* qui servait de conclusion, en 1753, aux *Pensées sur l'interprétation de la nature*: «Je ne te demande rien dans ce monde, car le cours des choses est nécessaire par lui-même, si tu n'es pas; ou par ton décret si tu es...» Jacques ne retient que le second terme de l'alternative mais sa «prière» paradoxale a le même sens que naguère le refus de prier du philosophe: une acceptation lucide de la nécessité des choses. Sur ce point essentiel la convergence des deux textes est particulièrement nette. Il est vrai qu'elle ne lève pas toute objection. Si la philosophie de Jacques est identique à celle que Diderot professait vingt ans auparavant, il faudrait encore établir que le Diderot des années 1770 reste le même phi-

---

1. *Système de la nature,* 1ʳᵉ partie, chap. XI et XII; 2ᵉ partie, chap. V, etc.

losophe qu'en 1750. Ne lui est-il pas arrivé de regimber contre ses propres idées ? On cite souvent comme preuve d'hésitation, sinon de volte-face, le fragment de lettre où l'amant de Sophie « enrage » à la pensée que son amour puisse n'être pas libre[1]. En réalité ces lignes disent tout le contraire de ce qu'on veut parfois leur faire prouver : non pas les variations de la « girouette » de Langres, mais une méritoire constance intellectuelle. Car si le *cœur* proteste, l'*esprit* de Diderot « ne peut s'empêcher d'approuver », la philosophie dont il se dit « empêtré ». Nous savons du reste l'étroite intimité de pensée qui l'a toujours lié à d'Holbach et nous soupçonnons l'importance de son apport au grand ouvrage du baron, à propos duquel il écrit en 1773 : « J'aime une philosophie claire, nette et franche telle qu'elle est dans le *Système de la nature.* »[2]

N'essayons donc plus de mettre Diderot en contradiction avec lui-même ni de l'opposer à d'Holbach ou à Jacques. Il est Denis le Fataliste. S'il n'était pas « fataliste » il ne serait pas Diderot, il ne serait pas le Philosophe. Car en ce dernier tiers du XVIIIe siècle, le fatalisme n'est pas une option intellectuelle parmi beaucoup d'autres, mais la principale ligne de partage entre la philosophie militante et ses adversaires. Ce n'est pas un hasard si les plus lucides défenseurs des modes de pensée traditionnels concentrent alors leurs coups sur ceux qu'ils appellent les « fatalistes modernes ». Affirmer que tout est nécessaire, c'est en effet rendre à l'ordre naturel des choses à la fois l'*autonomie* et l'*innocence* que lui déniait la religion chrétienne. Dans un univers régi par une nécessité immanente il n'y a place ni pour la Providence et le miracle, ni pour le libre arbitre et le péché. Le fatalisme affranchit l'homme et de l'arbitraire

---

1. *Correspondance,* éd. G. Roth, t. IX, p. 154. L'allusion à « la comète » situe le fragment à l'automne 1769. Le nom de la destinataire est incertain : Sophie ou Mme de Maux ?
2. *Réfutation de l'ouvrage d'Helvétius intitulé « De l'Homme »,* Œuvres complètes, éd. Assézat-Tourneux, t. II, p. 398. Diderot ajoute du reste : « ... et plus encore dans le *Bon Sens* ».

divin et de la malédiction originelle. L'opposition qu'on a voulu parfois établir entre le fatalisme de Jacques et l'humanisme de Diderot vieillissant vient d'une grave erreur de perspective. Au siècle des Lumières le fatalisme est le fondement de l'humanisme. C'est pourquoi il fait sur lui l'accord de tous les Philosophes, quelles que soient par ailleurs leurs divergences. Comme Diderot le suggérait dès 1753 l'idée de nécessité est la certitude commune de l'athée et du déiste. Il a pu ne pas lui paraître inutile de le rappeler au moment où Voltaire, lui-même déterministe, s'emportait contre le *Système de la nature* et peut-être ne faut-il pas chercher d'autre explication de l'étonnante et déconcertante prière de Jacques.

Vers 1770 les déistes qui croient en un Dieu-Horloger ou en un Souverain-Architecte ne sont pas moins « fatalistes » que les rares athées. Simplement ils superposent à l'idée de la nécessité celle d'une finalité rassurante. L'équivoque persistante de la notion de *loi naturelle* – notion à la fois positive et normative – leur est un recours commode, grâce auquel ils escamotent ou atténuent les difficultés internes du système. Car il n'est pas facile d'être athée ; la position est si malaisée à tenir que d'Holbach lui-même, le plus rigide professeur d'athéisme, réintroduit subrepticement dans son analyse de la « nature » le finalisme dont il refuse le principe : ainsi lorsqu'il admet trop vite une sorte d'harmonie préétablie entre la raison et les passions ou entre l'individu et l'espèce[1]. Cette inconséquence ne suffit du reste pas à lui épargner deux des tentations permanentes du matérialisme des Lumières, le pessimisme et le pyrrhonisme[2]. Il se heurte

---

1. Voir notamment *op. cit.,* 1re partie, chap. XV à XVII. Le premier point a été bien mis en lumière par R. Mauzi dans son *Idée du Bonheur au XVIIIe siècle,* 1960, p. 447.
2. Dans le flux incessant des choses le passé et l'avenir des espèces nous sont également inaccessibles (*Système...,* 1re partie, chap. VI). Et même si des réformes sont possibles, les corps politiques sont voués aux conflits et à la dissolution (*Politique naturelle. Discours,* IX, § 1).

en effet à l'antinomie fondamentale du fatalisme. En faisant de l'homme un maillon de la chaîne des êtres, une chose parmi les choses, celui-ci déprécie la nature humaine au moment même où il la libère du surnaturel ; simultanément il fonde et il détruit l'humanisme des Philosophes. Le ton agressivement dogmatique du *Système de la nature* parvient mal à cacher cette contradiction. Sans doute l'originalité de Diderot est-elle au contraire de l'exprimer de la façon la plus aiguë. Car sa collaboration vraisemblable avec d'Holbach et son adhésion certaine aux thèses du baron n'impliquent pas une attitude identique. Ce qui est pour d'Holbach un point d'arrivée est plutôt pour Diderot un point de départ. Pour lui, le fatalisme pose autant de questions qu'il en résout. Par exemple celle des fondements de la moralité, esquissée de manière si éblouissante dans *Le Neveu de Rameau* : on glisse aisément du fatalisme à l'amoralisme. Nous retrouvons dans *Jacques* le problème moral, sous d'autres aspects et dans une perspective plus large puisqu'il y est relié au problème de la connaissance. Plutôt qu'une mise en question du fatalisme notre étrange roman n'en serait-il pas l'exploration et l'approfondissement critiques ?

Il semble qu'à lire le livre dans cet esprit le dialogue de Jacques et du Maître prenne tout son sens. Ce n'est pas seulement la confrontation de deux conditions sociales, ni de deux personnalités d'une force bien inégale, mais celle de deux visions du monde. Si Jacques se vante d'être « un subtil raisonneur » (p. 775), c'est avec l'approbation du narrateur qui nous l'a présenté comme « une des meilleures cervelles qui aient encore existé » (p. 759). Je ne crois pas que l'amour immodéré qu'il porte à sa gourde suffise à disqualifier en lui le penseur[1] : ce trait l'humanise plutôt et j'y vois une marque de bonne humeur rabelaisienne. Jacques n'est pas un ivrogne vulgaire ; qu'il aime vivre à son aise ne l'empêche pas d'avoir la tête solide.

---

1. C'est l'interprétation de R. Laufer, *Revue des sciences humaines,* octobre-décembre 1960.

Son maître s'en avise assez vite, lâchant du même coup le mot litigieux : « Jacques, mon ami, vous êtes un philosophe, j'en suis fâché pour vous » (p. 563). Et il le répète à l'auberge, non sans mauvaise humeur : « C'est que vous ne savez pas, notre hôtesse, que Jacques que voilà est une espèce de philosophe, et qu'il fait un cas infini de ces petits imbéciles qui se déshonorent eux-mêmes et la cause qu'ils défendent si mal... » (p. 617). Agacement révélateur : le Maître dénigre ce qui le dérange dans ses habitudes mentales. Le brevet malveillant de « philosophie » qu'il décerne à son valet est un brevet de non-conformisme. Le Maître représente l'opinion commune ; ce que l'on n'oserait appeler sa pensée est fait des préjugés et des illusions dont Jacques a été une fois pour toutes débarrassé par le « militaire philosophe » qu'était son capitaine. Illusion de la *finalité,* surnaturelle et naturelle : le Maître croit et veut croire en une vie à venir et au jugement dernier (p. 685) ; il croit également que tout ici-bas a sa raison d'être, même les mouches et les cousins qui importunent son valet : « La nature, dit-il, n'a rien fait d'inutile et de superflu » (p. 756)[1]. Illusion de la *liberté* ; pressé d'objections par Jacques, il a recours à l'argument classique du sentiment intérieur, dernier refuge des spiritualistes : je suis libre puisque je me sens libre (p. 758). Mais cette prétention est vite démentie par le mauvais tour que Jacques lui joue en détachant les courroies de ses étriers (p. 775). Voilà le Maître par terre, ou peu s'en faut, empêtré dans sa fausse liberté comme Sganarelle dans ses raisonnements. Entre les mains de Jacques il n'a été qu'une

---

1. L'exemple des moucherons peut être rapproché en particulier de la célèbre *Théologie des insectes* de l'Allemand Lesser (1740), traduite en français en 1742. L'auteur s'évertue à montrer l'utilité des dommages causés par ces insectes (livre II, 3ᵉ partie, chap. IV). Mais pour innocenter plus complètement la Providence, il n'hésite pas à la remercier au chapitre suivant de nous avoir donné avec ces insectes les moyens de les exterminer...

marionnette : « mon polichinelle », dit son peu respectueux valet.

Jacques est cependant trop lucide pour accabler son partenaire falot de sa supériorité. Le maître n'est qu'un « automate », nous le savons depuis le début (p. 515). Mais le qualificatif s'applique aussi au philosophe, automate conscient de l'être : nous sommes – précise Jacques, parlant cette fois à la première personne du pluriel – « deux vraies machines vivantes et pensantes » (p. 757). Il en est ainsi de toute vie humaine, chaîne continue de causes et d'effets. Notre prétendue liberté n'est que l'ignorance de ce qui nous détermine : « Si l'enchaînement des causes et des effets qui forme la vie d'un homme depuis le premier instant de sa naissance jusqu'à son dernier soupir nous était connu, nous resterions convaincus qu'il n'a fait que ce qu'il était nécessaire de faire » (p. 670). Prêtons attention à ce conditionnel qui n'est pas un potentiel mais un irréel du présent. Jacques nous suggère que dans la chaîne des causes et des effets d'une vie d'homme plus d'un maillon se dérobe à la sagacité du philosophe le plus perspicace : il ne suffit pas de se savoir déterminé pour connaître la nature et les modalités du déterminisme ; à cet égard le philosophe n'est guère mieux armé que le vulgaire. Parfois l'univers répond aux questions qu'on lui pose ; plus souvent il n'offre que des apparences trompeuses, énigmatiques et incohérentes. Tout est clair pour l'auteur du grand rouleau... s'il existe. Mais l'homme n'est pas Dieu : Jacques le sait bien, qui a conscience de vivre dans un monde à la fois rationnel et déconcertant ; et Diderot plus encore qui refuse simultanément toutes les formes du dogmatisme et l'assurance fallacieuse des romanciers.

Il est clair dès maintenant que dans *Jacques le Fataliste* la fantaisie du récit n'est pas gratuite mais témoigne d'une réflexion lucide sur la condition intellectuelle de l'homme en ce monde et sur les limites de la connaissance. Mais avant de voir comment la technique et l'invention roma-

125

nesques y sont commandées par l'idée d'un monde ambigu, il est bon d'insister une fois de plus sur l'étroite parenté qui unit à notre roman les écrits philosophiques des dix ou quinze dernières années de Diderot. Chef de file des encyclopédistes, celui-ci veut croire à la science et aux progrès des Lumières, mais il n'est pas scientiste. Bien au contraire une attitude constamment critique, attitude prékantienne, donne plus d'une fois à son matérialisme dans les textes de cette période, du *Rêve de D'Alembert* à l'*Essai sur Sénèque,* une coloration nettement sceptique. Simple atome perdu dans un monde où tout change à chaque instant, comment l'homme pourrait-il affirmer son savoir ? S'il est vrai que la nature est toute-puissante, une science de la nature est-elle encore possible ? Telles sont les questions qui hantent la vieillesse de Diderot. Pensons à l'hypothèse qu'il prête en 1769 à Bordeu, selon laquelle « les lois les plus constantes de la nature seraient interrompues par des agents naturels ». Et surtout à la conclusion désenchantée des *Éléments de physiologie* : « Le monde est la maison du sort. Je ne saurai qu'à la fin ce que j'aurai perdu ou gagné dans ce vaste tripot où j'aurai passé une soixantaine d'années, le cornet à la main... Qu'aperçois-je ? Des formes. Et quoi encore ? Des formes. J'ignore la chose. *Nous nous promenons entre des ombres, ombres nous-mêmes pour les autres et pour nous.* » A la mélancolie près – à laquelle Diderot résiste tandis que Jacques n'y est guère enclin – cette promenade parmi les ombres n'évoque-t-elle pas l'itinéraire incertain de notre voyageur, la marche fluctuante et brisée de notre récit ?

Dans la mesure où l'univers de *Jacques le Fataliste* est rigoureusement déterminé, il est au moins partiellement intelligible. Tout le romanesque des amours de Jacques tient en une cascade d'événements qui se déterminent les uns les autres à partir d'un fait bien précis : la blessure reçue à Fontenoy. Jacques nous en a avertis dès la seconde page du livre : « Dieu sait les bonnes et mauvaises aventures amenées par ce coup de feu. Elles se tiennent ni plus ni moins que les chaînons d'une gourmette» (p. 494). Le propre d'un esprit clairvoyant est d'identifier ces différents chaînons, de remonter d'un effet à sa cause ou, à l'inverse, d'anticiper sur l'enchaînement des faits. Avec le recul des années, sous le regard distant de la mémoire, les événements s'éclairent et s'ordonnent : Jacques revit et raconte de façon intelligible l'histoire de ses amours. Doué de cet «esprit d'observation et de justesse» qui caractérise au XVIIIe siècle un Philosophe, il sait également observer et interpréter ce qu'il voit. Qu'un cheval «jeune et vigoureux» se laisse rouer de coups par un laboureur plutôt que de travailler, c'est pour le Maître un spectacle anodin, propre tout au plus à rompre un instant la monotonie du voyage ; mais à ce comportement insolite, Jacques devine aussitôt qu'il s'agit d'un cheval de selle, donc d'un cheval volé, et peut-être de celui qui a été effectivement volé au Maître (p. 760). La même sagacité lui permet à plusieurs reprises d'anticiper sur le récit que lui fait son compagnon de ses propres amours (p. 722 729, etc.) : car il a compris ce qu'étaient en réalité ces compères trop serviables, les Merval, Le Brun et Mathieu de Forgeot. L'enchaînement nécessaire des causes et des effets exclut aussi bien le hasard que le miracle : c'est pourquoi il offre prise à l'observation, l'analyse et la prévision. Dans un monde cohérent la science est possible.

Cela ne signifie pas qu'elle soit facile et le Maître l'apprend à ses dépens. Jacques lui-même est d'abord troublé, et surtout la seconde fois, par les caprices inquiétants de son cheval qui à deux reprises l'emporte jusqu'à des fourches patibulaires. Avec une assurance où entre encore plus de superstition que de malice le Maître interprète aussitôt l'événement et prédit à son valet une fin sinistre. Pourtant, à la réflexion, Jacques se rassure ; il comprend que ce prétendu signe du destin peut signifier tant de choses différentes qu'une conclusion hâtive a toutes chances d'être démentie par la suite des événements. De fait celle-ci ne tarde pas à l'éclairer ; nous apprenons que le cheval obéissait à une habitude professionnelle : son premier propriétaire était un bourreau... A une interprétation finaliste, de type magique, voilà donc substituée une explication causale dont la simplicité satisfait pleinement la raison en même temps qu'elle affranchit l'âme d'une crainte superstitieuse. Reste que la cause ne s'est pas révélée immédiatement et qu'elle aurait pu ne se révéler jamais. Devant un événement énigmatique il y a deux attitudes possibles : la précipitation du Maître qui croit tout comprendre parce qu'il voit partout des *signes,* ou la prudence de Jacques qui, une fois surmonté le premier choc, sait analyser la pluralité des possibles et suspendre son jugement.

Le développement donné par Diderot au thème des présages est riche d'enseignements. La vanité des prédictions du Maître éclate plus d'une fois et l'anecdote de l'anneau brisé, qu'il rapporte lui-même (p. 565), aurait dû le guérir de cette manie. Mais il ne peut s'empêcher de croire aux pressentiments : «J'en ris, mais j'avoue que c'est en tremblant.» De même qu'il ne peut y avoir à son avis d'insectes inutiles, tout événement a, selon lui, un sens à la mesure de l'homme et Diderot ne manque pas de railler cette illusion anthropocentrique. Libre à la naïveté du Maître de croire que tout est signifiant : la lucidité du Philosophe refuse ce monde faussement ordonné et transparent. Mais il n'est pas sûr que la piété vulgaire, si proche de la « superstition», soit seule visée par ce refus. Diderot a pu se souvenir aussi d'une discussion avec d'Holbach – dont sa correspondance nous a conservé l'écho[1] – au cours de laquelle le baron avait défendu devant lui le principe de l'astrologie judiciaire : si tout se tient dans l'univers, si tout s'y trouve lié par une chaîne continue, pourquoi les événements et même les senti-

---

1. *Lettres à Sophie Volland,* éd. Babelon, II, p. 266 (fragment non daté). A rapprocher du début du fragment cité *supra.*

ments d'une vie d'homme ne dépendraient-ils pas du cours des étoiles ou du passage d'une comète ? « Je convins, rapporte Diderot, que Saturne faisait à peu près sur nous l'effet d'un atome de poussière sur une horloge de clocher. » Ainsi peut-il constater « que l'athéisme est tout voisin d'une espèce de superstition presque aussi puérile que l'autre ». Sans doute le baron avait-il cédé au plaisir du paradoxe, mais Diderot aurait pu fournir d'autres exemples de dégradation des Lumières en illuminisme et du rationalisme expérimental en goût des sciences occultes[1].

A trop vouloir prouver, d'Holbach ou le fidèle Naigeon cèdent à une illusion analogue à celles qu'ils dénoncent. Pour eux, remarque encore Diderot dans le même fragment, « rien n'est indifférent dans un ordre de choses qu'une loi générale lie et entraîne ; il semble que tout soit également important. Il n'y a point de grands ni de petits phénomènes... ». Comme le monde chrétien du Maître qui découvre partout le doigt de la Providence l'univers du baron est un monde *surdéterminé*. Diderot, pour sa part, rejette non l'athéisme en lui-même, mais cette déviation surdéterministe, aussi inacceptable à ses yeux que son homologue providentialiste. Il sait en effet qu'il y a plusieurs niveaux de réalités et que tous les phénomènes ne sont pas d'égale grandeur. Comment concilie-t-il cette

---

1. Toute la question des « sources occultes du romantisme » naguère recensées par Auguste Viatte vaudrait d'être reprise en relation avec l'étude du matérialisme du XVIIIe siècle. On verrait ainsi comment le développement du rationalisme le plus militant a pu engendrer logiquement son contraire. A cet égard comme à d'autres le « préromantisme » cesserait d'apparaître comme un accident de l'histoire ou une « réaction de la sensibilité » à un rationalisme desséchant. Car le rationalisme des Lumières n'a rien de sec, même chez d'Holbach, nourri des principes d'une chimie allemande encore très proche de l'alchimie. J'ai posé quelques jalons en vue de cette nécessaire révision de nos perspectives habituelles d'une part dans mon *Idée de nature en France dans la première moitié du XVIIIe siècle* (1963), d'autre part dans un article sur « Les sources occultistes de la pensée de Diderot », *CAIEF,* 1961.

intuition avec l'idée du Tout, « sans laquelle il n'y a pas de philosophie »[1] ? *Jacques le Fataliste* ne nous le dit pas mais nous suggère que le monde est difficile à déchiffrer et nous met en garde contre les fausses évidences : comme l'explication chrétienne, l'explication astrologique pèche par excès de simplicité.

Or cette illusion simplificatrice n'est pas le fait de la seule « superstition », dévote ou athée. Elle est aussi au fond de la littérature romanesque. Dans le monde des romans tout a un sens, bon ou mauvais. Roman rose et roman noir sont par là également rassurants, également conformistes. Aussi l'auteur de *Jacques* se défend-il à plusieurs reprises de faire œuvre de romancier : « Ceci n'est point un roman » (p. 528). Il rejette ou parodie les procédés habituels du genre, le portrait, la lettre ou les mémoires. Il s'ingénie à brouiller les pistes en faisant interférer les divers plans de son récit, constamment interrompu par des rencontres ou des événements insolites comme par les intrusions du narrateur ou du lecteur fictif. A la « désarticulation systématique du récit ou du dialogue »[2] dont le rythme est aussi heurté que les propos de Jacques, toujours entrecoupés d'une sorte de hoquet (p. 547 et 549) s'ajoute un parti pris d'indétermination. Diderot met une persévérance diabolique à tromper notre curiosité. Sans cesse il nous refuse les renseignements topographiques, chronologiques, biographiques que nous estimons être en droit d'attendre d'un romancier. Cette désinvolture éclate dès les premières lignes ; elle s'exerce une dernière fois à nos dépens en fin de volume : après nous avoir menacés de ne pas conclure (p. 777), puis gratifiés comme à contrecœur d'un dénouement précipité et conventionnel, le narrateur nous laisse sur une question impertinente – Jacques devait-il ou non être cocu ? – au

---

1. *De l'interprétation de la nature*, LVIII.
2 L'expression est de R. Mauzi auquel ce paragraphe doit beaucoup, *Diderot Studies*, VI, 1964.

terme indécis d'une histoire sans commencement ni fin et qui n'a proprement ni queue ni tête.

Qu'il y ait dans ce «désordre» longtemps dénoncé par le critique plus d'insolence que de négligence nous ne pouvons plus en douter. Nous savons aujourd'hui que *Jacques* n'a pas été improvisé en quelques semaines ou quelques mois mais mûri pendant douze ou vingt ans et plusieurs fois remis en chantier jusqu'à l'ultime révision faite par Diderot dans les tout derniers mois de sa vie à l'intention de Catherine II[1]. Et Robert Mauzi a excellemment analysé l'intention et les procédés parodiques du livre ; il a bien montré que la parodie romanesque y est étroitement liée à la vision d'un monde opaque et déconcertant et que Diderot y raille la prétention des romanciers à «prendre la place du destin et reconstruire un univers dont les significations seraient miraculeusement pleines »[2]. Diderot n'ignore pas, lui, qu'à l'échelle d'une vie humaine il est des événements qui ne signifient rien et restent incompréhensibles, gratuits. Ne commettons point le contresens de voir dans l'indétermination romanesque la négation du déterminisme ; elle est, tout à l'inverse, la traduction littéraire d'une détermination sur laquelle l'esprit de celui qui la subit a peu ou n'a pas de prise. Jacques remarque que le destin est «cauteleux» (p. 565). C'est que malgré les lueurs que nous pouvons avoir sur l'enchaînement des causes et des effets celui-ci nous apparaît le plus souvent sous l'aspect imprévisible des *caprices* du destin : nous ne saurons jamais ce que transporte «le char lugubre» que les voyageurs rencontrent à deux reprises (p. 537 et 542) ni pourquoi il est aux armes du capitaine de Jacques ni si le capitaine est vivant ou mort. Et si les faits ne sont pas en eux-mêmes énigmatiques ils le deviennent par la façon dont ils se succèdent. Diderot use avec brio du

1. Manuscrit de Leningrad.
2. Art. cité.

131

procédé voltairien du résumé : ainsi lorsque Jacques raconte en quelques phrases la cascade de mésaventures qui lui sont survenues à la ville, avec une accumulation de *j'ai fait, j'ai été* si monotone et chaotique qu'elle rend la bousculade des événements à peu près inintelligible (p. 521). Quand Jacques énumère tous les maîtres qu'il a servis (p. 657), un raccourci analogue nous fait saisir sur le vif à la fois la nécessité et la gratuité de l'enchaînement des faits : d'un maître à l'autre la répétition lassante des *qui me donna,* à peine variée vers la fin en *qui me recommanda* ou *qui me fit entrer,* dessine une chaîne sans solution de continuité ; mais en même temps les multiples *c'est... qui* simplement juxtaposés (« C'est lui qui... C'est M. Pascal qui... »), l'accumulation de détails savoureux ou saugrenus sur chacun des maîtres successifs (le comte de Tourville « qui aima mieux laisser croître sa barbe sous un habit de capucin que d'exposer sa vie », « la marquise de Belloy, qui s'est sauvée à Londres avec un étranger » : comment ? pourquoi ? nous n'en savons rien et nous avons à peine le temps de nous le demander), le contraste entre la construction monotone du paragraphe et l'étonnante diversité de tout ce qu'il évoque, tout cela nous laisse sur une impression contradictoire : nous sommes pris dans un tourbillon d'événements aussi capricieux que fatals et le sourire que nous inspire le bref récit de Jacques n'est pas exempt d'un certain malaise.

Le propos de Diderot ne serait-il pas de nous arracher à notre confort intellectuel, de nous faire participer à ce que Roger Kempf appelle – d'une formule heureuse – « une expérience de l'incertitude »[1] ? Si nous délaissons l'intrigue, ou les intrigues superposées, pour nous intéresser plutôt aux personnages, notre perplexité ne fait que croître. Jacques nous avertit qu'il n'est pas aisé de dire la

1. *Diderot et le roman ou le démon de la présence,* Paris, Éd. du Seuil, 1964, p. 207.

chose « comme elle est » (p. 544). L'art de Diderot s'inspire de cette réflexion. Écartant les témoignages subjectifs, il nous montre ses héros en action. On a parlé de psychologie du comportement : je crains que cette interprétation ne soit aussi déformante qu'anachronique. Sans doute Diderot est-il persuadé que nous ne pouvons connaître autrui que du dehors, et c'est pourquoi il présente toujours ses personnages de l'extérieur, par leurs actes et leurs paroles. Mais il n'est pas plus scientiste en psychologie qu'en aucun domaine de la connaissance. Il ne croit pas qu'une attitude, un geste, un mouvement esquissé épuisent la complexité d'un être : ces indices objectifs et irrécusables, il faudrait pouvoir les interpréter avec certitude. Parfois le geste est immédiatement déchiffrable, du moins pour l'observateur avisé : ainsi lorsque Jacques devine à l'« allure singulière » du jeune compagnon du marquis des Arcis qu'il s'agit d'un moine défroqué (p. 666-667). Mais ce cas simple de déformation professionnelle ne nous révèle que la personnalité sociale d'un individu. Au sujet de Gousse, voleur généreux, Diderot nous met au défi de trancher « sur l'allure des hommes » (p. 556). Dans leur être intime ceux-ci nous restent aussi opaques que les événements inscrits sur le grand rouleau. Tous recèlent une part de mystère. Au premier contact la maîtresse femme qui gouverne avec autorité et bonne humeur le petit monde de l'auberge du Grand Cerf semble une personnalité limpide ; mais voici que cette commère surprend les voyageurs par l'élégance de son langage puis confie en quelques mots qu'elle a été élevée à Saint-Cyr : « De l'abbaye royale à l'auberge que je tiens il y loin » (p. 620). Comment a-t-elle parcouru ce chemin ? Nous soupçonnons un drame ou une intrigue mais nous n'en savons pas davantage. Seul nous met sur la voie le mot échappé à l'hôtesse à propos de la jeune d'Aisnon et de son métier mélancolique : « Ne riez pas, c'est la plus cruelle chose. Si vous saviez le supplice quand on n'aime pas... » (p. 616). A cette mise en garde

133

qui est peut-être l'esquisse d'une confidence fait écho un peu plus tard celle qui répond à nos doutes sur l'unité du personnage de la d'Aisnon, d'abord instrument docile du complot puis Madeleine repentante : « Et qui sait ce qui se passait au fond du cœur de cette jeune fille... ? » (p. 643). Ce *qui sait ?* vaut aussi pour la métamorphose du marquis, libertin frivole dont une passion violente bouleverse soudain la vie et qui trouve le courage de braver par le pardon l'opinion mondaine. Et le mot s'applique encore mieux à Mme de La Pommeraye. « L'enfer n'est pas pire », s'est écrié Jacques (p. 633). De fait son machiavélisme de parfaite comédienne, son art de la mise en scène, sa virtuosité dans le mensonge, sa patience et son obstination dans la vengeance ont quelque chose de démoniaque. Mais cette raison froide, cette constance monstrueuse n'excluent pas forcément la spontanéité. Peut-être Mme de La Pommeraye, comme le romancier nous le suggère, est-elle femme du premier mouvement..., mais d'un premier mouvement qui dure (p. 652). Peut-être cette menteuse est-elle aussi une sincère : malgré sa force de dissimulation elle n'est pas toujours maîtresse de son émotivité : « Elle étouffait d'indignation et de rage, aussi répondit-elle au marquis d'une voix tremblante et entrecoupée » (p. 633). Peut-être souffre-t-elle aussi vivement qu'elle hait. Une « méchante femme » ? D'une certaine façon, mais aussi, comme la jeune d'Aisnon, une victime : victime d'un véritable meurtre moral. Pour une fois plus perspicace que Jacques, le Maître était déjà tenté de prendre sa défense : à son tour l'auteur présente en sa faveur un plaidoyer chaleureux (p. 651-652).

Sont-ils bons ? Sont-ils méchants ? Nous pourrions reprendre à propos de beaucoup des personnages de *Jacques le Fataliste* le titre de la dernière pièce de théâtre du Philosophe. A un même comportement peuvent correspondre des motivations et des mobiles si divers que tout jugement en devient aléatoire. Le problème a beaucoup préoccupé Diderot dans les dernières années de sa vie ; il l'a également abordé dans l'histoire de Mme de La Carlière, ce conte au titre significatif, *Sur l'inconséquence du jugement public de nos actions particulières.* Dans *Jacques le Fataliste* la pluralité des points de vue exprimés sur Mme de La Pommeraye ou Mlle d'Aisnon prouve qu'il n'est pas plus facile d'entrer dans le secret des êtres que dans celui des événements. La complexité des déterminations physiologiques, psychologiques, sociales, que subit tout individu rend illusoire la prétention commune à énoncer dans chaque cas un jugement ferme. En insistant sur cette idée Diderot reste dans la logique de son « fatalisme ». Il faut comprendre en effet que sa réserve de moraliste s'articule sur sa pensée de philosophe. Sur ce point tout particulièrement on a voulu le mettre en contradiction avec lui-même, en lui prêtant pour Mme de La Pommeraye ou le P. Hudson, ces personnalités exceptionnelles, une admiration qui battrait en brèche ses convictions déterministes[1]. En réalité Diderot se garde de confondre l'énergie de la nature, telle qu'elle apparaît chez les individualités puissantes, avec une liberté illusoire. Avec toutes ses qualités d'esprit et sa force de caractère, Hudson est à jamais prisonnier d'un tempérament défini par « les passions les plus fougueuses... le goût le plus effréné des plaisirs et des femmes » (p. 673) ; car on n'échappe pas à la nature et embrasser un état qui la brime, c'est se condamner soit au désespoir ou à la folie, comme le montrait *La Religieuse,* soit à l'hypocrisie et à la scélératesse[2]. Quant au « génie » de Mme de La Pommeraye, il ne lui permet pas de triompher des ruses du destin : sa vengeance exemplaire fait paradoxalement le bonheur de celui qu'elle voulait punir. Et si elle assume sa propre destinée c'est, comme l'indique

1. C'est par exemple l'interprétation que propose Henri Bénac, p. 892-893 de son édition.
2. « Mais pourquoi est-ce qu'ils sont si méchants ? », demande Jacques à propos des religieux. Et le Maître de lui répondre, sans mesurer peut-être la profondeur de sa réplique : « Je crois que c'est parce qu'ils sont moines » (p. 535).

l'auteur, selon ce que lui commandent, après la trahison du marquis, dans une société cruelle, son âge et son caractère. Il faut se souvenir ici de l'essai généreux et lucide de Diderot *Sur les femmes* : en elles il voit des victimes, physiologiquement et socialement accablées par la cruauté de la nature et celle des institutions. A plusieurs reprises nous surprenons la narratrice à parler de son héroïne à la première ou à la troisième personne du pluriel (p. 595, 599, 613) : c'est la solidarité instinctive qui unit, malgré la différence des conditions et le poids de la morale reçue, les victimes d'une même oppression ; c'est aussi l'indice que la destinée exceptionnelle de Mme de La Pommeraye illustre intensément une loi générale.

Des incidents bizarres, extraordinaires, « saugrenus » (p. 589) ; des êtres dont la vérité profonde nous échappe ou ne se révèle à nous que fugitivement, une vie qui se passe, comme dit Jacques, « en quiproquo » (p. 544), des apparences trompeuses et pourtant pleines de sens pour qui sait les déchiffrer, telle est la matière paradoxale de *Jacques le Fataliste*. Antiroman ou merveilleux roman ? On ne peut éviter la question, si la vocation du roman est d'exprimer le vécu. R. Mauzi a finement analysé le double jeu qui consiste à dénoncer l'illusion romanesque pour mieux la recréer : la parodie « conserve ce qu'elle paraît détruire »[1]. Il est vrai que l'auteur ne se prive pas d'exploiter dans son récit – rencontres, coïncidences – les procédés dont il critique l'artifice ; il est vrai surtout que ses personnages, silhouettes pittoresques ou individualités fortes, doivent à la vigueur du trait comme à ce qu'ils conservent de flou ou d'opaque une singulière présence. Verrons-nous avec R. Grimsley[2] dans la prolifération des personnages, dans la multiplication des incidents et des digressions, dans « l'intensité parfois hallucinante » de

1. Art. cité.
2. Ronald Grismley, « L'ambiguïté dans l'œuvre romanesque de Diderot », *CAIEF,* n° 13, *op. cit.*

quelques épisodes, la preuve que son livre échappe à Diderot et qu'un romancier visionnaire se substitue au philosophe ? Tout ce que nous avons dit exclut, dans le cas de *Jacques,* cette interprétation romantique de la création littéraire. Diderot peut se laisser prendre pendant quelques pages par l'une de ses intrigues sans cesser de savoir où il nous conduit. *Jacques le Fataliste* est la mise en œuvre d'un *Paradoxe sur le roman* que Diderot aurait pu écrire comme pendant au *Paradoxe sur le comédien.* Dans cette œuvre concertée, l'intention critique du philosophe soutient et oriente constamment l'imagination du romancier. Le plaisir du lecteur ne naît plus de la seule contagion émotive, mais de sa participation active à l'analyse des diverses péripéties. A la poésie de la grand-route, à la truculence d'une anecdote gaillarde ou au pathétique d'une histoire sentimentale se surajoute le plaisir intellectuel de la recherche d'une vérité qui ne nous est plus donnée d'avance. Le lecteur fictif qui intervient dans le récit, lecteur bafoué et protestataire, est comme la conscience critique du lecteur réel[1]. Quant à l'auteur, si désinvolte, il perd son privilège traditionnel pour devenir un personnage parmi les autres, un homme comme les autres. Comment le romancier persisterait-il à s'arroger le savoir de Dieu omniscient quand l'existence même de l'auteur du « grand rouleau » paraît si problématique au philosophe ?

« La vérité, la vérité ! » (p. 526). Elle est le but du romancier comme celui du philosophe. Mais puisque l'un récuse la Révélation romanesque aussi fermement que l'autre la Révélation religieuse, elle ne peut plus être désormais dans les deux cas que le terme incertain d'une enquête aléatoire. De là viennent les traits distinctifs de ce qu'il est convenu d'appeler le *réalisme* de Diderot. On peut relever tout ce que la fiction romanesque de *Jacques* doit aux réalités vécues du XVIIIe siècle : réalités anecdotiques à propos desquelles des

---

1. Le rôle du lecteur fictif est défini dans un texte contemporain de la première version du *Paradoxe* (1773) : *Ceci n'est pas un conte.*

recherches érudites déjà fructueuses laissent encore beaucoup à découvrir[1] ; repères topographiques et chronologiques ; traits de mœurs, réalités économiques et sociales. On peut tirer par exemple de *Jacques le Fataliste* un tableau précis de la crise agricole de 1770, dont Diderot avait pu observer les effets dans l'est de la France. Les explications du compère qui vient solliciter l'aubergiste (p. 589-592), les remontrances du mari à la femme trop charitable qui a recueilli Jacques blessé (p. 510), les plaintes de la femme à la cruche cassée (p. 571), ces trois épisodes constituent le diagnostic le plus exact sur la misère des campagnes : cherté des grains qui interdit l'achat de semence et compromet les futures récoltes, chômage, endettement, désertion des campagnes, prostitution, mendicité et vagabondage, contrebande ou banditisme[2]. Avec Diderot nous sommes bien loin des jeux mensongers de la pastorale où se complaît à la même époque l'imagination un peu fade de son ami Marmontel. Ce serait pourtant une erreur de perspective que de le considérer comme le précurseur encore hésitant du grand roman social du XIXe siècle. Si Diderot n'est pas Balzac, ce n'est pas essentiellement parce qu'il a l'imagination moins puissante ou qu'il est né quelques décennies trop tôt, mais parce qu'il ne voit pas le monde de la même manière. La vision qu'il a du monde et de la condition humaine dans les dernières années de sa vie l'incite à cultiver dans ses œuvres d'imagination les « détails » observés qu'il admirait en 1761 chez son maître Richardson ou les « petites circonstances » impossibles à imaginer qui, selon la conclusion des *Deux amis de Bourbonne* (1770), caractérisent le conte « historique ». Mais la logique de sa pensée lui interdit les grandes

---

1. Voir P. Vernière, *RHLF,* avril-juin 1959 et Fr. Pruner, « Clés pour le P. Hudson », *Archives des Lettres modernes,* 1966.
2. Voir sur cette question les remarques éclairantes de R. Kempf, *op. cit.,* 2e partie, ainsi que le livre de J. Smietanski, *Le réalisme de Diderot dans « Jacques le Fataliste »,* Paris, Nizet, 1965. A rapprocher des observations judicieuses de Jacques Proust dans son introduction à *Quatre contes* de Diderot, Genève, Droz, 1964.

fresques et les longues descriptions, aussi bien que les portraits en pied et les méandres de l'analyse psychologique. Dans la présentation des personnages, des événements et des milieux il doit se contenter de notations isolées, ou tout au plus regroupées en séries partielles. Son intuition de la nécessité des choses et de leur complexité lui impose un réalisme discontinu. Aucun tableau d'ensemble n'est permis à qui s'est convaincu du caractère partiel et fragmentaire de tout savoir.

Dans *Jacques le Fataliste* l'ambiguïté d'un récit romanesque qui se défend de l'être, d'une fantaisie parodique qui aiguise le sens du réel reflètent l'ambiguïté essentielle d'un univers globalement hermétique et partiellement intelligible. R. Mauzi a sans doute raison de voir dans les trois grands romans de Diderot une image de l'aliénation humaine : « *La Religieuse,* écrit-il dans la préface qu'il a donnée à ce roman, nous parlerait de l'aliénation physique, *Le Neveu de Rameau* de l'aliénation sociale, et *Jacques le Fataliste* de l'aliénation métaphysique »[1]. Il faut toutefois préciser que ce sont là seulement trois dominantes et que l'aliénation sociale, en particulier, comme l'aliénation physiologique est également présente dans *Jacques*. Il faut ensuite rappeler qu'à quelques dizaines de lignes près, où nous est exposé le « spinozisme » de Jacques, l'aliénation n'y est pas la matière abstraite d'un discours mais qu'elle nous est rendue immédiatement présente par la structure du récit. Enfin, et c'est peut-être le plus important, chacun de ces trois grands textes a sa tonalité propre. Il arrive encore à Diderot, écrivant *Jacques,* de s'attendrir sur le conte qu'il se fait, comme lorsqu'il prêtait sa plume à Suzanne Simonin, mais il a compris « qu'il ne s'agissait pas seulement d'être

1. *La Religieuse,* texte édité et présenté par R. Mauzi, Paris, A. Colin, 1961, p. XXXVI. Mais est-il vrai que dans *Jacques* la liberté de l'art *contredise* le thème de l'aliénation (p. XXXVI) ? Il me semble plutôt qu'elle l'*exprime* de la façon la plus directe.

vrai, mais qu'il fallait encore être plaisant» (p. 507). Il place explicitement son livre sous le patronage de Molière *(ibid.)* et de Rabelais (p. 777)[1]. C'est dire que l'aliénation qui y est décrite n'est nullement prise au tragique. Roman philosophique, *Jacques le Fataliste* fait plus qu'exprimer des idées, il traduit une certaine attitude devant la vie, qui est la sagesse souriante de Diderot vieillissant[2].

Parallèlement aux réflexions, déjà évoquées, sur l'incertitude du jugement moral, deux problèmes principaux, eux aussi greffés sur le thème central de la nécessité universelle, retiennent dans *Jacques le Fataliste* l'attention du sage : le premier porte sur la morale sexuelle et l'éthique de l'amour ; le second concerne la place du Philosophe parmi les hommes, les rapports entre la sagesse, l'action et les passions.

«Et puis, lecteur, toujours des contes d'amour...» (p. 671). Parvenu aux deux tiers de son récit, l'auteur feint d'y découvrir une grande monotonie. Jacques a interrompu, une fois de plus, le récit de ses amours, et nous venons d'écouter l'histoire de Mme de La Pommeraye. La protestation de l'auteur sert de prélude aux aventures et mésaventures du P. Hudson ; nous serons ensuite éclairés sur les premières amours de Jacques, puis sur celles de son maître, celles de Desglands et de la belle veuve ; enfin les amours de Jacques et de Denise trouveront dans les dernières lignes du roman la conclusion incertaine dont nous avons relevé l'ironie. Inégalement développées, très diverses par le ton, toutes ces anecdotes ont le même sujet. Le romancier en rejette la faute sur le lecteur qui lui imposerait ses exigences et ses habitudes : «Vous êtes aux contes

---

1. A rapprocher de son billet du 27 septembre 1780 où il écrit à Meister, à propos du récit de *La Religieuse* : «Je suis bien sûr qu'il affligera plus vos lecteurs que Jacques les a fait rire... »
2. «Non pas en dépit mais en vertu de son fatalisme», écrit très justement J. Fabre («Sagesse et morale, dans *Jacques le Fataliste*», dans *The age of Enlightenment,* publié par W. H. Barber, Saint-Andrews, 1967).

d'amour pour toute nourriture depuis que vous existez, et vous ne vous en lassez point [...]. En vérité cela est merveilleux » (p. 672). En ironisant sur cet insatiable appétit Diderot dénonce une fois de plus les vains prestiges du romanesque : l'amour idéalisé qui est la matière traditionnelle de la littérature narrative, de la poésie, du théâtre et des arts plastiques est aussi étranger à l'amour réel que les bergers d'opéra-comique aux vrais paysans de l'Ile-de-France ou de la Champagne. Mais le succès infaillible de ces mensonges prouve qu'ils recèlent une certaine vérité et répondent en nous à un besoin irrépressible. Ainsi la complaisance du romancier n'est pas gratuite et la fiction romanesque poursuit l'exploration entreprise par la *Suite de l'entretien avec d'Alembert* (1769) et le *Supplément au voyage de Bougainville* (1772) : deux thèses s'entrelacent dans les trois textes, la légitimité du désir sexuel et sa nécessaire mobilité.

Le passage où Diderot s'abrite derrière Montaigne pour réclamer le droit d'appeler les choses par leur nom et faire l'apologie de l'obscénité (p. 715) rappelle les propos d'Orou et les paradoxes de Bordeu, et dit l'innocence de l'amour physique : il n'y a pas plus de souillure dans le mot que dans la chose. L'idée est illustrée par l'histoire de dame Suzon et de dame Marguerite qui montre, non sans verdeur, la réalité physiologique de l'amour : exempte de sous-entendus et tout à l'opposé des *Bijoux indiscrets,* ce n'est pas une histoire grivoise mais une histoire sainement gaillarde à laquelle l'anecdote du vicaire apporte un contrepoint grotesque. Autant la sensualité de Suzon et de Jacques est innocente, autant la paillardise hypocrite du vicaire paraît odieuse. Pour Diderot le moine ou le clerc est par définition un être pervers, parce que dénaturé ; il ne peut demeurer jovial et généreux que s'il assouvit gaillardement ses envies, comme Fr. Jean qui mariait si volontiers les filles deux mois après leur avoir rendu visite (p. 531). Mais le pauvre Fr. Jean était trop bon garçon pour rester longtemps en paix dans son couvent : il fallait pour réussir dans cette voie la scélératesse du P. Hudson, la débauche alliée à l'hypocrisie. Peu nous importent les exemples de moines paillards ou de prêtres scélérats qui ont pu inspirer à Diderot les aventures d'Hudson ; la vérité du personnage relève beaucoup plus de l'évidence psychophysiologique que de l'observation des mœurs. Diderot qui faillit entrer dans les ordres et connut peut-être dans son adolescence des élans mystiques croit savoir ce qu'il en est de ce que l'on appelle d'ordinaire une vocation et refuse de prendre pour la « voix de Dieu » et un appel surnaturel « les premiers efforts d'un tempérament qui se développe » (p. 672). Ce diagnostic médical est toute sa philosophie de la vie monastique ; il éclaire *Jacques le Fataliste* aussi bien que *La Religieuse*.

Si le naturalisme moral du philosophe condamne comme fausses vertus la continence et la chasteté, il n'est pas moins sévère pour la vertu laïque de la fidélité. Comme Orou l'expliquait à l'aumônier celle-ci également est « contraire à la loi générale des êtres ». Dans *Jacques le Fataliste* comme dans le *Supplément,* et en termes à peu près identiques, la fidélité est condamnée comme une illusion contraire au mouvement général de la nature : dans un monde où tout change incessamment, comment les sentiments resteraient-ils immuables[1] ? Tandis que le *Supplément* plaide pour la liberté sexuelle (dans des limites du reste plus étroites qu'on ne le dit communément et qui ont été bien précisées par H. Dieckmann), *Jacques* démontre par l'exemple le caractère fallacieux des serments d'amour éternel. On voit ainsi quel rapport étroit lie dans le roman les « contes d'amour » au thème fataliste ; mais on aperçoit aussi l'ambiguïté de la morale fataliste. Elle oppose la vérité et nécessité de nature aux contraintes sociales et aux préjugés religieux, mais cette libération se paie d'une aliénation nouvelle dont il est arrivé à Diderot de ressentir la cruauté. Sans la trahison de Mme de Maux les célèbres réflexions qui ont inspiré à Musset son poème du *Souvenir* et dont l'auteur avoue ne pas

---

1. *Jacques le Fataliste, op. cit.,* p. 604 ; *Supplément...,* éd. H. Dieckmann, textes littéraires français, Genève-Lille, 1955, p. 26-27.

savoir si elles sont de Jacques, du Maître ou de lui-même n'auraient peut-être pas pris ce ton lyrique de nostalgie dans la dérision : « O enfants ! toujours enfants ! » Pour être inscrite dans la nature la trahison n'est pas moins amère à celui ou à celle qui la subit. Suivre la loi de nature, c'est s'accorder le droit à l'infidélité mais également accepter d'en payer soi-même le prix. La dualité du thème fataliste se marque à cet égard très clairement dans la forme et le ton du récit : après l'histoire émouvante de Mme de La Pommeraye voici la contre-partie gaillarde de la Gaine et du Coutelet (p. 605), fable transparente dont la gaieté annonce celle du récit des premières amours de Jacques.

Les 30 pages consacrées à Marguerite, à Suzon et au Vicaire (p. 688-717) ne figuraient pas dans le feuilleton publié par la *Correspondance littéraire* de 1778 à 1780 ; cette addition tardive prouve que Diderot a voulu renforcer, dans les toutes dernières années de sa vie, la bonne humeur de son livre[1]. A quelques pages près, *Jacques le fataliste* n'est pas un roman sensible à la façon de *Clarisse* ou de *La Religieuse* et nous savons en quel sens a évolué l'esthétique de son auteur, de l'*Éloge de Richardson* au *Paradoxe sur le comédien*. Le héros se défend d'avoir « un cœur de bronze » et s'il réserve sa pitié pour de meilleures occasions que la fureur de Bigre et le désespoir de Justine (p. 697), son rire contagieux n'a rien de la barbarie que le Maître lui reproche. Comme il s'en targue lui-même Jacques a de la « sensibilité » ; c'est-à-dire qu'il est à la fois émotif et généreux. Charitable à l'occasion, sujet à la douleur comme à la gratitude, il a aussi ses moments d'impatience et de colère. L'humeur joviale qui est le fond de son tempérament n'est pas inaltérable. On a voulu que ce comportement apporte un démenti à ses convictions fatalistes. L'auteur avait pourtant prévenu l'objection : « D'après ce système, nous dit-il (p. 671), on pourrait

1. Le renseignement vient de la *Correspondance littéraire* d'avril 1786. Voir J. Varloot, *RHLF,* octobre-décembre 1965.

s'imaginer que Jacques ne se réjouissait, ne s'affligeait de rien ; cela n'était pourtant pas vrai. Il se conduisait à peu près comme vous et moi. » En réalité Jacques a essayé de se hausser jusqu'à la suprême indifférence dont une tradition millénaire faisait le privilège du Sage. Comme il l'explique à son Maître (p. 574), il aurait bien voulu parvenir à une totale maîtrise de soi, à se moquer de tout». Mais ses efforts ont été vains : « J'y ai renoncé ; j'ai pris le parti d'être comme je suis ; et j'ai vu, en y pensant, que cela revenait presque au même, en ajoutant : qu'importe comme on soit ? C'est une autre résignation plus facile et plus commode. »

L'apparente inconséquence de Jacques recouvre donc une logique rigoureuse : son échec lui a montré la vanité des prétentions stoïciennes à l'ataraxie, et l'a conduit jusqu'à la conclusion que Diderot formule dans la seconde partie de l'*Essai sur Sénèque* : « L'homme heureux du stoïcien est celui qui ne connaît d'autre bien que la vertu, d'autre mal que le vice ; qui n'est ni abattu ni enorgueilli par les événements ; qui dédaigne tout ce qu'il n'est ni le maître de se procurer, ni le maître de garder, et pour qui le mépris des voluptés est la volupté même. Voilà peut-être l'homme parfait ; mais l'homme parfait est-il l'homme de la nature ? »[1] En général, ajoute Diderot dans le même passage, la morale des stoïciens n'est qu'une « longue chaîne de sophismes ». Selon la pente du siècle finissant, il est pourtant lui-même à la recherche d'un néo-stoïcisme, et c'est pourquoi Sénèque l'attire : le philosophe romain lui offre l'exemple exceptionnel d'un stoïcien qui a su rester un homme comme les autres. A la vérité Sénèque ressemble beaucoup à Jacques : « Je ne crois pas, écrit encore Diderot, qu'il y eût d'homme moins disposé par caractère à la philosophie stoïcienne que Sénèque, doux, humain, bienfaisant, tendre, compatissant. Il n'était stoïcien que par la tête : aussi à tout moment son cœur l'emporte-t-il hors de l'école de

1. *Œuvres complètes* de Diderot, DPV, XXV, p. 319-320.

Zénon. »[1] C'est que le cœur, comme le corps, est dans la nature : l'orgueil stoïcien oublie cette vérité élémentaire.

Le vrai Philosophe n'a pas la prétention d'être un ascète, un héros ou un saint. Il est un homme, non un surhomme. Selon Diderot et Jacques, la vraie sagesse consiste à accepter ce que l'on est. Le Maître « se laisse exister » (p. 515) ; le philosophe Jacques ne se comporte pas autrement, lui qui a l'habitude d'obéir à son cheval et aux circonstances (p. 520). Mais parce que cette acceptation est clairvoyante elle n'est pas pure passivité. Automate aveugle, le Maître est passif. Automate conscient Jacques devient homme d'action quand les circonstances le veulent. Dès les premières pages du roman la scène de l'auberge mal famée manifeste sa présence d'esprit et son énergie. Il faut rattacher l'épisode au thème de la bienfaisance, dont Roger Laufer a montré la place qu'il occupe dans l'ouvrage. Le Philosophe n'est pas plus indifférent au bien et au mal qu'à la vérité et à l'erreur. L'auteur le précise à propos de Jacques : « Il se mettait en colère contre l'homme injuste ; et quand on lui objectait qu'il ressemblait au chien qui mord la pierre qui l'a frappé – Nenni, disait-il, la pierre mordue par le chien ne se corrige pas ; l'homme injuste est modifié par la pierre » (p. 671). La réaction du justicier, celle de l'éducateur devient un maillon supplémentaire de la chaîne des causes et des effets. C'est là chez Diderot une idée ancienne et à laquelle il ne renonce pas dans sa vieillesse, bien qu'il soutienne en 1773 contre Helvétius que le pouvoir de l'éducation – entendons, au sens large, l'influence du milieu – est limité. Dans un monde nécessaire et dont le sens nous échappe l'initiative humaine est nécessairement bornée entre d'étroites limites. L'action est aussi relative que la connaissance. Mais le besoin d'agir et le désir de savoir sont également inscrits dans la nature. De même que l'esprit a au moins une prise partielle sur les choses, de même l'homme peut infléchir les déterminations qu'il subit. Diderot

1. *Ibid.*, p. 286.

145

retrouve la sage distinction stoïcienne entre ce qui dépend de nous et ce qui n'en dépend pas. Et c'est pourquoi le problème politique le hante dans les dernières années de sa vie : « Faut-il être l'homme de tous les temps ou l'homme de son siècle ? »[1]. A la fois philosophe et homme d'action, Sénèque a tenté de concilier difficilement les deux termes de l'alternative et Diderot l'admire pour ce qu'on lui reproche habituellement, pour le courage qu'il a eu de se compromettre auprès de Néron. Il est bon que les princes aient à leur côté des Sénèque, des Turgot ou des Necker. Cette conviction ultime de Diderot ne s'exprime pas directement dans *Jacques le Fataliste* mais elle n'en est pas absente : si Jacques ne devient pas homme d'État (pas plus que Diderot) il unit l'action à la pensée, et la pensée chez lui devient action lorsqu'il s'emploie à répandre les Lumières autour de lui.

Naguère le philosophe du *Neveu de Rameau* ne voyait d'autre moyen d'éviter l'avilissante pantomime devant les puissants que de se réfugier, moderne Diogène, dans un tonneau. La retraite active de Jacques a un tout autre sens. D'un dénouement à l'autre Diderot passe de la tentation cynique à un néo-stoïcisme militant, qui donne aux dernières années de sa vie leur coloration et leur unité. L'aspect le plus personnel de cette conversion est peut-être qu'elle se fasse dans la bonne humeur. Nous sommes bien loin de la misanthropie, de l'humeur atrabilaire auxquelles dans ces mêmes années d'Holbach cède de plus en plus. *Jacques le Fataliste* nous conserve l'image d'un Diderot *résigné,* comme dit Jacques, à sa condition d'homme mais sans passivité et sans aigreur. Cet équilibre et cette maîtrise s'expriment dans une œuvre cohérente et forte où le fatalisme appelait la fantaisie. Dans ce livre lucide et tonique, tonique parce que lucide, l'humour libérateur du romancier est la revanche de l'homme et du philosophe sur le destin.

1. *Ibid.,* p. 325.

Diderot conteur (1) :
la subversion du conte moral[*]

« Et puis il y a trois sortes de contes [...] Il y en a bien davantage, me direz-vous [...] A la bonne heure [...] Mais je distingue [...] »[1].

En 1770 le conteur des *Deux amis de Bourbonne* a également pris conscience de la richesse du genre et de la difficulté à le définir. Le temps est loin où l'*Encyclopédie* retenait comme référence unique le conte à la manière de La Fontaine : « récit fabuleux », sans unité de temps, d'action ni de lieu et dont le but « est moins d'instruire que d'amuser »[2]. Mais la classification tripartite désormais proposée – conte « merveilleux », « plaisant » ou « historique » – demeure en deçà de la pratique multiforme du conte chez les prédécesseurs immédiats et les contemporains de Diderot, et elle ne donne qu'une idée très approximative de ce que va être sa propre pratique. Indépendamment de l'inclassable trilogie de 1772[3] l'historien d'aujourd'hui serait enclin à distinguer

---

* Première publication dans *Diderot : il politico, il filosofo, Co scrittore,* a cura di Alfredo Mango, Milano, Franco Angeli, 1986.
1. *Les Deux amis de Bourbonne, in* D. Diderot, *Quatre contes,* édit. critique avec notes et lexique par J. Proust, Genève, Droz, 1964, p. 65. (J'ai également tiré profit des *Contes et entretiens* présentés par Lucette Perol, Paris, Garnier-Flammarion, 1977).
2. Art. Conte (1753). L'article est de Diderot.
3. *Ceci n'est pas un conte, Histoire de Madame de La Carlière, Supplément au voyage de Bouganville.* Sur l'unité de ce triptyque voir ci-dessous.

au XVIIIᵉ siècle non pas trois sortes de contes, mais au moins quatre : le conte « merveilleux », oriental ou féerique, récit de divertissement ou d'évasion où le conteur joue avec l'irrationnel, au risque parfois de s'y brûler ; le conte « libertin » de Voisenon ou de Caylus, qui mérite l'adjectif aussi bien par son contenu érotique et satirique que par sa forme désinvolte ; le conte philosophique à la Voltaire, dont l'ironie n'exprime pas seulement un scepticisme superficiel, mais une profonde inquiétude métaphysique (en 1770, comment Diderot classait-il *Candide*?) ; enfin le conte « moral » mis à la mode par Marmontel grâce au *Mercure* à partir de 1755[1]. Il est surprenant que Diderot ici n'en parle pas. *Le Bon mari, La Bonne mère, La Bergère des Alpes* ne relèvent certes ni du genre « merveilleux » ni du genre « plaisant ». Faut-il les ranger dans la rubrique du conte « historique » ? Marmontel fait parfois semblant d'y représenter la vie de tous les jours, mais cette représentation est si conventionnelle et idyllique qu'on en vient à lui préférer le mensonge avoué de la pastorale[2]. Or notre réaction à tant d'artifice semble avoir été celle de Diderot : certains manuscrits ajoutent le nom de Marmontel à ceux de Scarron et de Cer-

---

1. Les douze contes moraux publiés dans le *Mercure* de 1755 à 1759 deviennent quinze dans la première édition en volume (1761), dix-huit dans la seconde (même année), vingt-trois dans la troisième (1765). *L'Amitié à l'épreuve* est l'un des cinq contes supplémentaires de cette réédition. Rééditions, adaptations scéniques et musicales, traductions étrangères témoignent de leur succès, de même que la nouvelle série donnée, au *Mercure* encore, en 1790-1792 : treize contes, qui seront dix-sept à la publication en 1801 des *Nouveaux contes moraux*, et dix-neuf dans les *Œuvres posthumes* de 1806. Voir S. Lenel, *Un homme de lettres au XVIIIᵉ siècle : Marmontel*, Paris, 1902, ainsi que les articles de J. Sgard, M. Desfourneaux et J. Szauder dans *De l'Encyclopédie à la Contre-Révolution : Jean-François Marmontel (1723-1799)*, Clermont-Ferrand, G. de Bussac, 1970. – Précisons toutefois que Marmontel n'est pas l'inventeur de l'expression de « conte moral », qui accompagnait déjà en 1740 – mais dans un tout autre sens – le titre du *Sopha* de Crébillon...
2. Voir J. Sgard, « Marmontel et la forme du conte moral », in *De l'Encyclopédie à la Contre-Révolution, op. cit.*, p. 229-237.

vantès comme exemples de conteurs « historiques »[1]. Que l'auteur ait finalement – et heureusement – corrigé son texte sur ce point nous éclaire sur ce qu'il pensait de l'invention du conte moral, genre faux parce que faussement réaliste. Mais la correction éclaire aussi la postface du conte. Ce sont bien Marmontel et ses émules qui sont visés quand le lecteur est renvoyé à l'art du portrait :

« Je dirai donc à nos conteurs historiques : vos figures sont belles, si vous voulez, mais il y manque la verrue à la tempe, la coupure à la lèvre, la marque de petite vérole à côté du nez qui les rendraient vraies. »[2]

Cette esthétique de la verrue est bien celle des grands portraitistes du temps de Diderot ; celle aussi de son ancien ami Jean-Jacques dans *La Nouvelle Héloïse*. Pas plus de verrue en revanche chez le fade Marmontel que de cicatrice sur la lèvre de Julie, dans le médaillon où Saint-Preux ne retrouve qu'une pâle image de sa maîtresse[3]. Lui arrive-t-il de traiter, à sa manière, le même thème que Diderot, cela donne *L'Amitié à l'épreuve*[4] : un conte « anglais » où les deux amis s'appellent Nelson et Blanford. Un marin, un député. Mais Marmontel était décidément voué au porte à faux par rapport à l'Histoire : dépourvu de tout génie prophétique, c'est le député qu'il dénomme Nelson... Quoi qu'il en soit, Blanford, au moment d'embarquer, confie à celui-ci la jeune Coraly, une orpheline indienne qu'il a recueillie et qu'il projette d'épouser à son retour. L'inévitable survient : l'amour surprend l'amitié. Mais plutôt le malheur que la trahison ! Héroïque pour lui-même, Nelson persuade Coraly de respecter elle aussi son « devoir ». Une fois rentré, Blanford

1. *Les Deux amis de Bourbonne, op. cit.,* p. 66. Voir aussi la Notice préliminaire de J. Proust, p. 46-47.
2. *Ibid.,* p. 67.
3. Voir ci-dessus, *Le corps de Julie.*
4. Il est plausible que Diderot ait lu *L'Amitié à l'épreuve* (1765), mais nous n'en avons aucune certitude.

presse le mariage prévu sans se douter de rien, jusqu'au moment où – à la dernière minute – il comprend soudain toute la vérité : c'est lui qui s'effacera, donnant Coraly à Nelson... Voilà donc la vertu récompensée, comme il convenait. Quant au sacrifice de Blanford, il est trop immédiat pour que le lecteur le prenne au tragique. Dans l'univers édifiant du conte moral il n'existe jamais de vrai conflit ; toutes les difficultés s'y résolvent d'elles-mêmes : il y suffit de la bonne volonté des uns et des autres.

Le conte « historique » tel que le voudrait Diderot, et tel qu'il le pratique dans Les Deux amis de Bourbonne n'est-il pas l'exact contre-pied du conte « moral », la réponse de la réalité à une idéalisation trompeuse, de la lucidité à l'illusion volontaire, de la vérité à l'erreur ou au mensonge ? Largement fondée[1], cette interprétation ne suffit cependant pas à rendre compte des rapports entre les deux formes, relations plus complexes qu'un simple et évident rapport d'opposition. En composant son propre récit Diderot ne se borne pas à contredire le conte moral, il le subvertit, de l'intérieur. C'est ce que montre la comparaison entre le conte des Deux amis de Bourbonne et leur source directe, Les Deux amis de Saint-Lambert : une source identifiée depuis longtemps[2], mais peut-être encore insuffisamment analysée.

Tolho et Mouza sont deux jeunes Iroquois unis dès l'enfance par la plus tendre amitié : une amitié qu'ils ont consacrée, selon l'usage de leur peuple, en devenant le « Manitou » l'un de l'autre. Or voici qu'à dix-huit ans ils se découvrent également sensibles aux « agaceries » de la

---

1. Voir l'introduction de J. Proust aux *Quatre contes, op. cit.,* p. LVI et *sq.*
2. Voir E. G. Geary, « The composition and publication of *Les Deux amis de Bourbonne* », in *Diderot Studies,* I, 1949, p. 27-45. Rappelons également que le mois de janvier 1770 avait vu la création à la Comédie Française du drame de Beaumarchais intitulé lui aussi *Les Deux amis.* La même année Sellier de Moranville donne les trois premiers volumes de son roman, *Les Deux amis ou le comte de Méralbi.*

jeune Érimé. Trouble, silence, tristesse... En vain les deux jeunes gens cherchent-ils un dérivatif dans la chasse; en vain s'efforcent-ils de surmonter les passions en rivalisant d'héroïsme. La seule issue au conflit de l'amitié et de l'amour est finalement le partage. Le vieux Cheriko, sage vieillard, persuade Érimé d'accepter celui-ci. Qui cependant aura droit avec elle à la première nuit? La question suscite un nouveau concours de générosité auquel Cheriko met fin en désignant Mouza. Tandis que celle-ci goûte dans les bras d'Érimé les joies les plus tendres, Tolho est malgré lui pénétré d'une douleur et d'une jalousie qui ne s'apaisent qu'au lever du soleil. Le soir suivant la situation est bien entendu inversée: c'est à Mouza de souffrir, jusqu'au moment où la beauté de la nuit et les exhortations du vieillard apaisent ses tourments en une douce mélancolie qui n'est pas sans charme. A ce sentiment nouveau les héros devront un bonheur durable: à peine pimentée d'une légère jalousie, leur passion finira par tourner à la plus sereine amitié[1].

Malgré son artifice et ses poncifs ce conte ne laisse pas le lecteur d'aujourd'hui tout à fait indifférent. Les Iroquois de Saint-Lambert ne sont pas aussi faux que les Anglais de Marmontel. En quelques passages au moins la prose exotique du poète des *Saisons* atteint à une qualité poétique à laquelle la chronologie assigne sa juste place: entre l'harmonie un peu molle du *Télémaque* et la symphonie américaine de Chateaubriand. En troisième lieu la personnalité intellectuelle du «militaire philosophe» qu'est l'encyclopédiste Saint-Lambert s'affirme dans un goût du paradoxe à peu près étranger au prudent Marmontel: la bigamie d'Érimé, en un «ménage à trois» encore plus insolite que celui de *La Nouvelle Héloïse*, n'est-elle pas un défi à la morale convenue? Bien plus, la fiction des *Deux amis* se prête à une double lec-

---

1. Saint-Lambert, *Œuvres*, nouv. éd., Paris, chez de Pélafol, 1822 (2 vol.). *Les Deux amis* occupent les p. 108-151 du second tome.

ture : tandis que l'exotisme du décor et des mœurs apporte le plaisir du dépaysement, le récit peut se lire comme une véritable allégorie philosophique, chargée – sinon surchargée – de thèmes clés de la pensée des Lumières. Énumérons-en quelques-uns :

1 / Le thème de la liberté naturelle : « Dans la guerre, ils obéissent volontairement à des chefs ; dans la paix ils n'obéissent à personne » (p. 108).

2 / Le contrat social, fondé sur l'intérêt bien compris et sanctionné par le serment : ainsi les familles iroquoises trouvent la sécurité dans une libre association (p. 109).

3 / L'amitié, sentiment stable où se concilient les élans du cœur et les exigences de la raison, thème en accord avec le néo-stoïcisme diffus de la seconde moitié du siècle et qui trouve sa meilleure illustration dans le tableau de Poussin, cher à Diderot, du *Testament d'Eudamidas*.

4 / L'héroïsme et la maîtrise de soi : « Femmes, enfants, guerriers d'Aoutan, – s'écrie Mouza prisonnier – vous prolongez mes supplices, et je chanterai ma douleur » (p. 138). Ainsi le sauvage du *Rêve de d'Alembert* chante-t-il au milieu des flammes »[1].

5 / Un stoïcisme à la mesure de l'homme, le « stoïcisme mitigé » que vantera en 1778 l'*Essai sur Sénèque*, non le stoïcisme rigide de Zénon. « Pouvons-nous nous croire des hommes, si nous restons les esclaves de l'amour ? », interroge douloureusement Tolho (p. 124), mais la sensibilité a ses droits et ne les laisse pas oublier, la passion ne cède pas au seul effort de la volonté, il y faut le temps et un compromis raisonnable.

6 / L'hédonisme d'une vertu où se mire et s'admire délicieusement la bonne conscience : « Pendant ce récit, Tolho versait des larmes d'attendrissement et d'admi-

---

1. *Le Rêve de d'Alembert*, in Diderot, *Œuvres philosophiques*, éd. P. Vernière, Classiques Garnier, 1961, p. 350.

ration; il jouissait des vertus de son ami et du plaisir de l'avoir délivré (p. 138)[1].

7 / La liberté sexuelle, affranchie des contraintes chrétiennes du couple conjugal, mais limitée par un sens très bourgeois de l'épargne; comme s'ils connaissaient les préceptes du Dr Tissot, les Iroquois savent qu'avant l'âge de vingt ans «les plaisirs de l'amour énervent le corps et affaiblissent le courage» (p. 113). Ainsi dans la libre Tahiti du *Supplément au voyage de Bougainville* les garçons restent-ils astreints à la continence «deux ou trois ans au-delà de la puberté»[2].

8 / La soumission de la femme aux désirs du mâle. Si les filles iroquoises ont «peu de retenue» (p. 113), les femmes sont des compagnes exemplaires : «l'heureuse Érimé fut toujours vigilante, douce, attentive, laborieuse, et le modèle de la fidélité conjugale» (p. 151). Ainsi la femme et les trois filles d'Orou se plient-elles docilement aux lois de l'hospitalité tahitienne[3].

9 / L'expression spontanée des passions par le cri et la pantomime, comme dans les tableaux vivants de la comédie sérieuse et de la tragédie bourgeoise : «Les sauvages parlent peu, parce qu'ils ont peu d'opinions et que ces opinions sont les mêmes; mais ils ont un sentiment vif et ils l'expriment fréquemment par des exclamations et des gestes» (p. 115).

Lorsque Diderot s'amuse à mystifier Naigeon en réécrivant à sa façon le conte de Saint-Lambert, ce ne peut donc être seulement par réaction de rejet, mais aussi dans un climat de complicité. C'est sur fond de connivence que s'exerce son esprit critique. Écrit pour des familiers des deux auteurs, le récit des *Deux amis de Bourbonne* est un

1. A rapprocher, par exemple, de l'aphorisme du *Fils naturel* (acte IV, scène III) : «Rien ne captive plus fortement que l'exemple de la vertu, pas même l'exemple du vice».
2. Diderot, *Œuvres philosophiques, op. cit.,* p. 487.
3. *Ibid.,* p. 475.

texte codé. Un jeu subtil de références positives ou négatives, un réseau de rappels et d'oppositions permettent d'y retrouver le « conte iroquois », bien présent et méthodiquement dénaturé. Ce travail sur le texte de Saint-Lambert se lit dès le préambule. « Ils étaient nés le même jour, dans la même maison, et des deux sœurs » (Diderot) renvoie, en renchérissant sur le texte de Saint-Lambert, à « Tolho et Mouza, deux jeunes iroquois du village d'Ontaïo, étaient nés le même jour, dans deux cabanes voisines ». De même « Ils avaient été élevés ensemble » rappelle le « ils passaient leurs jours ensemble » du premier récit. En revanche le vigoureux « ici » de la phrase liminaire de Diderot, substitué après un très classique « Il y avait » au traditionnel « une fois », situe le lieu de l'action et aussi celui de la narration d'une manière dont la précision contraste avec la topographie indéterminée du conte de Saint-Lambert : « Les Iroquois habitent entre le fleuve Saint-Laurent et l'Ohio » : des centaines de kilomètres séparent les deux fleuves américains là où ils sont les plus proches, et cette distance est multipliée pour le lecteur (beaucoup plus encore au XVIIIe siècle que de nos jours) par celle qui sépare l'Europe de l'Amérique. L'indication a donc plus une valeur poétique qu'une fonction géographique. Saint-Lambert joue sur la poésie de l'éloignement ; Diderot choisit la prose du fait divers. Le premier situe l'action de son récit dans un espace et un passé aussi lointains que flous. Le « ici » de Diderot appelle au contraire un « maintenant » dont l'équivalent surgit quelques pages plus loin avec l'irruption du narrateur dans sa narration : « Un soir que nous allions à la promenade. » La rencontre de la veuve d'Olivier confirme ce qu'indiquaient la référence à la bataille d'Hastenbeck (1757) et l'allusion à la Commission de Reims « où préside un nommé Coleau » : l'histoire racontée précède de peu d'années le moment du récit. L'impression de proximité est du reste immédiatement renforcée par le rôle actif prêté dans la reconstitution des faits, par l'intermédiaire du subdélégué Aubert, au narrateur et à ses amis. Ce «conte histo-rique» est bien une histoire contemporaine[1].

Dans le détail des deux contes l'opposition s'accentue de la façon la plus logique. Bourbonne, Reims, la milice, les contrebandiers, le juge Coleau, les charbonniers, la misère... Autant de signes d'authenticité et de précisions vérifiables : « On n'invente pas ces choses-là. » Nous voici loin de la convention sociale du conte à la Marmontel ; loin aussi de l'utilisation ambiguë que fait Saint-Lambert de sa documentation ethnologique, sur fond d'idylle. Alors que les héros de Diderot sont écrasés du poids de leur pauvreté, à Ontaïo la vie matérielle ne pèse pas. Certes les deux récits, dans leur développement, se ren-contrent plus d'une fois : Olivier sauve son ami de la noyade qui avait menacé Mouza et Tolho[2] ; Félix prison-nier de Coleau rappelle Mouza attaché au poteau de tor-ture : le combat héroïque de Félix et du charbonnier contre la maréchaussée, à deux contre vingt, amplifie la victoire des deux jeunes Iroquois sur « sept à huit Outaouais »[3]. Mais le véritable pendant du conte indien est la seule histoire d'Olivier : moins de quatre pages pour plus de quarante. C'est que les sauvages de la forêt de Bourbonne sont moins bavards que leurs homologues américains. Oubliant ce qu'il nous dit du caractère taci-turne des Iroquois, Saint-Lambert nous montre ses héros intarissables : « Ils parlèrent encore longtemps de leur pas-sion et se peignaient en détail la manière dont ils la sen-taient ». Dans Les Deux amis de Bourbonne la rapidité du

---

1. Même intrusion du présent dans le passé un peu plus loin, à propos de M. de Rançonnières : « Il se mit à jouer avec les enfants, qui sont jolis. »
2. Dans le « conte iroquois » le thème de la noyade apparaît deux fois : ils échappent ensemble au Saint-Laurent, non loin de la cascade du Niagara (p. 116) ; plus tard Mouza empêche Tolho de se précipiter dans le fleuve (p. 126).
3. Op. cit., p. 129.

récit va au contraire de pair avec le quasi-mutisme des protagonistes[1] :

« Ils s'aimaient comme on existe, comme on vit, sans s'en douter ; ils le sentaient à tout moment, et ils ne se l'étaient peut-être jamais dit. »[2]

Toute la matière des *Deux amis* tient même chez Diderot en quelques lignes :

« Au bout de quelque temps de séjour au pays, ils aimèrent, et le hasard voulut que ce fût la même fille. Il n'y eut entre eux aucune rivalité ; le premier qui s'aperçut de la passion de son ami, se retira. Ce fut Félix. Olivier épousa. »[3]

Telle est l'abnégation spontanée, et sans phrases, d'une *amitié animale* : comme il convient à des êtres frustes qui sont dans la société policée de véritables primitifs. Ainsi Félix, désespéré par la mort d'Olivier, exprime-t-il sa détresse non par des discours, mais par des phrases entrecoupées, des soupirs, des gestes frénétiques ; ainsi se roule-t-il à terre, comme Philoctète à l'entrée de sa caverne[4]. S'il est vrai « qu'il ne faut pas aller jusque chez les Iroquois pour trouver deux amis »[5], il n'est pas d'Iroquois qu'en Amérique.

Helvétius l'avait écrit en 1758 : « Les infortunés sont en général les amis les plus tendres. » En effet, disait-il, « l'amitié suppose un besoin ; plus ce besoin sera vif, plus l'amitié sera forte »[6]. Et d'expliquer comment l'amitié est peu compatible avec le gouvernement monarchique moderne – sous lequel « on a moins besoin d'amis que de protecteurs » – encore moins avec la richesse et la puissance[7]. Cependant le financier philosophe, peu familier du

---

1. *Ibid.*, p. 122.
2. *Op. cit.*, p. 51.
3. *Ibid.*
4. *Ibid.*, p. 58. A rapprocher du second des *Entretiens sur le Fils Naturel* (*Œuvres esthétiques, op. cit.,* p. 120).
5. *Op. cit.*, p. 53.
6. *De l'Esprit*, Discours III, chap. XIV, *De l'Amitié* (éd. François Châtelet, « Marabout Université », Verviers, 1973, p. 284 et p. 282.
7. *Ibid.*, p. 284 et 285.

petit peuple, s'arrêtait à mi-chemin de cette analyse : ce n'est pas aux plus basses classes de la société qu'il réservait la véritable amitié, mais à une élite d'hommes éclairés et flegmatiques[1]. Si les derniers mots du conte renvoient au livre *De l'Esprit*, sa morale explicite est plus originale et plus conséquente : « concluez qu'en général il ne peut guère y avoir d'amitiés entières et solides qu'entre des hommes qui n'ont rien »[2]. Entendons que les « gueux » ne sont pas dénaturés par l'esprit de propriété : en cela ils ressemblent à la fois aux Iroquois de Saint-Lambert et aux Tahitiens du *Supplément*. Mais à Bourbonne, en une année de crise agricole et de misère rurale, Diderot est peu enclin à rêver. La réalité du malheur des pauvres se rappelle trop cruellement à lui pour qu'il se complaise dans le mirage de l'idylle ou dans l'artifice de l'utopie. Son conte est un retour au concret, une sorte d'expérience mentale : prenez deux sauvages, transportez-les dans la Champagne d'aujourd'hui. Alors la vérité apparaît : que les sentiments les plus nobles, l'amitié la plus rare, peuvent bien se rencontrer chez les êtres les plus grossiers, mais que l'amitié des gueux, comme les gueux eux-mêmes, est prédestinée au malheur. Des *Deux amis* aux *Deux amis de Bourbonne* un optimisme trop facile se mue en pessimisme critique. L'amitié est une valeur aussi précieuse pour Diderot que pour Saint-Lambert, Helvétius ou Marmontel. Comme les

1. *Ibid.,* p. 285 : « Il est en effet des hommes exempts de toute ambition, de toutes passions fortes, et qui font leurs délices de la conversation des gens instruits. Dans nos mœurs actuelles, les hommes de cette espèce, s'ils sont vertueux, sont les amis les plus tendres et les plus constants ». Commentant le livre *De l'Homme*, peu d'années après la rédaction des *Deux amis de Bourbonne* et à peine plus d'un an après la publication du conte avec la traduction française des *Idylles* de Gessner, Diderot interpelle vigoureusement le disparu (Helvétius était mort dans l'intervalle, le 26 décembre 1771) à propos de son paradoxe sur le bonheur de l'ouvrier : « Enfin, Helvétius, lequel des deux aimeriez-vous mieux être, en courtisan ou scieur de pierre ? » (*Œuvres complètes*, éd. R. Lewinter, Paris, Club français du livre, t. II, 1971, p. 625.
2. *Op. cit.,* p. 68.

157

autres thèmes idéologiques qui sous-tendent la fiction iroquoise elle est pour lui aussi un acquis du *credo* philosophique. Mais au lieu d'en donner à son tour l'allégorie il préfère s'interroger sur les chances qu'elle a de s'incarner dans la société moderne. De cette incarnation paradoxale son conte de gueux nous dit à la fois la vie intense et la précarité désespérée.

Encore est-il prudent, avec Diderot, de ne pas toujours prendre le dernier mot du texte pour le véritable mot de la fin. C'est en 1770 également que la *Correspondance littéraire* publie ce qui deviendra douze ans plus tard la « Préface annexe » de *La Religieuse*, contrepoint humoristique au plus pathétique des romans... Ce simple rapprochement chronologique doit nous rappeler que *Les Deux amis de Bourbonne* sont aussi une mystification et nous mettre en garde contre un conteur diabolique qui a plus d'un tour dans son sac. Sans doute le pessimisme du conte semble-t-il inexorablement inscrit dans sa structure. Celui de Saint-Lambert, narration linéaire à la troisième personne, est d'une seule coulée : l'histoire de Tolho et celle de Mouza sont d'un bout à l'autre la même histoire. Ici nous avons deux histoires successives et l'on ne peut se tromper sur le sens de ce choix narratif, contrepoint désolé à la reprise du mot clé, *ensemble*, déjà signalée : la vie réelle sépare ceux que l'amitié d'enfance avait unis. Un sourire d'ironie ne perce-t-il cependant pas en quelques points de cette fiction si tristement démonstrative ? Après la mort d'Olivier le rapport de Félix aux deux veuves – un homme, deux femmes – reprend en l'inversant celui d'Érimé à Tolho et Mouza – une femme, deux hommes : il n'est pas sûr que la symétrie soit innocente et l'on peut y voir, sans forcer le texte, la discrète parodie d'un paradoxe. Les témoignages contradictoires du subdélégué et du curé Papin, même inégalement convaincants, préfigurent la question maîtresse des dernières années de Diderot : sont-ils bons ? sont-ils méchants ? La réponse à la « curiosité si simple » du « petit frère » désireux de connaître le sort de Félix[1] est plutôt propre à le dérouter qu'à l'éclairer. On commence par le rassurer :

« Le nommé Félix vit encore »[2]. Puis on feint de le laisser sur une note mélancolique de grisaille et de médiocrité : c'est le surnom du *Triste* donné à l'exilé, garde du roi de Prusse, « aimé de ses camarades, et même connu du roi », du moins s'il faut en croire la rumeur publique dont le subdélégué se fait l'écho[3]. Enfin le narrateur reprend directement la parole pour informer le « petit frère » Naigeon d'un événement indéterminé et qui n'existe vraiment que par ses conséquences : « Félix mourut ; et la pauvre femme aurait péri de misère avec ses enfants, si... »[4]. Admettons que l'ancien contrebandier soit plus sûrement mort que le capitaine de Jacques : nous n'en saurons pas plus sur les circonstances de sa fin que sur celles de sa seconde évasion. Celle-ci avait-elle été aussi romanesque que le lecteur aurait aimé le croire ? Prudemment, le subdélégué vient d'ajouter : « Si cela n'est pas vrai, c'est du moins l'opinion publique. »[5] Ainsi assisterons-nous à la délivrance de Jacques par la troupe de Mandrin, mais après que le narrateur ait inquiété notre sens critique en feignant de contester, puis de confirmer, sur ce point les prétendus mémoires en sa possession.

À ce jeu sur l'incertitude s'ajoute une invraisemblance si énorme qu'il est impossible de ne pas la croire délibérée... et que personne, je crois, ne l'a jamais vue ! Comment « la femme d'Olivier » peut-elle avoir « quatre petits enfants à ses pieds » quand les promeneurs de Bourbonne l'aperçoivent devant sa chaumière (p. 53), alors qu'elle a pu donner « un garçon de dix-sept à dix-huit ans » en mariage à la fille de la charbonnière (p. 59) ? Il suffit de poser la question pour que cet écart d'âge apparaisse d'autant moins compréhensible qu'il est des plus élastiques : dix ou quinze ans

---

1. *Ibid.,* p. 54.
2. *Ibid.* L'information vient du subdélégué : le narrateur s'efface derrière le témoignage.
3. *Ibid.,* p. 63. Ici l'information n'est donc plus donnée au second degré, mais au troisième : « On dit qu'il y est aimé... »
4. *Ibid.,* p. 65.
5. *Ibid.,* p. 63.

peut-être si l'on se borne à rapprocher ces deux passages ; sensiblement plus si l'on tient compte du temps qui s'est écoulé entre l'union des deux familles et la rencontre de la veuve par le narrateur[1]. A moins de soupçonner la première d'infidélité à la mémoire de son mari, il faudrait admettre qu'elle avait connu avec lui, avant son veuvage, de longues années de vie conjugale, ce que l'extrême concision de l'histoire d'Olivier ne suggère vraiment pas... Et puis, il est difficile de superposer la silhouette de la «grande femme debout» et dominant ses petits de sa haute taille (p. 53) et l'image finale de «la pauvre femme» encore au travail «malgré son grand âge» et nécessairement courbée par la vieillesse et la fatigue (p. 65). Expliquerons-nous ces incohérences par l'histoire de la rédaction ? Même s'il est vrai que «les contes de Diderot [...] ne sont pas des machines construites selon un plan préétabli [mais] des organismes qui se développent de manière à la fois nécessaire et imprévisible»[2], ce serait faire bon marché de la lucidité du conteur ou de sa conscience artistique que d'imaginer qu'il ait pu ne pas les apercevoir ou, les ayant vues, avoir simplement négligé de les corriger. Comprenons-les plutôt comme un piège tendu au lecteur naïf, un sourire de malice et de complicité pour le «suffisant lecteur» capable de compatir à la triste histoire qui lui est contée tout en gardant la tête froide et l'esprit critique éveillé[3].

---

1. «Les deux demeurèrent ensemble (...) Il y a à peu près un an et demi que la charbonnière est morte» (*ibid.*, p. 59).
2. Voir l'introduction de J. Proust, *op. cit.*, p. XLII-XLIV.
3. Ce développement n'épuise pas la liste des invraisemblances ou des contradictions du récit. Comment concilier deux propos sur la situation économique de la veuve d'Olivier («Nous avons parlé d'elle, et j'espère que notre recommandation ne lui aura pas été inutile» (p. 53) et «la pauvre femme aurait péri de misère avec ses enfants si elle ne s'était réfugiée dans la forêt» (p. 65)) ? Avec le personnage intempestif du fils de dix-huit ans, tout cela n'est-il pas un signe adressé au lecteur ? Mais s'il est vrai que Diderot s'amuse à contester son propre récit, cessons de parler de son «réalisme» comme si nous avions affaire à un Maupassant du XVIIIe siècle.

Tandis que le « conte iroquois » voulait parler à la sensibilité, tandis qu'il invitait ses lecteurs à admirer et à s'émouvoir, au premier degré, le conte de Diderot appelle à la fois à l'émotion et à la réflexion. Cette double finalité est la raison d'être de sa structure complexe, si éloignée de celle des *Deux amis*. La différence des techniques ne renvoie pourtant pas, nous l'avons vu, à une incompatibilité idéologique. Tous deux philosophes, Saint-Lambert et Diderot ont en commun tout un lot de solides convictions. Mais ils ne les expriment pas de la même manière. Celle de Saint-Lambert est didactique : il s'agit d'énoncer et d'illustrer un ensemble de valeurs positives, implicitement opposées aux fausses valeurs de la société européenne. La forme édifiante du conte moral, qui suppose une distinction tranchée du vrai et du faux, répondait parfaitement à cette intention et l'auteur, bien mieux que Marmontel, en tire le meilleur parti. Diderot, lui, s'amuse à brouiller les lignes : le vrai devient problématique. La subversion du conte moral par l'humour correspond à une attitude interrogative : celle d'une œuvre écrite en marge, comme la *Réfutation* dans la marge d'Helvétius et l'*Essai* de 1778 dans celle de Sénèque. Décidément dans l'œuvre de Diderot comme dans sa vision de la nature « tout est lié ».

Diderot conteur (2) :
l'art de déplacer la question[*]

Trop rares sont les éditions de Diderot qui réunissent dans un même ensemble *Ceci n'est pas un conte, Madame de la Carlière* et le *Supplément au Voyage de Bougainville*[1]. L'intention de former de ces trois textes une trilogie analogue à celle du *Rêve de d'Alembert* n'est pourtant pas douteuse. Elle se marque dans leur publication en feuilleton par la *Correspondance littéraire* d'avril 1773 à avril 1774, et l'éditeur l'y souligne dans son avertissement liminaire : « Le conte qu'on va lire est de M. Diderot, il sera suivi de plusieurs autres du même auteur. On ne verra qu'à la fin du dernier la morale et le but secret qu'il s'est proposé »[2]. Dans la lettre même des trois œuvres plusieurs éléments assurent l'unité formelle de la trilogie. Le *Supplément* se termine sur une mention explicite des héros des deux pre-

[*] Première publication dans *Coloqnio internacional Diderot*, Universitaria Editora, Lisboa, 1987.
1. Signalons de ce point de vue l'intérêt de deux publications du « Livre de Poche » : *Le Neveu de Rameau et autres textes*, postface de Jacques Proust, Paris, 1972, et *Le Neveu de Rameau. Satires, Contes. Entretiens*, éd. établie et commentée par Jacques et Anne-Marie Chouillet, Paris, 1984. Nos références renvoient à cette dernière édition.
2. Texte cité par A.-M. et J. Chouillet, *op. cit.,* p. 204, qui le rapprochent justement des indications données par deux lettres de Diderot à Grimm (23 septembre et 7 octobre 1772).

miers : La Reymer, Gardeil, Tanié, Mademoiselle de la Chaux, Desroches et Madame de la Carlière (p. 310). Le dialogue par lequel il s'ouvre fait allusion à la « superbe voûte étoilée » que nous avions vu se former dans les dernières lignes du conte précédent (p. 261 et 259) et situe avec précision la chronologie : une nuit seulement sépare les deux récits. Unité de temps, unité de lieu, à peu de choses près : il n'y a pas loin de l'appartement où sont narrées les deux premières « historiettes » au décor de la promenade évoquée au début de *Madame de la Carlière* (p. 233-234) et que les interlocuteurs du *Supplément* aspirent à reprendre (p. 311). Quant au salon où est mélancoliquement apparue la solitude de Desroches (p. 234 et 255), n'est-ce pas aussi le cadre de la soirée qui est l'objet des tout premiers propos de *Ceci n'est pas un conte* (p. 209) ? Enfin, et c'est sans doute plus important, si l'identification des deux interlocuteurs du second conte aux personnages A et B du *Supplément* s'impose de façon certaine, c'est bien à eux que nous avons déjà affaire dès le premier volet du triptyque. A cent pages de distance le « Toujours les femmes »... de B (p. 311) fait directement écho au « Elles pleurent toutes quand elles veulent » du partenaire bourru du premier narrateur (p. 213) ; des allusions répétées à d'anciennes déconvenues sentimentales du personnage (p. 217, 219, 243) éclairent son affectation de misogynie et peut-être aussi son besoin de dépaysement, marqué dans la « grande tournée » qui l'a jadis entraîné hors du royaume (p. 243) comme dans sa lecture si attentive du *Voyage* de Bougainville (p. 262)...

Tous ces indices, même complétés des évidentes affinités thématiques des trois textes, pourraient cependant ne signaler qu'une unité tout extérieure et un peu factice. L'essentiel est ailleurs : dans la manière personnelle dont Diderot combine ici la narration et le dialogue, dans la cohérence d'une structure dynamique, génératrice d'un fort mouvement de la pensée. Si tout a été écrit sur l'utilisation heuristique du dialogue par le Philosophe, et beaucoup sur l'originalité du conteur, il reste peut-être à dire sur ce que la seconde doit à la première, dans l'alliage intime de la recherche morale et de l'invention créatrice.

Après un double préambule la succession des deux récits de *Ceci n'est pas un conte* – le second deux fois et demie plus long que le premier – n'égale pas tout à fait en volume l'*Histoire de Madame de la Carlière*. Juxtaposés, les deux contes équivalent à peu près au *Supplément*, non sans laisser à celui-ci un léger avantage. Du déséquilibre maîtrisé naît le mouvement. L'ampleur croissante des composantes de l'ensemble traduit l'élan d'une pensée qui s'élargit et s'approfondit, sans toutefois prétendre épuiser les questions qu'elle se pose. Lancée dans le texte par une interrogation quelque peu paradoxale à cette place – «Et vous concluez de là?» (p. 209) – cette conversation dont le début nous manque s'interrompt à l'approche du dîner et de la promenade, le brouillard dissipé, sur un «je n'en sais rien» suivi d'un «Peut-être» (p. 311). Elle n'a donc en réalité ni commencement ni fin, évoquant en cela pour nous la désinvolture de *Jacques le Fataliste*, ce roman sans queue ni tête. Désinvolture calculée, savamment conduite, dans ce cas aussi? Le doute n'est guère permis si l'on analyse la structure étagée du texte, moins subtile que celle de *Jacques*[1], mais singulièrement plus complexe que dans la moyenne des contes du XVIIIe siècle. Trois niveaux textuels s'y superposent en effet, non sans fréquents passages de l'un à l'autre. Au niveau supérieur, le plus superficiel ou du moins le plus immédiatement visible pour le lecteur trop pressé, l'intrusion du dialogue dans ce récit ne relève pas seulement de la technique très classique par laquelle le conteur laisse ses personnages s'exprimer directement. Diderot conteur se souvient qu'il

1. Voir l'étude de Robert Mauzi qui a fait date dans la fortune critique du roman: «La parodie romanesque dans *Jacques le Fataliste*», *Diderot Studies*, VI, 1964. Voir également ci-dessus, p. 117-146.

est aussi homme de théâtre : le passage à la première personne répond de sa part à une recherche d'expressivité ; c'est pourquoi il s'accompagne parfois d'un effet de mise en scène, voire de la mutation du dialogue en monologue ; alors « tableau » et tirade unissent leurs capacités d'expression en vue de la plus forte intensité dramatique et pathétique. Le récit de la dernière entrevue de Gardeil et de Mlle de la Chaux relève avec une précision clinique qui rappelle celle de *La Religieuse* les symptômes du désespoir de la femme trahie : subite « pâleur mortelle » du visage, lèvres décolorées, sueur froide, larmes, mouvements convulsifs (p. 224-225). Ainsi porteur d'images, le récit débouche sur un dialogue tendu, lui-même riche de notations scéniques, jusqu'au geste théâtral du fichu arraché, qui dévoile la tache d'érésipèle où se lit symboliquement l'infamie de Gardeil (p. 226). Plus fortes encore, dans *Madame de la Carlière*, les deux scènes symétriques du consentement et de la rupture, ou encore, dans le *Supplément*, l'épisode des *Adieux du vieillard*, puis le plaidoyer de Polly Baker. Mais s'agit-il seulement d'émouvoir ? Parlons plutôt d'un art à la fois inspiré et objectif : parce que Diderot entend et voit lui-même ses propres personnages, il se propose de les montrer et de les faire entendre. Ainsi laisse-t-il au lecteur, en appelant sa participation affective, sa pleine liberté de jugement.

Est-ce parce que le classique récit à la troisième personne impose au contraire au lecteur, sous une apparence de neutralité, le point de vue univoque du narrateur que ce pur récit est si peu présent dans la trilogie ? Toujours est-il que, réduite à de brefs passages, la narration ne parvient jamais à prendre son élan. Sans cesse elle est interrompue soit par la tendance de ses personnages à lui échapper pour vivre d'une vie autonome, celle-ci fût-elle aussi fragmentée que son propre cours, soit par la contrepartie que joue le partenaire du narrateur. Le second étage de notre construction à trois niveaux n'a donc qu'une stabilité précaire, constamment menacée. Or c'est à cet étage-là qu'aimerait se reposer le lecteur paresseux, habitué à tout attendre du narrateur. La pratique du récit éclaté l'oblige à s'essouffler en montées et descentes alternées – dans un incessant va-et-vient, d'autant plus fatigant qu'il est complètement imprévisible. Saine et savoureuse fatigue, en revanche, pour le « suffisant lecteur », celui qui ne s'est pas laissé duper par la fausse confidence du préambule de *Ceci n'est pas un conte* ! A-t-on été assez attentif à l'ambiguïté de ce titre ? En première approche il semble annoncer une ou des histoire(s) vraie(s) : le conte est mensonge. Mais peut-être récuse-t-il surtout des histoires trop simples et conteste-t-il le conte traditionnel autant dans sa forme que dans son contenu. Il n'est pas du tout sûr que l'introduction dans le texte d'un « lecteur » auditeur réponde à un souci d'illusion « réaliste » et la référence à la situation narrative du conte oral est peut-être trop immédiate pour n'être pas trompeuse. Du moins ne doit-elle pas nous cacher, quelle qu'ait été l'intention de l'auteur, la fonction effective de l'interlocuteur fictif dans l'économie générale de l'œuvre.

Or cette fonction est capitale : sans B il n'y aurait évidemment ni entretien ni débat. Et nous perdrions ce qui donne à la trilogie sa profondeur, au sens propre du mot. Dialogues dans un récit : même exploitée avec brio, la formule serait, en soi, banale. Ce qui est nouveau, c'est que le récit soit lui-même simultanément porté et traversé par un dialogue[1] : un vrai dialogue, avec de véritables échanges et où les positions des partenaires ne sont jamais figées. Non seulement les interventions du lecteur-auditeur sont très nombreuses – en moyenne deux par page dans *Ceci n'est pas un conte*, près de trois dans l'*Histoire de Madame de la Carlière*, jusqu'à l'inversion des rôles dans le *Supplément* –, mais elles frappent par leur diversité. Tantôt elles confirment le récit ou même le complètent : B a

---

1. Porté et traversé : ce n'est pas la formule de *L'Heptaménon* où le dialogue encadre le récit, mais sans y pénétrer.

connu Mme Reymer et il est le premier à la nommer (p. 211) ; il est mieux renseigné que le narrateur sur ses liaisons successives dont il précise la chronologie (p. 213) ; il connaît sa fortune et sa cupidité (p. 214). Tantôt B commente le récit, soit pour renchérir sur le narrateur (« La traîtresse ! » p. 212 – « la coquine », p. 216), soit pour se défendre contre la contagion émotive avec un « Allez donc » impatient (p. 221), soit pour éclairer les faits d'une tout autre lumière : le beau discours de Madame de la Carlière, si imposant et émouvant dans la bouche du narrateur, rappelle à son auditeur la « parodie bien comique » qu'en faisait la petite comtesse : le rire détruit l'émotion (p. 240-242). La relation des deux amis ne se réduit pourtant pas à confronter l'âme sensible de l'un et la causticité de l'autre. Le sceptique a aussi ses naïvetés quand il s'étonne que Mlle de la Chaux ait pu s'éprendre d'un homme aussi peu séduisant que Gardeil (p. 218) ou qu'il juge « impossible » l'ingratitude de celui-ci (p. 221). On le voit aussi passer d'un extrême à l'autre, dans une généralisation bien hâtive (« O les hommes ! les hommes ! » p. 221) qui suscite une mise au point immédiate du narrateur. Mais c'est sa perspicacité qui jette un doute sur la belle âme du docteur Le Camus (p. 227).

L'éloquent discours du vieillard, dans le *Supplément*, est trop beau pour être vrai. A l'étonnement et à la perplexité de son auditeur – les rôles sont maintenant échangés – B répond par une explication laborieuse et l'aveu que ce sublime réquisitoire est seulement la traduction d'une traduction (p. 274)... Clin d'œil malicieux au lecteur réel qui vient de s'y laisser prendre et ne sait plus ce qu'il doit penser, contestation de la rhétorique par l'humour : la remarque vaut pour l'ensemble de la trilogie. Le rôle du dialogue – porteur de tout l'édifice – y est de varier les éclairages, de mettre le pathétique en perspective, au profit de l'esprit critique, de rendre à chaque instant l'évidence première problématique. Ainsi travaillé par le dialogue, le récit devient instrument de recherche : une vraie recherche qui ne sait pas d'avance ce qu'elle va trouver, progresse par remises en cause de ce qui semblait acquis, renouvelle de moment en moment non seulement ses hypothèses, mais ses interrogations, au point de faire bien vite oublier son point de départ.

Faut-il rappeler la banalité de celui-ci? « Une litanie d'historiettes usées » censées justifier, sur le thème vieux comme le monde des rapports entre les deux sexes, un pessimisme de salon: « l'homme et la femme sont deux bêtes très malfaisantes » (p. 209). Écho de bavardages mondains, cet adage faussement équilibré révèle aussitôt sa futilité. Passer de l'abstrait au concret, et par conséquent du singulier au pluriel, oblige à une première mise au point: « Il faut avouer qu'il y a des hommes bien bons et des femmes bien méchantes » (p. 211). A première lecture l'histoire de Gardeil fait pendant à celle de la Reymer, comme le malheur de Mlle de la Chaux rappelle celui de Tanié: « Et puis, s'il y a des femmes très méchantes et des hommes très bons, il y a aussi des femmes très bonnes et des hommes très méchants » (p. 217). Pourtant, au terme du récit et du dialogue qui l'accompagne, les lignes se brouillent et la seconde histoire cesse d'apparaître exactement symétrique de la première. Si Mlle de la Chaux est victime de Gardeil comme Tanié l'a été de la Reymer, son amant n'a obéi à aucun mobile bas; il est ambitieux, mais non sordidement cupide; méchant peut-être, ingrat à coup sûr, mais véridique dans son brutal « je ne vous aime plus » (p. 224), que la perspicacité de B avait pressenti: « Le dégoût! C'est une terrible chose que le dégoût, en amour et d'une femme » (p. 223). Point de vue masculin sur une triste réalité que l'hôtesse du *Grand Cerf* commentera bientôt en femme d'expérience: « Si vous saviez le supplice quand on n'aime pas! »...[1] Gardeil est-il plus blâmable que la Silvia de *La Double inconstance* de n'avoir pas

1. *Jacques le fataliste et son maître*, éd. S. Lecointre et J. Le Galliot, Paris - Genève, Droz, 1976, p. 165.

été maître de son cœur ? Cruel malgré lui, plutôt irresponsable que méchant, sa scélératesse tient plus aux circonstances qu'à sa nature. Et s'il n'a pas l'âme aussi noire que l'indignation du narrateur pourrait nous le faire penser, à l'inverse le bon Le Camus — comme on l'a vu — n'est pas tout à fait pur, lui qui découvre dans le malheur de celle qu'il aime d'inavouables raisons d'espérance... Quant à Mlle de la Chaux, avant d'être la victime de cette trahison, elle l'a été des persécutions de sa famille et des prêtres (p. 220), c'est-à-dire à la fois du « code civil » et du « code religieux » dont le *Supplément* va montrer qu'ils multiplient les méchants lorsqu'ils contredisent le « code de la nature » (p. 301). Et puis, n'est-elle pas elle-même trop possessive ? ne commet-elle pas l'erreur de croire légitime l'achat de la liberté d'autrui ? « Après tout ce que j'ai fait ! » (p. 221) : pense-t-elle vraiment reconquérir son amant en lui jetant à la tête le détail de ses sacrifices (p. 224) ? A tout le moins, si Gardeil est sans doute moins coupable que la Reymer, son cas à elle est moins simple que celui de Tanié.

En passant de *ce qui n'était pas un conte* à « l'histoire » suivante nous faisons encore un grand pas dans le sens d'une complexité croissante. Au regard des valeurs sociales admises le problème posé est par ailleurs encore plus grave, puisqu'il porte sur le couple conjugal et non plus sur des couples illégitimes. Comment et dans quelle mesure deux volontés libres peuvent-elles s'engager l'une envers l'autre de façon absolue et définitive ? On notera que la question est posée en termes purement laïques : c'est un serment prêté devant l'opinion publique, non un sacrement accordé devant l'autel, qui sanctionne le contrat par lequel s'unissent les nouveaux époux. Mme de la Carlière l'a voulu ainsi, persuadée que « la présence de Dieu est moins redoutable pour nous que le jugement de nos semblables » (p. 242). C'est pourtant la versatilité de ce jugement que la suite des événements va dénoncer. Les deux interlocuteurs finissent par s'accorder pour récuser

170

aussi bien le verdict du « monde » que celui des prêtres et de la « populace » (p. 256). Sur les protagonistes du drame l'opinion du narrateur évolue également : c'est bien lui qui, après avoir parlé de Mme de la Carlière, malgré les sarcasmes de son ami, avec tant d'émotion et d'admiration, en vient à prévoir le jour où cette femme si digne sera traitée « d'inflexible et hautaine bégueule » (p. 258). Propos outranciers, comme il l'indique lui-même, mais que justifiera en partie l'injustice commise envers Desroches. Car celui-ci était-il si coupable ? Sa faute, imputable à son tempérament et aux circonstances, n'a-t-elle pas été « légère » (p. 256) ? B n'a pas de peine à imaginer les conséquences bénignes d'une si « petite injure » dans l'hypothèse où la victime se serait contentée d'un « procédé plus ordinaire » (p. 257). Compromis médiocre ? Du moins eût-il été vivable. Et l'indulgence blasée de B trouve dans la gravité ardente de son partenaire un relais à la fois logique et inattendu. Une nouvelle fois la question se déplace : du procès d'un homme ou d'une femme on glisse vers celui de l'ordre social et religieux, vers la dénonciation de « nos législations absurdes ». Pas de saine morale sans bonne politique : cette idée-force va être le viatique du lecteur pour son voyage mental vers la Nouvelle Cythère.

Dans le double registre du pathétique et de l'humour[1] le *Supplément* amplifie et analyse l'opposition de la nature et de la société. Il fallait le détour par Tahiti pour en préciser les termes et en faire jaillir une gerbe de nouvelles

---

1. Humour qui a parfois échappé aux meilleurs exégètes. Dans sa remarquable édition du *Supplément* H. Dieckmann conclut que « le fort de Diderot [...] n'est décidément ni la couleur locale ni l'érotisme » (Genève-Droz et Lille-Giurd, 1955, p. CLV). A preuve, les premières lignes de la suite de l'entretien entre Orou et l'Aumonier (p. 291 de notre édition de référence) : « ... Monsieur, mon papa, embrassez-moi. Je suis grosse... » ... Mais s'il est vrai que l'auteur use ici « du ton sentimental de la nouvelle *comédie sérieuse* ou du mélodrame », comment ne pas voir qu'il le fait sur le mode parodique ?

questions : sur la chasteté et la virginité, sur la fidélité conjugale et l'indissolubilité du mariage, sur le droit d'un être «sentant, pensant et libre» à se considérer comme propriétaire «d'un être semblable à lui» sur les prétendus crimes de mœurs, sur les mérites comparés de Vénus galante et de Vénus féconde... Pragmatique, A nous ramène dans notre vieux monde : quel est l'intérêt du modèle tahitien pour des Européens (p. 300) ? L'interrogation fait rebondir l'analyse, si bien que la reprise des mêmes thèses auxquelles B finit par donner une formulation particulièrement dense et forte (p. 306-307), suscite le retour de la question précédente sous une forme renouvelée : «Mais enfin, dites-moi, faut-il civiliser l'homme, ou l'abandonner à son instinct ? » (p. 308). A cette interpellation pressante B donne aussitôt une réponse brutale et unilatérale, qu'il ne tarde cependant pas à nuancer («je n'oserais prononcer», p. 309) tandis que son ami verse au débat l'argument objectif de la longévité. Comment mesurer le bonheur ? La question reste sans réponse. Mais ce point théorique de perplexité n'exclut pas une triste certitude expérimentale : «Tant que les appétits naturels seront sophistiqués, comptez sur des femmes méchantes [...] Sur des hommes atroces [...] Et sur des infortunés à propos de rien» (p. 310). Toute société qui brime arbitrairement la nature enfante le crime et le malheur : à la lumière de cet aphorisme, il n'est pas jusqu'à la Reymer, cupide parce qu'elle a été pauvre et humiliée, qui ne se voie accorder au moins des circonstances atténuantes. Enfin l'antithèse spéculative du naturel et du social est elle-même dépassée par une dernière interrogation, tout immédiate et pratique : que faire, nous, ici et maintenant ? Intuitivement les deux partenaires s'accordent en effet à ne pas transformer ces considérations générales en alibi d'une trop commode passivité. Au vigoureux «Que ferons-nous donc ? » de son ami, B donne une double réponse. La première est politique ; elle vise à concilier – à la manière de Socrate – deux exigences civiques, l'engagement militant et le respect de la loi. La seconde est d'ordre privé : morale de responsabilité envers ces « êtres fragiles » que sont les femmes, victimes de l'ordre oppressif que l'homme leur impose quand elles ne le sont pas de son libertinage (p. 311).

Nous voici donc au « but secret » que l'auteur s'était proposé. Que de chemin parcouru en quelques dizaines de pages ! On ne sait trop s'il faut plus admirer leur extraordinaire richesse de sensibilité et de pensée ou le brio avec lequel Diderot conteur maîtrise et ordonne la diversité foisonnante de son génie. Encore faut-il accepter de le suivre là où il veut nous conduire et ne pas séparer ce qu'il a voulu unir. Encore faut-il admettre la coexistence dans un même ensemble du récit et du dialogue, de la fiction et de la philosophie, du réalisme et de l'utopie, du pathétique et de l'humour : ensemble inassimilable à aucun « genre littéraire » classique, à aucune espèce connue ; un véritable *monstre* – comme *Le Neveu de Rameau* – parent en esprit de ceux que la fantaisie inspirée du Philosophe avait prêtés, à vingt ans d'intervalle, d'abord à l'imagination de Saunderson, puis au délire de D'Alembert... Quand il s'agit de cet inclassable Diderot cessons donc de jouer les Linné de la littérature, renonçons à étiqueter, laissons-nous prendre à cette surprenante tératologie littéraire, pour le bonheur de l'intelligence, pour le plaisir.

Fantasmes rétiviens (1) :
les livres dans le livre[*]

Dis-moi qui tu lis, je te dirai qui tu es : cette variante d'une maxime populaire est la devise des historiens qui de nos jours s'attachent à l'analyse des catalogues de bibliothèques privées d'autrefois. On sait par exemple ce que notre connaissance actuelle du XVIIIe siècle français doit à ce type de recherches dont Daniel Mornet avait le premier compris l'intérêt : non seulement pour une familiarité intellectuelle plus intime avec des personnalités de premier plan – un Montesquieu, un Massillon, un Dortous de Mairan – mais aussi dans la perspective plus large de l'étude socioculturelle des milieux[1]. Or les bibliothèques qui apparaissent dans les catalogues d'usage ou de vente ainsi que dans les inventaires après décès, prestigieuses ou modestes, ne sont peut-être pas les seules à mériter attention : pourquoi ne pas s'arrêter aussi sur les bibliothèques imaginaires ? Pourquoi ne pas poser à celles-ci également les questions précises que nous savons adresser aujourd'hui à leurs homologues de la réalité ? Sur la formation de la bibliothèque – patrimoniale ou person-nelle – sur sa richesse, sur sa composition et la part relative des différentes catégories d'ouvrages, sur sa destination – professionnelle, de recherche ou de loisirs – sur l'origine

---

[*] Première publication dans *Voltaire and his world. Studies presented to W. H. Barber,* Oxford, The Voltaire Foundation, 1985, sous le titre « De l'horrible danger de la lecture : la bibliothèque de M. Parangon».
1. Voir en particulier M. Marion, *Recherches sur les bibliothèques privées à Paris au milieu du XVIIIe siècle (1750-1754),* Paris, 1978.

géographique et l'âge de ses livres, etc., que d'interrogations possibles et, à partir de là, quelle ample matière à réflexion! A condition, bien sûr, de ne pas oublier qu'un texte littéraire n'est pas un document brut et que le témoignage d'une bibliothèque imaginaire, dévié par la fiction et les choix narratifs d'un roman, doit être interprété au second degré, selon les exigences de la logique romanesque[1].

De tous les romanciers du XVIIIe siècle Rétif est probablement le plus enclin à prêter à ses héros sa propre boulimie de lecture. Leur protecteur et mauvais génie, Gaudet, dans *Le Paysan perverti* puis dans *La Paysanne pervertie,* est un véritable érudit. Aussi apporte-t-il grand soin à composer la bibliothèque d'Edmond. La bibliographie qu'il adresse à Ursule est relativement succincte : opéras-comiques et comédies à ariette, romans (« tous les romans qui sont bien écrits »), chansons et contes suffiront à son sexe[2]. Le catalogue des livres d'Edmond est au contraire étonnamment riche, en particulier pour l'histoire ancienne. Un jeune peintre mondain a-t-il vraiment besoin de lire *Arpien,* « pourtant peu sûr »[3], Vopisque ou Eutrope? De ce catalogue dont l'érudition traduit l'une des manies de Rétif, sinon l'un de ses fantasmes, trois sortes de textes sont toutefois absents : absence de fait de la littérature sacrée, absence, soulignée par Gaudet, des journaux et des livres licencieux[4]. On comprend qu'Edmond, fût-ce à ses dépens, comme le précise aussi son mentor, se soit quelquefois écarté des

---

1. Sur l'intérêt que présentent pour l'historien les bibliothèques imaginaires, et pas seulement les bibliothèques romanesques, voir l'article stimulant de G. Benrekassa, « Bibliothèques imaginaires : honnêteté et culture, des lumières à leur postérité », *Romantisme* (1984), n° 2, p. 3-18.
2. *La Paysanne pervertie,* éd. B. Didier, Paris, 1972, lettre CVII, p. 353-354.
3. Entendons *Appien :* c'est Gaudet qui est « peu sûr » !
4. *La Paysanne pervertie,* p. 352-353. Sur ce passage et, de façon plus générale, sur l'importance éducative que Rétif accorde aux livres, voir P. Testud, *Rétif de La Bretonne et la création littéraire,* Genève, Paris, 1977, p. 47-52.

conseils de celui-ci : mais nous ignorons en quel sens, de même que nous ne savons pas quel usage il a réellement fait de l'impressionnante collection ainsi réunie. Pas plus dans les bibliothèques imaginaires que dans celles de la réalité la possession d'un livre n'est signe assuré de lecture... Aussi est-il plus intéressant de suivre Edmond dans sa première initiation au monde des livres : à Sacy, puis et surtout à Auxerre où la bibliothèque du ménage Parangon a peut-être beaucoup à nous apprendre.

Le jeune paysan au « cœur innocent et droit » qui découvre avec émerveillement en octobre 1748 l'animation et les beautés d'Auxerre[1], s'il a la naïveté de ses seize ans et de ses origines rurales, n'est ni un sot ni un ignorant. Son père en a témoigné auprès de Mme Parangon : « Il aime la lecture, et il sait la sainte Bible par cœur et quant au latin, il l'entend fort bien, et même un peu le grec ; M. le curé dit que c'en est assez pour ce que doit savoir un peintre. »[2] Tout ce savoir n'est pas purement imaginaire : la même année 1748 le jeune Nicolas étudiait le latin sous la férule de son frère, le curé de Courgis. Il est vrai qu'à la différence du héros du *Paysan perverti* on le destinait alors à l'état ecclésiastique. L'autobiographie romancée qu'est *Monsieur Nicolas* nous apporte toutefois une indication complémentaire qui rejoint celles du roman. Le narrateur dit en effet avoir appris à lire dans un syllabaire latin. Cela ne signifie pas qu'il comprenait déjà la langue : « Je lisais du latin que je n'entendais pas. »[3] De

---

1. Trois ans avant Nicolas Rétif dont le brevet d'apprentissage sera signé le 24 septembre 1751. Né en octobre 1734, Rétif atteindra alors ses dix-sept ans.
2. *Le Paysan perverti,* éd. D. Baruch, Paris, 1978, t. 27.
3. *Monsieur Nicolas ou le cœur humain dévoilé* (Paris, 1959), t. I, Première époque, p. 23-24 (le syllabaire latin) et p. 61 : « Fatigué, je lisais du latin, que je n'entendais pas, mais que j'aimais chanter à l'église. » Rappelons que l'ouvrage n'a été publié qu'en 1796-1797. S'il nous arrive de dire que *Le Paysan perverti* (1775) « rappelle » *Monsieur Nicolas,* ce n'est évidemment valable que pour le lecteur d'aujourd'hui.

même l'éducation latine d'Edmond s'est faite en deux temps : d'abord par le simple apprentissage de la lecture et de l'écriture – sous la férule d'un « Maître Jacques » qui nous rappelle le Jacques Berault de *Monsieur Nicolas,* instituteur ignorant et brutal – apprentissage complété hors de l'école par la passion de la copie (« j'avais toujours la plume à la main, je copiais les hymnes et les antiennes qu'on chante à l'église ») ; plus tard par l'étude de la langue elle-même, auprès du prêtre du village (« nos pauvres pères et mères [...] me crurent fait pour devenir un docteur ; ils me mirent chez M. le curé pour apprendre le latin »). A son arrivée à Auxerre Edmond est donc en état de lire « couramment un livre latin en français »[1]. *Lire,* mais non *rédiger.* La distinction a son importance, et le héros ne tarde pas à en prendre conscience. Glorieux à Sacy, il se découvre bien gauche à Auxerre au moment d'écrire à son frère ses premières impressions. Comme on ne lui a jamais appris à s'exprimer, et pas plus en français qu'en latin, le voici en butte aux railleries de la malicieuse Manon : « Je sens bien que j'écris mal, n'ayant jamais écrit de moi-même, car quand j'écrivais mes versions de latin, M. le curé me dictait et ne me laissait rien faire de mon estoc » (p. 30).

Assurément ces nuances et ces précisions sonnent juste. En va-t-il de même de la mention du grec ? Monsieur Nicolas affirme avoir appris cette langue tout seul, dans un recueil de *Racines grecques* emprunté à la bibliothèque de son « frère-parrain », le curé de Courgis[2]. S'il faut prendre le propos pour argent comptant – et pourquoi pas ? – nous devons en conclure qu'Edmond n'a été ni plus ni moins précoce que son modèle : à seize ans il a déjà acquis les quelques notions que le jeune Rétif avait découvertes à quinze[3]. Accordons au romancier que l'écart entre les deux textes, et

1. *Le Paysan perverti,* Première lettre, p. 32.
2. *Monsieur Nicolas,* t. I, Troisième époque, p. 240 et 345.
3. M. Nicolas date en effet cette découverte de 1749 (p. 345).

sans doute entre le roman et l'expérience personnelle, est à peu près nul. Quant à la Bible, on sait la place qu'elle occupe dans les veillées familiales de *La Vie de mon père* où le petit Edme affirme au P. Brasdargent la savoir « quasi par cœur »[1] : cette Bible paternelle, « complète, un peu gauloise » – c'est-à-dire ancienne – n'est pas le simple « abrégé » que le maître d'école de Nitry, « le vénérable Berthier », recommande à ses élèves comme pieuse distraction quand ils vont paître leurs bestiaux (p. 29, 10). Sans entrer ici dans un débat problématique sur la lecture populaire des saintes Ecritures dans la France rurale de l'Ancien Régime, et en nous gardant de prendre *La Vie de mon père* pour un témoignage à recevoir sans critique[2], nous pouvons du moins souligner la forte cohérence de l'univers rétivien : de la fiction romanesque à la geste paternelle, comme du roman à l'autobiographie la continuité est évidente. Quelques exceptions pourtant : au même âge qu'Edmond Nicolas avait déjà des rudiments de culture littéraire profane dont le roman ne fait pas mention. Edmond n'a jamais entendu parler du *Polexandre* de Gomberville, sujet de « ravissement », à Joux, pour le petit Nicolas auquel la douce et sensible Julie en faisait lecture « des heures entières »[3]. Rien n'indique non plus qu'il connaisse ces « histoires, soit anciennes, soit modernes » dont Edme Rétif divertissait les siens dans les longues soirées d'hiver[4] : des histoires que le père de famille pouvait tenir de la tradition orale, mais qui

---

1. *La Vie de mon père,* éd. Gilbert Rouger (Paris, 1970), Livre premier, p. 24. Voir aussi *Monsieur Nicolas,* t. I, Première époque, p. 91-92.
2. Sur l'utilisation naïve de *La Vie de mon père* comme document historique au premier degré, voir G. Benrekassa, « Le typique et le fabuleux : histoire et roman dans *La Vie de mon père* », *Revue des sciences humaines,* 43 (1978), p. 31-56. La lecture populaire de la Bible au XVIIIe siècle est un champ de recherches encore à peu près inculte. J'ai moi-même effleuré le sujet dans « Tableaux de famille : la lecture de la Bible », *Diderot et Greuze,* Clermont-Ferrand, Adosa, 1986.
3. *Monsieur Nicolas,* t. I, Première époque, p. 105.
4. *La Vie de mon père,* Livre quatrième, p. 132.

lui venaient aussi des livres que ce « passionné de lecture » achetait dès l'enfance aux « merciers-colporteurs » de passage à Nitry (p. 27, n. *a*). Entendons des brochures de la *Bibliothèque bleue,* comme le *Fortunatus* dont nous parle, entre autres contes, Monsieur Nicolas : le héros au petit chapeau magique et à la bourse inépuisable[1]. Manifestement le romancier choisit de simplifier pour mieux opposer : les lectures rurales sont marquées du double sceau de la gravité et du sacré ; les lectures urbaines, orientées vers les plaisirs du sentiment ou par les curiosités d'une intelligence vite dévoyée, auront un tout autre caractère.

Peu de semaines après son entrée en apprentissage, Edmond a pris ses habitudes chez M. Parangon. Rebuté par son initiation laborieuse à un « art difficile », et surtout par les tracas et les petites humiliations inséparables de son nouvel état, en proie pendant ses loisirs au désœuvrement et à l'ennui, il fréquente assidûment la bibliothèque de son patron[2]. L'existence de celle-ci, chez un maître-artisan, est un indice social qui confirme ce que nous devinons par ailleurs de la maison Parangon : un immeuble assez vaste sur trois niveaux, avec des dépendances − cave, jardin et atelier[3]. Nous ignorons s'il s'agit

---

1. *Monsieur Nicolas,* t. I, Première époque, p. 93-94. Sur Fortunatus voir R. Mandrou, *De la culture populaire aux XVIIᵉ et XVIIIᵉ siècles* (Paris, 1964), p. 50-51 et G. Bollème, *La Bible bleue : anthologie d'une « littérature populaire »* (Paris, 1975), p. 429.
2. *Le Paysan perverti,* lettre II, p. 31-32.
3. Au rez-de-chaussée, la cuisine (p. 32) ; la *salle* (« je suis descendu dans la salle », p. 54) où l'on dîne (p. 102) et où Edmond dessine (p. 54) ; le *salon* (« étant descendu sur les 11 heures [...] j'ai trouvé Mme Parangon dans le salon », p. 99) où la maîtresse de maison reçoit Ursule et Bertrand (p. 96), où l'on lit (p. 92), et qui est aussi un lieu de passage, comme dans les anciens appartements aux pièces en enfilade (« je restai dans le salon où tout le monde passe », dit Tiennette, p. 122).
   Au premier étage, l'*appartement* de Mme Parangon (« il vint me trouver dans l'appartement de sa femme », p. 122), sans doute aussi celui de son mari − les deux époux, comme des gens distingués,

d'un local spécialement affecté aux livres ou simplement de rayonnages ou d'armoires installés dans le *salon* ou dans la *salle*... Toujours est-il qu'avec sa collection de livres M. Parangon, par ailleurs propriétaire foncier[1], portraitiste en vogue (p. 35), époux d'une riche héritière (p. 123), riche lui-même (p. 35), doit être placé, – fût-ce à un rang modeste, au nombre des notables auxerrois. En transformant en peintre le libraire-imprimeur Fournier, Rétif fait plus que conserver à son personnage la dignité sociale que l'*Almanach d'Auxerre* attribuera encore, à la fin de l'Ancien Régime, aux deux imprimeurs de la ville, à côté des professionnels de la santé – médecins, chirurgiens, apothicaires – et des professeurs du collège[2]. Non

font chambre à part – la *chambre* où Ursule est accueillie (p. 96, 100, 172), et le *cabinet à coucher* de Manon (p. 65).

Au second étage le *réduit* situé au-dessus de la chambre de Mme Parangon et d'où Edmond surprend indiscrètement une conversation entre celle-ci et Ursule (p. 172), sans doute attenant à la *chambre* inoccupée («jamais ouverte») dont il a été question précédemment (p. 53).

Mentionnons encore la *chambre* d'Edmond, dont nous ne savons pas la situation exacte (sous les combles, comme la «guérite» de M. Nicolas – II, 109 – qui existe encore aujourd'hui?), mais qui est en étage («je suis descendu sans qu'on me vît», p. 142), la *chambrette* de Laure (p. 164), sans oublier les lieux incertains où doivent nécessairement être logés Tiennette, la cuisinière, les deux autres apprentis... Rappelons enfin que la maison Fournier – encore visible à Auxerre dans les années 1980 et que l'auteur de cet article a pu visiter, sous la conduite de l'éminent *rétiviste* qu'est M. Charleux – comportait deux corps de bâtiments séparés par une cour intérieure : le bâtiment principal, avec l'imprimerie, donnant sur la cour des Cordeliers, l'autre avec la librairie – sur la rue de l'Horloge, selon le plan restitué par G. Rouger. *Monsieur Nicolas* évoque souvent la *salle,* contiguë à la boutique (t. I, Quatrième époque, p. 488), mais il n'y est pas question de *salon*...

1. Est-ce pour un motif professionnel ou pour visiter un domaine qu'il part «à la campagne» (p. 99)? N'est-ce pas de ses terres que doivent provenir les fruits et le gibier réclamés de Paris par sa femme (p. 128)? Ce domaine ne serait-il pas à Seignelay où séjournent Mme Parangon, Ursule et Tiennette (p. 115)?

2. Cf. Daniel Roche, *Le Siècle des Lumières en province: académies et académiciens provinciaux (1680-1789),* Paris, La Haye, 1978, II, 347-354.

seulement Parangon est l'ami du médecin Tiennot[1], mais la nature particulière de son métier, qui fait de lui plus un artiste qu'un artisan, son succès et ses revenus l'élèvent nettement au-dessus du commun des corporations pour l'assimiler aux membres des professions libérales. Dans la société du roman M. Parangon est de ceux qui tiennent le haut du pavé : personnage d'autant plus important qu'à l'exception du conseiller au présidial qui va s'éprendre d'Ursule la haute bourgeoisie et la noblesse en sont absentes. La possession d'une bibliothèque est donc bien, dans ce contexte, un élément supplémentaire de prestige social. Car à la différence de celle de maître Fournier – connue par l'inventaire après décès de sa première femme, morte en 1745[2] – elle n'est pas à usage professionnel, mais purement privé.

La différence des fonctions entraîne celle des contenus. Si l'on en croit *Monsieur Nicolas* la librairie de M. Fournier tenait aussi le rôle de cabinet de lecture[3]. La bibliothèque de M. Parangon ne compte peut-être pas 4 000 volumes, mais elle est fortement personnalisée. Les trois quarts des volumes de la librairie Fournier se répartissaient entre ouvrages de piété et de morale d'un côté, manuels scolaires de l'autre ; pour le reste, les grands auteurs du XVIIe siècle, des livres d'histoire et de chirurgie, des dictionnaires, mais aucun roman, sauf douze volumes de Mme de Villedieu. On la fréquentait pour s'instruire ou s'édifier, non pour se divertir. Avec quelques éléments communs, la bibliothèque de M. Parangon offre un tout autre visage, du moins à la juger – mais comment faire

---

1. *Le Paysan perverti,* p. 66 et 176. Le nom de Thienot apparaît, avec celui de trois autres médecins, dans l'*Almanach* de 1756. Aucune mention du collège, en revanche, dans le roman.
2. Voir H. Forestier et G. Rouger, « En marge de Monsieur Nicolas », *Annales de Bourgogne* (1938), p. 198-213, ainsi que P. Testud, p. 29, n. 86.
3. Le narrateur distingue parmi ses livres « ceux qu'on donnait à lire » (t. I, Quatrième époque, p. 477).

autrement? – aux seuls ouvrages qui sortent de ses rayons. Les goûts d'Edmond, comme ceux de Mme Parangon, sont exclusivement littéraires : point de morale ni de dévotion ! Edmond découvre d'abord les grands classiques – Boileau, Molière, Corneille, Racine – et ces lectures, la dernière surtout, le consolent si bien de ses maux qu'il fait partager son plaisir à la cuisinière en lui lisant à haute voix la tragédie : que de pleurs mêlés sur *Bérénice !*[1] Un peu plus tard c'est la servante Tiennette – jeune fille d'une condition supérieure à son état du moment – qu'il fait pleurer à une autre lecture émouvante : « Un livre où se trouve l'épître d'une certaine *Arianne* à un traître nommé *Thésée,* qui l'avait abandonnée dans une île déserte » (p. 41). Ainsi le jeune Nicolas attendrissait-il autrefois l'aimable Aimée d'une héroïde d'Ovide (I, Quatrième époque, p. 420). Ce goût des larmes, où la sensualité s'éveille dans la sentimentalité, le héros ne tardera pas à le cultiver en compagnie de Colette. En pleine communion avec elle il se laisse toucher par une œuvre pourtant médiocre, de son propre aveu : « Les *Lettres d'Héloïse à Abailard,* en vers français assez méchants, ou plutôt mauvais. » Entendons sous ce titre non la première héroïde de Colardeau, publiée en 1758, mais plutôt la traduction par l'obscur Feutry, en 1751, de l'*Épître d'Héloïse à Abélard* de Pope (1717) ; et ne chicanons pas l'auteur sur la chronologie : quand celle du roman situe l'événement en février 1750 elle n'anticipe que d'un an sur la sortie du livre... Il est plus important de noter que cette traduction est une *nouveauté* : l'élégante Colette, qui revient de Paris, se tient informée – parfois par anticipation ! – de l'actualité littéraire. Le trait était encore plus marqué précédemment quand Edmond, aux côtés de Mme Parangon et de Tiennette, reconnaissait son propre

---

1. *Le Paysan perverti,* p. 31. A rapprocher de *Monsieur Nicolas,* I, 471-473. C'est *Zaïre* et non *Bérénice* que Nicolas lit à Mme Parangon (p. 479).

cœur dans les *Lettres du marquis de Roselle* : la première édition du roman de Mme Élie de Beaumont date en effet de 1764[1].

A l'occasion de cette dernière lecture Mme Parangon avait exprimé « les sentiments les plus tendres et les plus honnêtes ». Rien de tel à attendre de son mari dont la culture et les goûts sont tout opposés, soit qu'il cite Boccace et les *Contes* de La Fontaine, soit qu'il s'égaie d'une réminiscence de la *Métromanie* (p. 110, 200). En fait Rétif répartit entre les deux personnages ses propres lectures d'autrefois : Nicolas évoque le temps où il passait de Corneille à Boileau, à Chaulieu, La Fontaine, Grécourt, Vergier, pour revenir à la *Phèdre* de Racine[2]. Parangon, quant à lui, ne manifeste pas une telle dualité de goûts. Esprit caustique par nihilisme moral, franc épicurien, il a du reste une réputation bien établie de libertinage (p. 64). On sait comment il a séduit et engrossé sa cousine avant de la faire épouser à son apprenti. Or c'est à l'aide de livres qu'il l'a corrompue, mettant en œuvre à cette fin les plus secrètes ressources de sa bibliothèque, selon une progression très étudiée. D'abord des « lectures voluptueuses » : *Tombeau philosophique* – un roman de Jean-François de Bastide : *Le Tombeau philosophique, ou histoire du Marquis de * à Mme d'***, par le chevalier de la B*** (Amsterdam, 1751) ; *Le Sopha* de Crébillon (1745) et « quelques romans de Mme de Villedieu où l'on voit des femmes mariées écouter et favoriser des amants » (p. 150). Mais ce n'était là que prélude. Une fois les sens de la jeune fille mis en émoi par l'intermédiaire de l'« esprit » et du « cœur »[3], il fallait préparer plus directe-

---

1. *Le Paysan perverti,* p. 79. C'est la même lecture qui aurait valu au narrateur de *Monsieur Nicolas* (t. II, Quatrième époque, p. 50-51), pour la première fois, le contact ineffable du pied de Colette. Pierre Testud souligne justement à ce propos « combien l'œuvre romanesque a influé sur la rédaction de l'autobiographie » (p. 32).
2. *Monsieur Nicolas,* t. I, Quatrième époque, p. 471.
3. « Il tâcha d'exciter le feu qui couvait dans mon sein [...] ; enfin, il séduisit à la fois mon esprit et mon cœur. »

ment la victoire en levant l'obstacle des principes moraux et religieux. Un livre, « chef-d'œuvre en son genre », *agréable poison,* était en mesure de transformer un simple *égarement* (Rétif n'emploie pas le mot, mais il est appelé par la situation et la référence à Crébillon) en corruption irrémédiable, « *la P.* de M. de V..., qui ne faisait que de paraître pour lors ». Là encore la liberté du romancier lui autorise un manifeste anachronisme, qui ne sera du reste pas le dernier : *La Pucelle* n'a été éditée qu'en 1762. Le fait importe moins que sa raison d'être : comprenons que le goût des nouveautés est aussi vif chez Monsieur que chez Madame. Mais le premier fait servir à ses mauvais desseins une curiosité qu'il a, comme sa femme, les moyens de satisfaire. Pour triompher de Manon, ébranlée dans sa dévotion par les alertes décasyllabes de *La Pucelle,* poussée par leur ironie corrosive à éprouver « du mépris pour les saintes vérités de la religion », il restait à porter à ces dernières le coup décisif. M. Parangon y avait pourvu par une double démarche qui combinait argumentation rationnelle et appel à la sensibilité. Retournant Pascal contre lui-même, ce libertin sait en effet qu'une vérité abstraite est sans conséquence pratique si elle n'est pas vivifiée de l'évidence du cœur. C'est pourquoi les lectures théoriques qu'il imposait à Manon s'accompagnaient de livres d'une autre sorte : « En même temps que M. Parangon m'éclairait, selon lui, il songeait à porter dans mon cœur une corruption qui me fît désirer que ce que je trouvais dans ces livres fût la vérité. En conséquence, il me donnait à lire tout ce que la lubricité a dicté de plus infâme » (p. 150-151).

Restons sur notre curiosité malsaine. Nous ne saurons rien d'autre de ces lectures lubriques qui appartiennent à l'enfer des bibliothèques et relèvent de l'innommable. La confession de Manon nous donne en revanche les titres de plusieurs des « livres damnables » qui ont intellectuellement contribué à sa perte. Il est assez facile de les compléter et d'identifier, au moins de façon plausible, les ouvrages auxquels ils correspondent. Dans l'ordre où elle les cite ce sont : *Le Christianisme dévoilé* du baron d'Holbach (1762), *Le Dîner du comte de Boulainvilliers* de Voltaire (1767), *La Contagion sacrée, ou histoire naturelle le la superstition* (1768) et l'*Essai sur les préjugés, ou de l'influence des opinions sur les mœurs et sur le bonheur des hommes* (1770) du même d'Holbach. On peut hésiter sur le titre suivant : *Bolinbrocke [sic]*. S'agit-il de la *Défense de Milord Bolingbrocke*, de Voltaire (1752) ou des six volumes d'*Œuvres posthumes* du philosophe anglais (1754-1755) ? Beaucoup plus vraisemblablement de l'*Examen important de Milord Bolingbroke ou le tombeau du fanatisme*, publié par Voltaire en 1767. Dans ce contexte les *Lettres sur les miracles* mentionnées ensuite sont peut-être bien les *Discours sur les miracles de Jésus-Christ* de Thomas Woolston, ouvrage relativement ancien (1727-1729) dans sa version anglaise, mais dont la traduction française, probablement rédigée par d'Holbach, date seulement de 1769. Nous restons dans la même période, et nous retrouvons Voltaire, avec la *Confession de foi des Théistes* : c'est en effet sous ce titre qu'en 1769 l'*Évangile du jour* reproduit une brochure de l'année précédente intitulée *Profession le foi des théistes par le comte D..., traduite de l'allemand*. Au total la foi vacillante de Manon doit donc affronter la grosse artillerie antichrétienne de la fin des années 1760 : un ensemble de publications militantes unies dans une même dénonciation de l'« infâme », mais idéologiquement dissemblables. Bientôt le *Système de la nature* va consacrer la scission entre le déisme voltairien et l'athéisme à la d'Holbach. On notera qu'entre celui-ci et celui-là Parangon ne fait pas de distinction. L'amalgame n'est pourtant pas sans fondement : il traduit bien le jugement dont les deux partis « philosophes » devaient être l'objet, au plus fort de la lutte, de la part non de leurs adeptes, mais de leurs adversaires. En aucun temps la polémique ne s'est accommodée de nuances. Vers 1770 les croyants heurtés dans leur foi et, de façon générale, les esprits traditionalistes bousculés

186

dans leurs habitudes mentales n'analysaient pas les forces perturbatrices avec les scrupules d'un historien des idées : ils réagissaient violemment et indistinctement à tout ce qui les choquait ou les dérangeait. C'est leur point de vue que le romancier adopte en 1775 de même qu'il leur emprunte l'assimilation éculée de la libre pensée au libertinage de mœurs.

La pédagogie libertine prêtée à M. Parangon est donc très pesamment chargée d'intentions idéologiques qui font ici du rousseauiste Rétif l'allié de fait des pires conservateurs. Aussi est-elle très éloignée de celle que pratiqueront bientôt Valmont et la marquise de Merteuil. Le premier n'aura pas besoin de livres pour séduire ses victimes, sauf à composer lui-même le « catéchisme de débauche » destiné à son « écolière »[1]. Quant à la marquise, s'il lui arrivera de relire quelques pages de La Fontaine, de Crébillon et de Jean-Jacques, ce sera « pour recorder les différents tons » qui lui seront nécessaires à l'adresse du chevalier : travail d'actrice, et non d'institutrice (lettre X, p. 37). Par contraste la lourde machine de guerre de M. Parangon apparaît bien pédante et l'on s'étonne un peu qu'il ait trouvé en Manon une « écolière » aussi studieuse : à moins de conclure à la naïveté de ce redoutable séducteur !

Assurément, Rétif ne le voit pas ainsi. Il tient à faire de son professeur de libertinage un esprit fort, un Philosophe dont la mauvaise conduite discrédite le rationalisme des Lumières. On est loin de François Fournier, vendeur au grand jour de livres de piété anodins et imprimeur clandestin, non de libelles voltairiens, mais des *Nouvelles ecclésiastiques,* le périodique janséniste[2]. Plus loin encore lorsque le romancier, pour compléter le portrait de son personnage,

1. *Les Liaisons dangereuses,* lettre CX, Paris, 1964, p. 254.
2. La fabrication du périodique interdit faillit l'envoyer en prison. Voir la plaquette de R. Fauchereau, *L'Histoire du « Perroquet » de Michel-François Fournier, imprimeur à Auxerre de 1742 à 1782* (Auxerre, s.d.).

en fait un franc-maçon. Sans doute la chronologie aurait-elle permis à Fournier de se faire initier : la loge d'Auxerre – le *Vrai Zèle* – de création tardive, existait à coup sûr en 1778 et lui-même devait vivre jusqu'en 1782[1]. Mais à supposer que ses orientations personnelles aient été autres que ce que nous pouvons supposer et qu'il ait souhaité cette affiliation, rien ne prouve qu'il l'aurait obtenue. Dominée par le clergé, la noblesse et les gens de robe, la loge d'Auxerre ne compte que trois artisans et marchands[2]. Ce qui est sûr, malgré le « témoignage » de *Monsieur Nicolas* (t. II, Quatrième époque, p. 26), c'est qu'il était impossible, et pour cause, d'être maçon à Auxerre vers 1750. Mais là aussi l'anachronisme mériterait à peine d'être relevé s'il ne se doublait d'une invraisemblance morale tellement grosse qu'elle ne peut être sans signification. Quand on sait la religiosité de la franc-maçonnerie, l'idée d'un maçon athée – ou au déisme particulièrement agressif – et, qui plus est, non à Paris, mais dans une petite ville de province, est aussi étonnante que celle d'un maçon libertin et bambocheur. Or M. Parangon a aussi cette dernière réputation. Son ami, le médecin Tiennot, lui-même maçon, est « l'un des meilleurs biberons de la ville », et l'on imagine les motifs des visites que lui rend Parangon. C'est du moins Edmond qui l'écrit (p. 66), de même qu'antérieurement il lui prêtait, comme à ses pareils, des messes sulfureuses : « Il est franc-maçon, de ces gens qui voient le Diable dans leurs assemblées, sous la forme d'un gros taureau noir » (p. 41). Une note de l'auteur nous avertit que l'accusation résulte d'un « préjugé populaire dans les campagnes ». Des préjugés analogues, plus ou moins rationalisés, n'existaient-ils pas à la ville, et en particulier dans les petites villes aussi rurales que l'Auxerre du XVIIIe siècle ? Le narrateur n'en serait-il pas l'interprète ?

1. D. Roche, I, 257, 259 et n. 17 (II, 99).
2. « Dans les villes qui se sont dotées d'un seul atelier, Auxerre, Béziers, Chalons-sur-Marne, Cherbourg, Pau, Valence et Villefranche, la méfiance vis-à-vis d'une bourgeoisie médiocre est évidente » (D. Roche, I, 269, et II, 103, n. 56).

Souvent tenus dans des tavernes, faute d'autres lieux, les banquets fraternels des maçons faisaient jaser[1]. Ici comme dans le cas de la littérature philosophique d'avant-garde le jugement porté a moins valeur individuelle qu'il n'est l'écho de la rumeur publique : la fiction devient réalité dans la mesure où elle traduit un fait d'opinion, et c'est de cette manière indirecte qu'elle présente pour l'historien un intérêt documentaire.

Bien involontairement représentatif, le personnage de M. Parangon doit en fin de compte beaucoup plus à l'idéologie qu'à l'expérience et au souvenir : à l'image de sa bibliothèque telle que le romancier l'a constituée, bien différente de celle de maître Fournier et néanmoins historiquement intéressante, au second degré. Bien que la commodité du coche d'eau mît Auxerre à quatre jours seulement de Paris, rien n'est moins assuré que l'arrivée rapide et massive au petit chef-lieu bourguignon, siège d'un évêché très marqué de jansénisme jusqu'à la mort de Mgr de Caylus en 1754, des productions nouvelles, et surtout des productions clandestines, de la librairie parisienne[2]. C'est le romancier Rétif qui choisit d'ouvrir sur Paris le vie culturelle et les lectures du ménage Parangon. Pour son héros Auxerre n'est qu'une étape, une première initiation à la vie urbaine, un prélude à la découverte de la capitale. Alors que *La Vie de mon père* affectera le goût des livres d'un signe positif – « j'ose ici défier qu'on me cite un sot qui ait aimé la lecture » (p. 27, n. *a*) – les lectures d'Edmond doivent être comptées parmi les « dangers de la ville » que dénonce le sous-titre du roman. Certes, il y a livres et livres. Ceux que le jeune homme connaissait avant sa venue à Auxerre ne présentaient aucun risque, et dans la biblio-

---

1. D. Roche, I, 276.
2. Avant la loge du *Vrai Zèle* Auxerre a pourtant compté une Académie (1749-1772). Cf. D. Roche, I, 32, et les *Mémoires concernant l'histoire civile et ecclésiastique d'Auxerre et de son ancien diocèse* de l'abbé Lebeuf, continués [...] par M. Challe et M. Quantin (Auxerre, 1848), t. II.

thèque des Parangon ceux de Madame ne sont pas ceux de Monsieur. On ne peut réduire les clivages culturels de l'univers rétivien à une opposition sommaire entre la campagne et la ville. Dans le même milieu urbain, sous un même toit, les lectures féminines se différencient nettement des lectures masculines. Reste à savoir si la sentimentalité des premières n'était pas aussi « dangereuse » que l'idéologie agressive des secondes. Une certaine culture poétique et romanesque ne présentait-elle pas pour la sensualité naissante d'un tout jeune homme autant d'inconvénients que les multiples tentations de la vie urbaine ? « La ville, commente l'auteur (p. 176), est un dangereux séjour pour quiconque a le cœur fait comme Edmond. » Sur ce cœur trop « sensible » l'élégance parisienne et les charmes capiteux de la vertueuse Colette devaient avoir des effets aussi funestes que les discours cyniques de Gaudet. Comment l'émotion partagée, les larmes versées à l'unisson sur le malheur d'Héloïse ne les auraient-elles pas accentués ? C'est toute l'ambiguïté du « rousseauisme » de Rétif, toute l'équivoque morale de la « sensibilité ». Lui-même n'en était qu'à demi dupe, même s'il lui plaisait de s'y être laissé prendre. A quelques pages d'intervalle M. Nicolas témoigne de la double impression ressentie dans son adolescence à la lecture des romans de Mme de Villedieu : « Je lisais alors les romans de Villedieu [...] je me persuadai que j'étais aimé » (t. I, Quatrième époque, p. 449). « En lisant les romans de Villedieu je puis protester, d'après ma conscience, qu'ils me portèrent à la vertu. »[1] Ne soyons donc pas surpris de voir se rejoindre, autour de Mme de Villedieu, la réalité et la fiction : est-il indifférent de se rappeler que ses œuvres sont un des rares éléments communs au fonds de librairie passablement austère de maître Fournier et à la bibliothèque si dangereusement engagée dans le siècle de M. Parangon ?

1. T. I, Quatrième époque, p. 471. Sur cette ambiguïté morale du romanesque à la Villedieu, voir P. Testud, p. 30-31.

Fantasmes rétiviens (2) :
du mythe de Thiers
à l'utopie d'Oudun[*]

Trois textes ont particulièrement fait la renommée des Quittard-Pinon au XVIIIe siècle : les deux mémoires publiés en décembre 1755 dans le *Journal économique* et, dix ans plus tard, l'article « Moraves, ou Frères Unis » de l'*Encyclopédie*. Ces textes n'ont pas seulement, ni principalement, une fin documentaire. Comme l'indique justement Irmgard Hartig, la communauté thiernoise s'y trouve enrôlée dans une cause qui la dépasse et n'est pas la sienne. Quelle cause ? Je voudrais pour ma part souligner la présence ici d'une ambiguïté qui me paraît marquer très fortement toute la pensée sociale des Lumières. Car les textes qui font référence aux Quittard-Pinon renvoient en fait à deux modèles bien différents de vie communautaire : d'une part un modèle spécifiquement rural, de structure familiale et supposé « naturel » ; de l'autre un modèle polyvalent, susceptible de s'adapter au cadre urbain et à toutes professions, de par sa nature contractuelle. Fermé sur lui-même, se perpétuant par le plus fort degré possible d'endogamie, excluant les enfants en surnombre, refusant le retour des « déserteurs », fondant sa stabilité sur la contrainte des mœurs et une autorité de

* Première publication dans la *Revue d'Auvergne*, n° 4, 1981, sous le titre « L'image des communautés rurales au XVIIIe siècle : du mythe de Thiers à l'utopie d'Oudun ».

type patriarcal, le premier modèle est aussi rigide qu'archaïque. Le second se caractérise au contraire par sa relative ouverture, avec le droit d'entrer et de sortir reconnu aux associés, ainsi que par sa souplesse économique : il s'accommode en effet d'une communauté des biens seulement partielle, laisse aux adhérents la liberté d'acquérir et posséder hors communauté, et propose pour la communauté elle-même un système d'intéressement individuel. Ainsi nous apparaît-il aussi moderne que le précédent semble anachronique : il préfigure à la fois le développement des sociétés par actions et toutes les formes de l'organisation mutualiste.

Le caractère manifestement contradictoire de ces deux modèles n'autorise pourtant pas à soumettre les textes à une analyse réductrice. Quand on voit Faiguet citer l'exemple des communautés auvergnates, après celui des Moraves d'Herrenhut, comme preuve de « la possibilité de l'association proposée » on est sans doute tenté d'interpréter la référence comme une habileté tactique. Mais il ne faut pas sous-estimer ni les possibilités d'interférence dans un même texte de modèles antagonistes, ni la convergence de ces derniers vers la promotion des mêmes valeurs d'utilité sociale, de frugalité et de travail. Plutôt que de réduire la dualité d'orientation à une unité factice il convient d'abord d'en prendre acte, puis d'analyser comment les deux modèles coexistent, dans un même texte, et quelle tension résulte de leur coexistence.

Or l'œuvre de Rétif nous offre deux utopies communautaires : l'une urbaine, dans la nouvelle *Les Vingt épouses des vingt associés* du recueil des *Contemporaines*; l'autre rurale, avec la présentation des statuts du bourg d'Oudun, qui servent en 1775 d'épilogue au roman *Le Paysan perverti*. C'est la seconde – première dans l'ordre chronologique – qui fait explicitement référence aux « familles unies d'Auvergne » (art. I), après que le narrateur ait présenté le nouvel établissement comme « plus parfait que ceux d'Auvergne et des environs d'Orléans »

192

(p. 290)[1]. Faut-il donc croire que Rétif, après avoir sacrifié au mythe naturaliste, s'est ensuite tourné vers l'avenir ? La réalité n'est pas si simple. D'une part les éléments archaïsants ne manquent pas dans la fiction des *Vingt épouses*, et l'association parisienne ouverte sur le monde extérieur par la diversité des professions qu'elle réunit[2], vit néanmoins repliée sur elle-même : endogamie de principe, pratiquée « autant qu'il sera possible », forte cohésion morale, emploi du temps aussi minutieux qu'une règle monastique, repas et divertissements obligatoirement pris en commun, interdiction de tout pécule individuel... D'autre part et inversement l'exemple de Faiguet avait déjà montré la possibilité d'une lecture moderniste des témoignages sur les communautés auvergnates, et Rétif a certainement puisé son information aux bonnes sources. De fait les statuts d'Oudun sont si riches d'éléments antagonistes qu'on doit y voir tout l'opposé d'un choix net : une synthèse utopique des contraires, qui résume, en l'accentuant, la contradiction structurelle du mythe communautaire au XVIIIe siècle.

Comment définir géographiquement Oudun ? Centre d'un domaine de treize cents arpents – soit, en arpents dits de Paris, plus de quatre cent quarante hectares[3] – ce

---

1. *Le Paysan perverti*, texte et dossiers établis et présentés par Daniel Baruch, coll. 10×18, 1978 (2 vol.). Oudun apparaît dans les dernières pages du second volume.
2. Un orfèvre, un boucher, un médecin, un chirurgien, un marchand de vin, un marchand drapier, un avocat, un procureur, un huissier, un cordonnier, un tailleur, un boulanger, un marchand mercier, un coutelier, le mari d'une lingère, un quincailler, le mari d'une couturière, un marchand de modes, un chapelier, un loueur de carrosses.
3. *Lettres CCL*, p. 287. Quatre cents arpents de l'ancienne ferme d'*Oudun*, deux cents en tout des deux fermes de la *Loge* et de *Vormes*, six cents des « six petites métairies des environs » également acquises, enfin « cent arpents de broussailles qui ne rapportent rien, et qui pourront devenir des bois ». L'article II des statuts parle d'un « finage de mille arpents, sans compter les broussailles, les prés et les vignes ».

193

n'est ni une ville ni un village, mais un « bourg ». Le mot répond à une intention bien précise, explicitée dans les toutes dernières lignes.

« Tels sont les moyens que nous avons employés, pour préserver à jamais nos enfants de l'inévitable contagion des villes, et les garantir de la misère qu'on n'éprouve que trop souvent dans les campagnes. »[1]

Dans le grand débat du XVIIIᵉ siècle sur les bienfaits et les méfaits de la civilisation urbaine Rétif intervient donc d'une manière moins unilatérale que ne semblait l'annoncer le sous-titre de son roman : *Le Paysan perverti, ou les dangers de la ville.* Si la ville est dangereuse, la campagne a ses tares, l'ignorance et la misère. Bien loin d'idéaliser l'existence villageoise, l'auteur de *La Vie de mon père* propose ici un mode d'organisation économique et sociale qui réconcilie nature et culture en cherchant à dépasser l'opposition de la ville et du village. Oudun est rural par son environnement et l'activité agricole de ses habitants, également par ses dimensions volontairement limitées : pas plus de cent maisons (lettre CCL) ni d'un millier de personnes. (V). Mais le critère démographique n'est pas au XVIIIᵉ siècle le plus pertinent pour distinguer le rural et l'urbain. Oudun est urbain par l'ensemble des services assurés en des bâtiments publics : non seulement l'église, le presbytère et le cimetière, mais la maison commune, avec four, grange, greniers, vaste salle et aussi une « chambre pour rendre la justice » *(ibid.)*, enfin une école (lettre CCL). Urbain également par une implantation géométrique qui renvoie du reste moins aux villes traditionnelles qu'à celles dont rêvent ou que projettent les grands

1. P. 303. A rapprocher de p. 302 : « Ajoutez que les enfants que nous formons ne sont pas négligés comme ceux des campagnes, et sont mieux élevés que dans les villes, où l'exemple et les fausses maximes combattent à tout moment les préceptes. » – Cela n'empêche pas l'auteur d'employer aussi (par inadvertance ?) le mot de *village* (art. XXII et XXIII).

architectes du siècle : des maisons uniformes, réparties régulièrement sur quatre rues « égales » *(ibid.)*. Il manque en revanche à Oudun un équipement dont la présence ou l'absence est précisément, selon l'*Encyclopédie* (art. *Village*) ce qui distingue bourg et village : un marché. A quoi servirait-il puisque la communauté subvient elle-même à presque tous ses besoins ? Ne parlons pas d'économie fermée : Oudun exporte ses surplus agricoles (XXX). Mais les importations se limitent, elles, aux achats de meubles ou de livres que les habitants sont autorisés à posséder en propre et à acquérir sur leur pécule *(ibid., XXXII)* : achats trop espacés sans doute, et trop marginaux, pour que l'auteur éprouve le besoin de préciser où et comment ils s'effectuent. S'il tient compte avec réalisme des nécessités de l'économie d'échange, il veut manifestement en réduire la part le plus possible. Détail symptomatique, et d'un archaïsme révélateur, Oudun est un « bourg muré » (lettre CCL) ; un bourg que son enceinte protège des agressions et surtout des contagions éventuelles : « on n'admettra jamais aucun étranger » (XLII).

Matériellement à peine entrouvert, Oudun est du point de vue idéologique à la fois ouvert et fermé. On le constate sur le plan institutionnel, comme sur ceux de la démographie, de l'économie et des mœurs. Le fondement de la communauté relève et de la nature et de l'art, puisqu'il est à la fois familial et contractuel. Dans leur *considérant* initial les statuts empruntent à la grande politique une expression chargée d'ambiguïté : l'institution du bourg est un « pacte de famille ». Entendons qu'il s'agit bien d'un contrat social, librement signé par les vingt-cinq contractants, mais d'un contrat pratiquement indissoluble et qui engage pour longtemps, sinon « à jamais » (p. 303) leur descendance. Car ce contrat est aussi une fondation, si bien que l'autorité morale des ancêtres fondateurs doit faire plus qu'équilibrer le contenu individualiste du contrat originel. Rétif se souvient sans doute de l'aïeul mythique des Quittard-Pinon et de leur tradition à son propos rapportée par le *Journal économique* en décembre 1755. Bien plus, il accentue le caractère familial de la communauté d'Oudun en interdisant à ses membres d'avoir à leur service des domestiques : le *Journal économique* s'attardait au contraire pendant quelques lignes sur le statut de la domesticité des « Pignou ». Enfin, alors que le périodique donnait deux présentations différentes des modalités de désignation du chef de la communauté – d'abord son élection par « la famille assemblée » (premier mémoire), ensuite le choix de l'un d'entre eux par les chefs des quatre branches de la famille (second mémoire) – Rétif préfère un troisième système, la primauté absolue et intangible de la branche aînée : *« Entendons qu'ils soient soumis au fils aîné de l'aîné de notre famille, lequel sera comme leur père commun »* (I).

Ce gouvernement paternel, d'essence monarchique, est censé être le plus efficace pour assurer la perpétuité du bourg[1]. Dans l'aspect démographique de l'institution on découvre également un double caractère. Dans le sens de la fermeture, une recherche d'autosuffisance qui n'accepte l'exogamie qu'à titre provisoire, jusqu'au jour où les descendants des premiers habitants pourront s'allier les uns aux autres sans crime (XLII). Dans le sens de l'ouverture, la solution originale donnée au problème des enfants excédentaires : problème impossible à éviter, puisque pour la pensée moyenne des Lumières – y compris dans *Le Contrat social* (cf. livre III, chap. IX) l'expansion démographique est à la fois le signe, la cause et l'effet de la santé économique et sociale. L'encyclopédiste Faiguet avait dénoncé comme également contraire au droit naturel et à l'intérêt général la pratique de l'exclusion : « Cet

---

1. C'est le comte qui l'a voulu tel, introduisant « quelques changements en faveur de la descendance aînée » dans le projet de règlement que Pierre lui avait soumis (p. 290). Curés et maîtres d'école doivent de même être choisis en priorité dans la branche aînée (I). Seuls les deux syndics annuels sont peut-être élus librement : le texte les mentionne sans autre précision (p. 302).

usage – écrivait-il – tout consacré qu'il est par son ancienneté et par l'exactitude avec laquelle il s'observe, ne paraît guère digne de ces respectables associés.» Et dans un mouvement d'optimisme aussi généreux qu'irréaliste l'auteur de l'article «Moraves» avait préféré envisager une extension indéfinie du domaine commun : «Supposez donc que les terres actuelles de la communauté ne suffisent pas pour occuper tous ces enfants, il serait aisé avec le prix de leur légitime, de faire de nouvelles acquisitions ; et si la providence accroît le nombre des sujets, il n'est pas difficile à des gens unis et laborieux d'accroître un domaine et des bâtiments.»[1] Rétif retient implicitement l'objection adressée aux Quittard-Pinon mais il n'adopte pas la solution de son prédécesseur : non qu'il la juge chimérique, mais parce qu'elle est trop contraire à l'esprit d'Oudun. Les limites du «bourg muré» ont en effet été tracées une fois pour toutes : la survie de l'institution l'exigeait. Dans ces conditions, une fois refusée une injuste spoliation, comment concilier cette nécessité avec la réalité prévisible du développement démographique ? La synthèse de la stabilité et du mouvement sera l'essaimage : dès l'origine de la communauté la prévoyance du fondateur prépare la création du *Second Oudun*, appelé à ne former avec le premier qu'une seule paroisse, mais néanmoins construit sur un autre domaine, «à quelque distance» (XXXIV-XXXV).

Reste que l'utopie d'Oudun peut se prévaloir ici d'une vertu dynamique que ne possédait guère le mythe conservateur des Quittard-Pinon. Ce dynamisme se retrouve-t-il sur le plan économique ? Il faut encore répondre *oui et non*. Oui, parce que les ruraux d'Oudun ont droit au pécule individuel qui sera refusé aux vingt associés parisiens. Sur

---

1. Le *il serait aisé* vite transformé en un affirmatif *il n'est pas difficile*, trahit le caractère utopique de la pensée. Comme le faisait remarquer A. Poitrineau, Faiguet oublie l'étroitesse du marché des biens fonds au XVIIIᵉ siècle.

197

ce point aussi Rétif suit Faiguet, même s'il modifie l'esprit de ses propositions. L'article « Moraves » posait nettement le principe de l'intéressement individuel, chaque associé devant recevoir un pourcentage fixe du produit de son propre travail[1]. Rétif donne à l'institution un caractère collectiviste ; chacun aura droit à une part égale du produit du travail de tous, déduction faite des dépenses communes (XXX). Mais cet égalitarisme ne devrait pas nuire à l'efficacité économique. Le législateur d'Oudun ne compte pas seulement sur les stimulants moraux et le dévouement de chacun à la communauté. En limitant aux biens d'usage l'appropriation individuelle sur le territoire de celle-ci, il pousse habilement à l'accumulation du capital et à l'investissement – foncier ou commercial – hors des limites du domaine : « De ce pécule, les habitants pourront acheter soit des livres, des meubles, etc., soit des fonds de terre hors du finage ; ou placer dans le commerce, pourvu que leur culture particulière n'en souffre pas... » (XXXII). Ainsi l'esprit d'entreprise doit-il se concilier avec l'esprit communautaire : « Nos statuts nous rendent une seule et même famille par la communauté des biens ; sans que cette communauté détruise l'industrie, puisqu'on peut acquérir ailleurs » (p. 302).

« Industrie » : maître mot du langage des philosophes du siècle, mais qui coexiste curieusement dans les statuts d'Oudun avec les prescriptions les plus sclérosantes ! Dans son souci d'égalité Rétif pousse en effet à l'extrême, sinon à l'absurde, le refus de toute division du travail et

1. « On arrangera les affaires d'intérêts de manière que les associés en travaillant pour la maison puissent travailler aussi pour eux-mêmes [...] ; c'est pourquoi on évaluera tous les mois les exercices ou les ouvrages de tous les sujets, et on leur en paiera sur-le-champ la quotité convenable ; ce qui sera une espèce d'appointement ou de pécule que chacun pourra augmenter à proportion de son travail et de ses talents » *(loc. cit.)*. La proposition est tout autre chose que la distribution hebdomadaire d'argent de poche mentionnée précédemment par l'auteur de l'article à propos des communautés d'Auvergne.

cela au profit de l'organisation la plus monolithique : « tous feront les mêmes choses en même temps » (XXVI). Aucune place donc pour l'initiative individuelle, l'invention, l'innovation : jamais rien de tel, n'avait été dit, on s'en doute, à propos des Quittard-Pinon, et c'est exactement le contraire des propositions de Faiguet, attaché à fonder la prospérité commune sur la diversité des talents et des professions. Manifestement Rétif ne parvient pas à se déprendre d'une vision monacale de la vie communautaire : pas d'égalité sans uniformité. Ce n'est pas par hasard si le titre II des statuts d'Oudun *(Des repas et divertissements publics)* est quatre ou cinq fois plus long que le titre suivant *(Du travail)*. Le travail lui-même ne s'y trouve-t-il pas implicitement crédité d'une valeur morale supérieure à sa valeur économique ? Oudun est moins une communauté de production qu'une communauté de vie : c'est pourquoi les règles de consommation y ont tant d'importance. Si Rétif a son côté encyclopédiste et voltairien, le rousseauisme l'emporte dans le tableau complaisant qu'il nous donne des plaisirs et des fêtes, mais non sans que ne se révèle, comme chez Rousseau lui-même, au cœur de l'idylle communautaire, l'antinomie de l'égalité et de la liberté.

C'est donc surtout au plan des mœurs que la contradiction inhérente à la fiction d'Oudun apparaît la plus criante. Avec moins de talent poétique que Rousseau, mais autant de conviction que l'auteur de la *Lettre à d'Alembert* et de *La Nouvelle Héloïse*, Rétif se plaît à évoquer les repas collectifs, les jeux et divertissements pratiqués en commun, et en particulier la danse. Mais en plaçant ainsi sa création sous le signe de la convivialité, il ne peut s'empêcher de céder à la manie réglementaire habituelle aux faiseurs d'utopies. Si les citoyens de la « nouvelle Sparte » disposent d'une maison par famille, ce ne peut être que pour y dormir – et y procréer – car les statuts ne leur accordent pendant le jour aucun instant d'intimité, de vie privée. Et comme il arrive constamment au royaume d'utopie, l'organisation de la vie quotidienne est à Oudun si minutieuse, voire tatillonne, que le bonheur qu'elle est censée assurer est singulièrement pauvre en oxygène. Bien plus, cette conception étouffante du bonheur se teinte fortement de misogynie. L'égalité de principe qui doit régner à Oudun est loin de s'étendre aux relations entre hommes et femmes. Passe encore que ces dernières soient vouées à ne boire jamais que de l'eau (XXIV) : en 1788 Legrand d'Aussy relèvera chez les Quittard-Pinon d'autres signes, au moins aussi fâcheux, d'inégalité. A Oudun celle-ci n'existe pas seulement dans les loisirs comme dans le travail. La plus grave se manifeste à l'occasion du mariage. En principe « l'inclination des jeunes gens » doit seule en décider (XLIII), et Rétif est sans doute aussi porté que Faiguet à voir dans la disparition du mariage d'intérêt une garantie de bonne entente entre les conjoints, donc de moralité publique. Mais l'ordre communautaire, tel qu'il le conçoit, ne s'accommoderait guère de la pure anarchie du sentiment. Celle-ci se trouve prévenue, ou canalisée, à Oudun de trois manières : par l'obligation faite aux garçons de mériter le droit de choisir ; par la limitation apportée à ce choix qui ne pourra s'exercer que parmi les filles désignées chaque année « le lendemain de la fête de la *Décollation de saint Jean*, 29 août » pour être mariées dans l'année ; enfin et surtout par l'exclusion des filles du « droit de choisir, qui n'appartient et ne doit appartenir qu'à l'homme » (XLIII-XLIV).

S'il insistait sur les bonnes mœurs et l'esprit de famille des Quittard-Pinon, le *Journal économique* ne s'attardait pas à de tels détails. Ces derniers sont au contraire dans la logique romanesque du *Paysan perverti*, puisque les « dangers de la ville » y sont essentiellement ceux du sexe. Quant Rétif, homme de désir mais nostalgique de l'ordre, se préoccupe de préserver Oudun de tels périls, il sait d'expérience de quoi il parle. La lecture rétivienne du mythe des Quittard-Pinon ne pouvait donc manquer d'être infléchie par ses fantasmes personnels. Mais il ne s'agit pas seulement de cela. La subordination des femmes aux mâles était à coup sûr une règle de la communauté thiernoise, et Rétif ne l'invente pas. Ce qui est significatif, c'est que sa tentative pour construire minutieusement le bonheur communautaire le conduise à la renforcer en la précisant. Non par inconsistance de sa part, mais du fait même du travail de systématisation qui vise à transformer le mythe en utopie. Le propos d'un journaliste pouvait s'accommoder d'un certain flou dans la présentation de faits mi-réels, mi-légendaires. La logique du romancier est plus exigeante. Dans sa volonté de créer une société sans conflits, l'imagination utopiste attire l'attention, par les solutions qu'elle propose, sur les problèmes qu'elle prétend résoudre. Fût-ce malgré elle, la fiction d'Oudun ne pouvait manquer de mettre en lumière les contradictions du mythe communautaire, ni de dénoncer, par ses raffinements mêmes, l'impossible conciliation des contraires.

La société des *Liaisons dangereuses* : l'espace et le temps[*]

Sur le moment de l'action le texte des *Liaisons* marque quelque incertitude. Que le colonel de Gercourt soit appelé à servir en Corse (IX, p. 34)[1] suggère la campagne de 1768 ; mais si le « vieux ministre » auquel Mme de Mertueil a eu recours pour obtenir contre sa sœur de lait une lettre de cachet (LXXXI, p. 177) est bien Maurepas, il faut plutôt penser au début du règne de Louis XVI, entre l'avènement du nouveau ministère (1774) et la mort du ministre d'État (1781). Cette relative imprécision contraste avec le soin pris de dater toutes les lettres, du 3 août 17** au 14 janvier 17**, comme si la succession nécessaire des événements importait plus au romancier que leur stricte localisation dans l'histoire : technique inverse de celle de Rétif qui situe en octobre 1748 l'arrivée à Auxerre du jeune Edmond, mais oublie souvent de dater la correspondance des héros du *Paysan perverti*. Encore faut-il se souvenir que les romanciers du siècle, et notamment celui de *La Nouvelle Héloïse*, sont généralement encore plus avares d'indications chronologiques. L'intrigue de *La Vie de Marianne* se déroule à une époque

---

* Première publication dans *Le Siècle de Voltaire. Hommage à René Pomeau*, Oxford, The Voltaire Foundation, 1987.
1. Nos références renvoient à l'édition René Pomeau (Paris, 1964).

mal déterminée (1640 ? 1690 ?)[1] du XVIIe siècle : comme Rétif, Laclos choisit au contraire de raconter, à quelques années près, une action contemporaine de ses premiers lecteurs : c'est cela qui importe, et à moins de donner davantage prise à l'accusation d'avoir écrit un roman à clefs il lui était difficile d'être plus précis.

Resserrée dans le temps, l'action des *Liaisons* ne l'est pas moins dans l'espace. La Bourgogne du président de Tourvel, la Corse de Gercourt sont le bout du monde : deux régions lointaines pour deux personnages hors jeu. Ceux qui comptent vont de Paris à la proche campagne et à des châteaux qui ne sont guère éloignés de la capitale : celui de Mme de Rosemonde en est à une journée de poste, puisque Mme de Merteuil s'étonne de ne recevoir que le 27 août une lettre datée du 25 (XXXVIII, p. 83) ; un peu plus tard Danceny, resté à Paris, nous apprendra que « dix lieues seulement », soit environ 40 km, le séparent de Cécile (LXXX, p. 168). Le château de la « bonne Comtesse », chez qui Valmont s'offre « un réchauffé » avec la vicomtesse (LXXI et XLVII) se situe à mi-distance. Quant à la « campagne » de Mme de Merteuil, si « ennuyeuse » et « triste » qu'elle soit aux yeux du complice de celle-ci (CXV, p. 265), elle est également d'accès facile : à une lettre que Danceny lui envoie de Paris le 19 octobre la Marquise peut répondre dès le 22 (CXVIII et CXXI).

Voilà donc circonscrit l'horizon géographique du roman, à Versailles près où Valmont conduit une fois Danceny (LIII), ce qui ne produit pas un grand dépaysement... L'univers des *Liaisons* est d'autant plus borné que l'auteur s'abstient d'exploiter le thème de la grande ville. Le Paris des *Liaisons* est lui-même étriqué. La *petite maison* où Mme de Merteuil envoie Victoire, déguisée en laquais, attendre le chevalier et où elle-même se rend en fiacre, habillée en femme de chambre, est proche du Boulevard et

1Texte de NoteVoir les remarques de Frédéric Deloffre, p. 7 et 349 (n. 1) de son édition du roman de Marivaux, Paris, 1963.

de ses cafés (X). Celle de Prévan, qui y offre à souper aux trois « inséparables » et à leurs amants trahis, doit être voisine du Bois de Boulogne où un gai déjeuner remplace un triple duel (LXXIX). Pour sa part Émilie entraîne sa « cour » au sortir de l'Opéra, pour la soirée, au village de P... qui est peut-être Pantin (XLVII). Enfin Danceny tue Valmont en duel à Saint-Mandé, à la porte du Bois de Vincennes (CLXII). Mais ce sont là lieux extrêmes : l'action se concentre par ailleurs au cœur de Paris. Si nous ignorons où résident exactement Valmont, Mmes de Volanges et de Merteuil, nous ne pouvons douter que l'hôtel de Tourvel ne soit proche de l'église Saint-Roch, où la gaucherie de la Présidente a naguère excité la verve de la Marquise (V, p. 26), ainsi que de ce couvent des Feuillants de la rue Saint-Honoré – si célèbre pendant la Révolution – où habite son confesseur et où il lui arrive d'aller entendre une messe matinale (CVII, p. 246 ; CXX). Qu'elle s'y rende en carrosse n'implique pas une longue distance : une dame de qualité ne se déplace pas à pied. Délaissons la dévotion pour le théâtre, le trajet ne sera pas plus long : dans les années 1770 l'Opéra est au Palais-Royal, la Comédie-Française aux Tuileries, les Italiens – ou Opéra-Comique – à l'ancien hôtel de Bourgogne, rue Mauconseil. Ainsi presque toutes les indications topographiques nous enferment dans un tout petit espace de la rive droite.

Comparé au Paris du *Paysan perverti,* celui des *Liaisons* est des plus étroits. Aussi la mention du nom des rues y est-elle à peu près inutile : les hôtels aristocratiques s'y désignent du seul nom de leurs propriétaires et dans leurs déplacements quotidiens d'un hôtel à l'autre, pour les visites, ou de l'hôtel au théâtre, ceux-ci ne voient même pas la rue. En leur compagnie, enfermés dans un carrosse, nous n'apercevons rien du spectacle pittoresque si bien évoqué par Rétif et Mercier, nous sommes loin du picaresque urbain jadis inventé par Marivaux. Ici la rue, ignorée, ne joue aucun rôle : elle reste paradoxalement un lieu vide, quasi abstrait, même lorsqu'un embarras de carrosses, à la sortie de l'Opéra, inflige à la Présidente une humiliation insoutenable : de sa voiture elle ne voit en effet rien d'autre qu'Émilie, cette « fille » riant d'elle aux éclats, ostensiblement, à côté de Valmont (CXXXV, p. 310).

Bref face à face dont l'intensité dramatique convient au climat tragique du roman : pour Mme de Tourvel, sans qu'elle le comprenne clairement, Émilie a la figure du destin. Le dépouillement de la tragédie exige que s'efface ce qui n'est pas essentiel, le bruit et l'agitation de la rue. Dans le cas présent il correspond aussi à une exigence sociale de bienséances : si Mme de Tourvel n'avait pas reconnu la voiture de son amant, elle n'aurait jamais eu l'imprudence de *s'avancer* jusqu'à la portière de la sienne. Esthétique et sociologie poussent dans le même sens : celui d'une complète clôture.

On ne peut s'attendre à ce que l'espace intérieur soit plus ouvert que celui de la ville. Il ne viendrait certes pas à l'esprit de Laclos de décrire l'habitat de ses personnages. Écrivain précis, il suggère néanmoins beaucoup d'un seul mot. Un verbe suffit à indiquer la disposition des lieux chez la Maréchale, salon à l'étage noble, salle-à-manger au rez-de-chaussée : « Au moment du souper, l'évêque *ne descendait pas* [...] *Remonté* au salon » (LXXXV, p. 186). Mais il n'y a rien là d'original. A vrai dire rien ne ressemble plus à un hôtel particulier qu'un autre hôtel. Nous ne savons pas si celui de Mme de Tourvel est pourvu sur ses arrières, comme celui de Mme de Merteuil (p. 189), d'un jardin et d'une « petite porte » bien commode. C'est que le récit n'exige pas que nous le sachions. En revanche le Suisse de la Marquise (p. 189) ressemble comme un frère à celui de la Présidente (CVII, p. 245) : nous imaginons aisément l'un et l'autre dans leur loge, à l'entrée de la cour d'honneur. De même les appartements intimes des deux femmes, si dissemblables qu'elles soient, sont eux presque identiques : la chambre à coucher de la Marquise est contiguë au cabinet de toilette où elle reçoit Prévan, tout près d'une femme de chambre invisible du visiteur

206

(LXXXV, p. 189), de même que la chambre de la Présidente voisine avec son boudoir (CVII, p. 245). Un détail, il est vrai, pourrait personnaliser ce dernier appartement : la mention de la bibliothèque où deux vides dans les rayonnages révèlent les lectures dévotes et passionnées d'une âme sensible, des *Pensées chrétiennes* et *Clarisse Harlowe* (p. 245). Mais nous savons que si Mme de Merteuil préfère *Le Sopha* et les contes de La Fontaine aux ouvrages de piété, elle sait faire son profit, à sa manière, du pendant français de *Clarisse, La Nouvelle Héloïse* (X, p. 37). Elle aussi, en tout cas (et comment pourrait-il en être autrement ?), dispose d'une bibliothèque. Enfin l'analogie de cadre de vie se précise encore à un détail d'ameublement. Pour séduire Prévan la Marquise prend une pose rêveuse et abandonnée sur son «ottomane» (LXXXV, p. 188). Que le mot soit un néologisme[1] n'est pas sans intérêt pour la chronologie interne du roman et l'époque supposée de l'action. Mais la Marquise n'est pas seule à être meublée à la dernière mode : Mme de Tourvel l'est aussi, et il s'en faut de peu – le portrait de son mari accroché en face – que la victoire de Valmont ne soit acquise sur ce meuble si commode (CXXV, p. 285)...

La rareté des indications données dans les *Liaisons* sur le décor de l'action relève assurément d'une esthétique tout autre que celle de Balzac. Pas plus que Valmont Laclos ne dédaigne les «petits détails qui donnent la vraisemblance» (LXXXIV, p. 184), mais il retient seulement ceux qu'exigent les nécessités du récit, qu'il s'agisse de la serrure huilée de la porte de Cécile ou de la topographie intérieure des hôtels parisiens. Cette discrétion a cependant une autre raison. A quoi bon s'arrêter sur ce qui va de soi et qui est partout à peu près le même ? Les habitudes sociales, les contraintes de la mondanité excluent qu'un intérieur diffère

---

1. Le *Robert* le date de 1780. L. Versini l'a rencontré dans *Les Sacrifices de l'amour,* de Dorat (1771) : voir son édition des *Œuvres romanesques* de Laclos, Paris, 1979, p. 1193.

sensiblement d'un autre. Monde clos, à l'atmosphère confinée, la société des *Liaisons* est remarquablement homogène. En vain chercherait-on même à y déceler des différences significatives entre noblesse d'épée et noblesse de robe. Ces différences existent entre les personnes, mais les deux milieux s'interpénètrent, s'ils ne se confondent pas. Dans le livre comme dans la réalité de la fin du XVIIIe siècle l'aristocratie parisienne est une par son mode de vie, ce qui n'exclut pas toute une gamme de nuances hiérarchiques : Azolan, chasseur d'un vicomte et qui a servi une duchesse, refuse de faire de même auprès d'une présidente (CVII, p. 247) ; celle-ci n'en est pas moins une grande dame qui a les relations mondaines les plus distinguées et habite l'un des quartiers les plus élégants du Paris du XVIIIe siècle. Parisienne à coup sûr, et non provinciale comme on l'a parfois supposé ! Projeter ainsi dans la fiction ce que l'on sait par ailleurs de ses origines grenobloises, c'est forcer le texte. Celui-ci nous apprend sans doute que le président de Tourvel s'attarde en Bourgogne « à la suite d'un grand procès » (IV, p. 25). Mais le *à la suite de* suggère qu'il s'agit d'affaires personnelles et non d'activités professionnelles. Imagine-t-on du reste qu'un mari amoureux de sa jeune femme puisse encombrer les lettres qu'il lui adresse de détails de métier ? Le « mélange indigeste » que raille l'indiscret Valmont (XLIV, p. 97) ne peut porter – affaires et sentiment – que sur la vie privée du couple. Bref, M. de Tourvel a des intérêts en Bourgogne, mais c'est au Parlement de Paris qu'il siège comme président à mortier ; et sa femme n'est pas plus « provinciale » que « bourgeoise »[1].

Si une opposition forte structure le roman, outre la distribution des rôles entre les libertins et leurs victimes, elle n'est donc ni d'ordres ni de classes, mais spatio-temporelle.

---

1. Je rejoins donc sur ce point René Pomeau (*Laclos,* Paris, 1975, p. 136), et je m'écarte de la lecture de Laurent Versini, tenté d'associer « la retenue et la vertu de la Présidente – à une condition sociale de bourgeoise et de provinciale » (Laclos, *Œuvres romanesques,* p. 1178, n. 4).

La société des *Liaisons* vit à Paris, mais elle se disperse volontiers à la belle saison, fin de l'été (quand le soleil est moins cruel au teint des dames) et début de l'automne, dans les châteaux des alentours. Ville ou campagne : à toutes époques, au rythme des saisons, l'alternance est facteur d'équilibre ; au XVIIIe siècle elle a aussi de fortes connotations idéologiques. Un rousseauisme diffus – dont l'auteur du *Paysan perverti* est l'un des interprètes – ne se lasse pas d'opposer l'innocence du bonheur rural aux raffinements frelatés ou à la misère corruptrice de la vie citadine : séjourner à la campagne, c'est revenir à la simple nature, non dans une solitude de misanthrope, mais dans l'intimité d'une société harmonieuse où la paix de l'âme se vivifie des joies actives de la bienfaisance. A l'image du mondain oisif et de son agitation stérile répond symétriquement celle du bon châtelain et de sa famille, heureux de la reconnaissance affectueuse dont les entourent leurs domestiques et leurs paysans[1]. Dans cet univers protégé, qui est celui de Clarens – et l'on sait les « affinités profondes » de Laclos avec Jean-Jacques[2] – la présence d'un libertin introduit une dissonance dont il est le premier à se plaindre, quitte à s'en faire un mérite auprès de sa future victime. Disant son « triste sort » à sa complice, Valmont précise : « La vie que je mène est réellement fatigante, par l'excès de son repos et son insipide uniformité » (XV, p. 43). Mais à Mme de Tourvel il insinue qu'elle n'est pas pour peu dans sa prétendue conversion à la vie campagnarde : « Le genre de vie qu'on menait ici différait beaucoup sans doute de celui auquel j'étais accoutumé ; il ne m'en coûta rien de m'y conformer » (XXXVI, p. 80).

Cette différence, en romancier concis Laclos l'exprime par les faits, non par de longs discours. A étudier l'emploi

---

1. Sur ce double thème du repos rustique et de la bienfaisance, voir R. Mauzi, *L'Idée du bonheur au XVIIIe siècle,* Paris, 1960, deuxième partie, chap. 9, et *passim.*
2. Voir L. Versini, *Laclos et la tradition,* Paris, 1968, troisième partie.

du temps de ses personnages on prend vite conscience qu'il existe dans la société du roman non seulement deux genres de vie, mais deux formes de sociabilité. A Paris la journée débute tard. Cécile voit sa mère tous les jours au lever de celle-ci (I, p. 19), mais Mme de Volanges n'est pas très matinale : c'est seulement vers dix heures qu'elle commencera à s'inquiéter de ne pas avoir encore vu paraître la jeune fille (CLXX, p. 369). Il faut être Mme de Tourvel, et dans des circonstances insolites, pour se rendre à la messe « avant neuf heures » (CVII, p. 246). Matinée et après-midi sont consacrés à la toilette, à la lecture, à la correspondance (I)[1]. Azolan note qu'à son

---

1. La fin de matinée semble le moment habituel pour écrire son courrier. Mme de Merteuil termine sa lettre du 4 août (II, p. 22) à « midi passé ». Le 15 novembre, dans l'attente angoissée de Valmont, Mme de Tourvel précise à Mme de Rosemonde : « Il est près de midi » (CXXXV, p. 311). A quoi le vicomte fait écho, mais sur un tout autre ton, le 27 du même mois quand il s'étonne que sa « bien-aimée » n'ait pas encore réagi à sa lettre de rupture : « Mais il est près de midi, et je n'ai encore rien reçu » (CXLII, p. 323). Le 14 août Cécile était à peine plus matinale pour se confier à sa chère Sophie : « Il n'est encore qu'onze heures » (XIV, p. 42). Le 3 elle avait en revanche attendu le milieu de l'après-midi – « il n'est pas encore cinq heures » (I, p. 19) – pour écrire à celle-ci, mais ce moment relativement tardif s'expliquait par l'ivresse, et l'illusion, de sa nouvelle liberté : « Il ne tiendrait qu'à moi d'être toujours à rien faire. »

Il est vrai que les indications en sens contraire – lettres écrites le soir ou la nuit – ne sont pas rares. Mais elles répondent toutes à une situation ou une intention particulières. Si Azolan prend soin de faire suivre sa lettre du 5 octobre de la mention « à onze heures du soir » (CVII, p. 247), c'est évidemment pour que son maître y voie une preuve de zèle. Il en va un peu de même de Valmont expliquant à la Marquise qu'il a recopié et expédié sa « tendre missive » de rupture « dès hier au soir » (CXLII, p. 323). En sens inverse la précision « ce 3 décembre 17**, au soir » (CLI) rend plus pressant l'ultimatum qu'il lui adresse quelques jours après. Et c'est aussi le soir que Danceny envoie à Valmont son cartel du 6 décembre (CLXII, p. 356).

Quand la correspondance se fait nocturne l'intention est encore plus marquée : le 2 septembre la Marquise se plaint à Valmont de ce que sa négligence l'oblige à lui écrire à « une heure du matin » alors qu'elle a grand sommeil (LI, p. 108). Les heures insolites de la nuit

retour des Feuillants la Présidente « a déjeuné » (CVII, p. 246) ; ce premier repas, sans doute léger, convient à qui s'est levé tôt. Aux lève-tard le dîner suffit, en milieu de journée, et il est sans apparat. Cécile, coiffée mais pas encore habillée, prend le sien en tête-à-tête avec sa mère (I, p. 19). Une longue lettre à Valmont retarde celui de Mme de Merteuil (LXIII, p. 130) : ce n'est pas grave puisqu'elle est seule. Autrement dramatique sera la solitude de Mme de Tourvel ne prenant pour son dîner « qu'un peu de potage » (CVII, p. 245). Dans tous les cas la vie sociale ne commence pas avant le début de la soirée. Il faut la naïveté de Cécile pour croire à la visite du « Monsieur » auquel on la destine quand « il n'est pas encore cinq heures » : n'est-ce pas seulement à sept heures, elle-même nous l'indique, qu'elle devait retrouver sa mère (I, p. 19) ? Mme de Merteuil se ménage un tête-à-tête avec Valmont : elle le convoque à sept heures et ne voudra voir personne d'autre avant huit (II, p. 22). Si le même Valmont se rend à cinq heures chez la Présidente (CXXXV, p. 310), c'est qu'il veut l'y trouver seule à coup sûr. A la rigueur les convenances permettent cette initiative insolite. Mais elles réprouvent la visite « un peu leste » que Prévan a eu l'impertinence de faire à la Marquise « le matin » (LXXXVII, p. 195).

Souvent le début de la soirée est occupé par le spectacle : quoi de plus commode, pour causer, qu'une loge à

---

sont naturellement propices au libertinage épistolaire : c'est à trois heures du matin que Mme de Merteuil narre à son complice sa nuit galante avec le « pauvre chevalier » (X). Et c'est aussi de nuit, heure inhabituelle, qu'après le souper de P..., la jeune Émilie offre au vicomte un « pupitre » encore plus surprenant (XLVII). Mais le courrier nocturne est également celui du drame. Après l'humiliation du carrosse la Présidente ne peut attendre le lendemain, dans son total « anéantissement », pour se plaindre à Valmont : « avant minuit » elle a compris la vanité de sa démarche (CXXXV). Et c'est « vers minuit » (CLX, p. 353), le 5 décembre, qu'échappant quelques instants au délire, elle fera appeler sa femme de chambre pour dicter sa dernière lettre.

l'Opéra (XXIX, p. 68) ? Les allusions à celui-ci sont les plus nombreuses (XII, XXXIX, XLVII, LXXIV, LXXXV, CXXXV, CXXXVIII). Mais une loge au Français est aussi un lieu commode de rendez-vous, quitte à ce que la « curiosité littéraire » en souffre (LXXXV, p. 187). Et c'est le « salon » de la Comédie-Italienne qui verra la déroute humiliante de Mme de Merteuil (CLXXIII, p. 375). Après le spectacle, commencé tôt et terminé de même, la soirée est d'abord occupée par le souper, aussi mondain que le dîner était intime. On soupe à dix heures chez la Marquise qui reçoit le 5 août Mme de Volanges et sa fille (II, p. 22). Un autre invité, au moins, est de la partie, Danceny, qui chante avec Cécile et tombe aussitôt dans le piège tendu à sa naïveté (V, p. 27 ; VII, p. 31). Ce soir-là les convives ne semblent pas avoir été très nombreux, alors qu'il y avait « beaucoup de monde » deux jours auparavant chez Mme de Volanges pour le premier souper de Cécile (III, p. 22) : il y en aura également beaucoup – Valmont, Prévan, les deux Comtesses de B*** « quelques femmes »... – le 10 septembre chez la Maréchale (LXX, p. 140). Après souper, au salon, on ajoute le plaisir du jeu à la poursuite de la conversation. On joue au piquet (XIII), au pharaon (LXXIX), au lansquenet (LXXXVII), et l'on termine volontiers, entre minuit et deux heures du matin, sur une macédoine (LXXXV, p. 191 ; LXXXVII, p. 195) : tous jeux d'argent, bien entendu, et dont le dernier – comme l'explique une note de l'auteur – innovation récente, est « une des inventions du siècle » (LXXXV, p. 191). Quant à la conversation, elle ne ressemble guère, sinon par le piquant de l'esprit, aux propos tenus dans les salons littéraires et philosophiques du temps des Lumières : aussi vide que brillante, elle languit dès que les médisances font défaut (LXX, p. 140). Pour sa première soirée la petite Cécile – que le couvent n'a pas habituée à veiller – a le ridicule enfantin de s'endormir avant onze heures (III, p. 23). Elle se rattrapera le 14 novembre – « malgré son état », précise cruellement

Valmont – en dansant «toute la nuit» (CXXXVIII, p. 315).

A Paris, même en l'absence de bal, la vie mondaine de la société des *Liaisons* est donc souvent nocturne. C'est aussi une vie renfermée : aucune place dans un emploi du temps codifié – la mondanité est un rituel – pour le plein air. Pour renforcer l'impression de clôture déjà notée Laclos choisit en effet de priver ses héros des promenades, du reste propices à d'heureuses rencontres, que ses prédécesseurs accordaient volontiers à leurs personnages : aucune mention dans son roman, à la différence par exemple des *Égarements du cœur et de l'esprit,* de visites aux Tuileries, au Cours-la-Reine ou autres lieux publics à la mode. A l'atmosphère confinée où il se développe le libertinage des *Liaisons* doit une tension étrangère à celui que peignait l'aimable ironie de Crébillon. Tension d'un monde tout artificiel, contre nature.

A la campagne la vie est d'ordinaire plus libre, plus détendue, plus «naturelle». On s'y lève assez tôt pour avoir besoin de déjeuner, quand Mme de Tourvel a déjà «beaucoup écrit» (XL, p. 87), une fois Valmont revenu de la chasse – si un temps trop «détestable» ne l'a pas privé de ce divertissement (LXXIX, p. 160) – et après la messe matinale, apparemment facultative, où Mme de Rosemonde a un jour la surprise de rencontrer son neveu (CXIX, p. 273)[1]. Ce premier repas, pris en commun, est le premier acte de sociabilité : «L'usage est ici de se rassembler pour déjeuner, et d'attendre l'arrivée des lettres avant de se séparer» (XXXIV, p. 76). Puis chacun se retire d'ordinaire dans son appartement pour y faire sa toilette – ce qui n'exclut pas des visites familières (*Suite de la lettre,* XL, p. 91) – et pour s'y adonner à la correspondance ou

---

1. Le 20 octobre la vieille dame se réjouit d'apprendre que « depuis quatre jours » Valmont « va régulièrement entendre la messe ». Depuis quatre jours seulement ? Le 5 août il se vantait lui-même à Mme de Merteuil d'édifier la Présidente de son assiduité « à ses prières et à sa messe » (IV, p. 25)...

à la lecture (LXXIX, p. 161). Un peu avant le dîner on se retrouve au salon, dans l'intimité des attitudes et des gestes quotidiens. Un seul étranger au petit cercle, « le curé du lieu » venu lire la gazette à Mme de Rosemonde, tandis que la Présidente (XXIII, p. 56) et Cécile (LXXXIV, p. 183) sont calmement à leur tapisserie. On passe ensemble du salon à la salle-à-manger, la maîtresse de maison fermant la marche. Le dîner, dont la longueur impatiente Valmont (LXXVI, p. 154), se termine sur le café (p. 155). Cécile revient ensuite à sa tapisserie près d'une fenêtre du salon (p. 156), tandis que Mme de Tourvel se repose sur une chaise longue (p. 155). Puis vient le moment de la promenade, en fin d'après-midi, la grosse chaleur passée (XL, p. 87) : le départ se fait en voiture, mais une fois éloignés du château les élégants promeneurs ne craignent pas de mettre pied à terre ni de se hasarder à franchir un fossé, non sans éclats de rire (VI, p. 29). Au retour c'est de nouveau, à la fantaisie de chacun, le repos ou la conversation, jusqu'au souper (XLIV, p. 94). Celui-ci est suivi d'une calme « veillée » que Valmont juge parfois trop longue (XXIII, p. 59), mais qui est cependant plus courte que les longues soirées parisiennes : il est près d'une heure du matin quand Cécile termine sa lettre du 10 octobre à Mme de Merteuil ; si elle attend la visite imminente de Valmont, c'est que tout le château dort profondément (CIX, p. 251).

Une existence plus diurne, plus libre, plus tranquille, des relations sociales plus familières et moins codifiées, voilà ce qui distingue la vie au château de la vie parisienne. Mais le propre du libertinage est de corrompre ce qui l'entoure. Valmont met à profit la sociabilité détendue du déjeuner pour emprunter à Cécile la clef de sa chambre (LXXXIV, p. 183), de même qu'il prend le prétexte d'une innocente partie de chasse pour s'en aller jouer « au point du jour » la comédie de la bienfaisance (XXI, p. 52), et qu'il sait tirer le meilleur parti du fossé qui se présente opportunément sous les pas de la Présidente (VI, p. 29), ou abuser de la confiance d'une chambre laissée ouverte pour s'y livrer à une fouille en règle (*Suite de la lettre,* XL, p. 92). Une paisible partie de whist – ce « triste wisk » auquel la vieille Mme de Rosemonde est restée fidèle – ne favorise pas moins son entreprise (IV, p. 25). Mais est-ce seulement parce qu'il est démodé, datant de Louis XIV, que ce jeu l'ennuie ? N'est-ce pas aussi parce qu'il se joue en silence ? Au château en effet le bruit de la conversation n'est pas un fond sonore obligatoire. On y connaît, comme à Clarens, les longs moments silencieux des *matinées à l'anglaise* (*La Nouvelle Héloïse,* cinquième partie, XXIII). Mais la présence de Valmont suffit à pervertir ici le silence qui suit la lecture de la gazette : les regards « presque caressants » de Mme de Tourvel (XXIII, p. 56), à la différence de ceux qu'échangeaient Saint-Preux et Julie, ne créent pas une émotion doucement communicative, ils sont simplement pour le libertin le premier indice de sa prochaine victoire.

Il est vrai que la défaite de la Présidente sera aussi celle de son vainqueur. Valmont amoureux : le séjour au château aura joué un rôle décisif dans cette revanche inattendue, et tragique, de la « nature ». Non seulement le cadre spatio-temporel de l'action est donc suffisamment indiqué, mais il en est indissociable, jusque dans l'ultime ambiguïté du roman. On a dit que celui-ci était abstrait : il serait plus juste de parler d'une demi-abstraction. Le caractère cérébral de la stratégie libertine ne peut faire que le triomphe libertin ne relève pas aussi de l'exploit physique. De même les réalités concrètes de la vie sociale sont-elles loin d'être absentes du texte. Une lecture attentive les révèle aussi présentes que celles du corps, mais d'une présence discrète, comme à la marge du roman ou dans les coulisses de la tragédie : refoulées par l'élégance de la narration, mais toujours prêtes à surgir au premier plan, ne serait-ce qu'un instant, lorsqu'elles sont appelées par la logique de la situation. Que de désarroi dans le manque d'appétit de Mme de Tourvel ! Mais aussi que d'audace littéraire dans ce *potage* qu'elle a sans doute peiné à avaler ! S'est-on jamais préoccupé de ce que mangeait ou ne mangeait pas la Princesse de Clèves ? Question saugrenue, indécente.... Dans les *Liaisons* le mot trivial ne choque pas : non pas seulement du fait qu'il naît de la plume d'un domestique, mais par son accord profond avec l'esthétique du roman, une esthétique souverainement distinguée, discrètement matérialiste.

Le jardin de Paul[*]

[...] Il ne s'agit pas de l'île tout entière, pourtant de
dimensions modestes – dix-huit jours suffisent au voyageur pour en faire le tour à pied –, mais d'un modeste
bassin de « vingt arpents » (environ 8 ha), protégé d'une
ceinture d'arbres et de rochers : un îlot dans l'île. C'est
dans ce « désert », doublement insulaire, que vit une
« petite société » en parfaite complicité avec la nature.
D'un sol ingrat, aride ou marécageux selon la saison, le
travail assidu du Noir Domingue, l'esprit industrieux de
Paul ont fait sortir à profusion récoltes et fruits tropicaux,
si bien que le résultat obtenu efface la peine qu'il a coûté :
quoique la malédiction originelle soit rappelée en un passage – « Dieu [dit Virginie] nous a condamnés au travail » –, elle est aussitôt éclipsée par un acte de foi en la
providence divine. De fait, la générosité de la nature mul-
tiplie ce que l'art humain lui a donné ; Paul en tire argument pour un calcul physiocratique au détriment du
négoce : « Y a-t-il un commerce au monde plus avantageux que la culture d'un champ qui rend quelquefois cinquante et cent pour un ? » Mme de La Tour et son amie
avaient déjà l'habitude d'exprimer d'une autre manière,
sur le mode de l'effusion, la même certitude : « Elles admi-

* Extrait d'une préface à *Paul et Virginie,* Gallimard, « Folio », 1984.

raient avec transport le pouvoir d'une providence qui par leurs mains avait répandu au milieu de ces arides rochers l'abondance, les grâces, les plaisirs purs, simples et toujours renaissants. »

Il ne suffit toutefois pas de cette sanctification du travail pour transformer *Paul et Virginie* en robinsonnade à la gloire de l'*homo faber*. Ici l'abondance répond à une frugalité fénelonienne et à la seule satisfaction des « vrais besoins ». Nos héros n'ambitionnent pas de recréer dans leur petit paradis la société européenne qui les a rejetés. Vivant en économie fermée – à l'exception de la vente épisodique de leur superflu au marché de la ville voisine –, étrangers à tout esprit d'accumulation capitaliste, ils travaillent pour vivre et non pour produire. Par-delà l'utile – défini par le strict nécessaire à la vie de chaque jour – ils ont des besoins d'un tout autre ordre : « Paul, à l'âge de 12 ans, plus robuste et plus intelligent que les Européens, à 15, avait embelli ce que le Noir Domingue ne faisait que cultiver. » Le *ne... que* situe bien à leur place relative le simple travail productif et l'invention artistique. Même magnifié par une finalité providentielle, le premier conserve quelque chose de servile. Rien de tel dans l'énergie inventive de Paul organisant son « labyrinthe » – souvenir du jardin chinois de l'intendant Poivre, visité par Bernardin en 1768 ? – de façon à offrir au regard un décor et des perspectives constamment renouvelés. Plaisir de la variété, plaisir des yeux, plaisir de l'âme : en donnant un nom sentimental aux objets qui les entourent les héros se les approprient affectivement, les assimilent à leur destinée et à leur être : « Ces familles heureuses étendaient leurs âmes sensibles à tout ce qui les environnait. » A cette dilatation de l'âme dans les choses répond le mouvement symétrique du monde vers l'âme : ce sont les palmes entrelacées de « l'arbre de Paul » et de « l'arbre de Virginie », c'est la familiarité paradisiaque des enfants et des oiseaux, une communion immédiate de la créature et de la création qui fait de chaque jour un jour de fête.

On voit sans surprise les conditions de cette harmonie originelle : l'intimité et la transparence. Le petit « nid » des deux familles serait presque trop grand : le labyrinthe de Paul le fragmente en multiples recoins qui sont autant de « retraites charmantes ». C'est le troisième degré de l'insularité. Et au plus secret du labyrinthe, dans l'enfoncement d'un rocher, la retraite la plus intime, le « Repos de Virginie ». Nul doute que Bernardin, fervent disciple de Rousseau, ne se souvienne ici de la vie à Clarens, et surtout de l'Élysée de Julie, de même que le caractère familial de ce « bonheur domestique » rappelle le moment privilégié de l'histoire humaine où le *Discours sur l'inégalité* (seconde partie) situait « la véritable jeunesse du monde », à mi-distance « de la stupidité des brutes et des lumières funestes de l'homme civil ». Encore faut-il marquer les différences entre le roman de Rousseau et celui de Bernardin. La dominante féminine de « notre petite société » n'est pas le seul trait qui la distingue de celle de Clarens : de fait, celle-ci est une grande famille, avec de nombreux serviteurs et toute une organisation sociale savamment mise au point par Wolmar et Julie. Rien de tel pour les six personnes qui peuplent le rêve de Bernardin : deux familles si unies que malgré le partage initial du sol elles vivent en complète communauté, dans une association qui est moins une société d'avant la faute qu'une société d'avant la loi. Nous restons bien dans la pure tradition pastorale : *Paul et Virginie* est une idylle, non une utopie.

Une pure idylle, mais une idylle fin de siècle. Dans la nostalgie de l'unité dont elle est très profondément marquée s'exprime une dernière fois le rêve de communication immédiate, en deçà des mots, qui est consubstantiel au mouvement des Lumières et lui avait déjà inspiré tant de recherches : la quête marivaudienne de la sincérité, les spéculations des Philosophes sur la langue naturelle, leur engouement pour la musique italienne, un renouvellement du théâtre et du jeu scénique. Dans la période heureuse de son histoire la « petite société » de Bernardin est

219

tout le contraire d'une société bavarde. Quand le trop-plein du sentiment s'y libère par des mots, ce ne sont pas ceux de la prose quotidienne, mais l'effusion musicale d'un chant amébée. Entre Paul et Virginie, autour d'eux il n'est pas nécessaire de parler pour se comprendre. Langage des yeux : « Elles lisaient dans les yeux de leurs esclaves la joie qu'ils avaient de les revoir. » Langage muet de la simple présence, comme dans la matinée à l'anglaise de *La Nouvelle Héloïse* : « Souvent leur repas se passait sans qu'ils se disent un mot... » Silence de communion dans les mêmes joies et la même jouissante de la nature : « C'était sur ce rocher que ces familles se rassemblaient le soir, et jouissaient en silence de la fraîcheur de l'air, du parfum des fleurs, du murmure des fontaines et des dernières harmonies de la lumière et des ombres. »

Nul doute que la « beauté morale » dont parle l'auteur ne doive beaucoup à de tels instants, dont aucune intention moralisatrice ne compromet la plénitude ni la poésie. Bernardin est moins bien inspiré lorsqu'il se met à l'école de Diderot et de Greuze pour mettre en scène en style coupé et par une gesticulation outrée un tableau de chagrin contagieux. Mais c'est encore à la suite de Diderot et de Rousseau qu'il nous incite à préférer à cette scène de mélodrame le théâtre vrai, silencieux, de la pantomime. « La pantomime est le premier langage de l'homme ; elle est connue de toutes les nations ; elle est si naturelle et si expressive que les enfants des Blancs ne tardent pas à l'apprendre dès qu'ils ont vu ceux des Noirs s'y exercer. » Langage du corps et de la danse, langage premier, donc langage des enfants et des Noirs. Il faut avoir mauvais esprit pour remarquer que dans la pantomime de Ruth comme dans celle de Séphora les Noirs ont le vilain rôle : ce racisme ingénu est trop discret pour troubler la limpidité et l'innocence de scènes champêtres où une fusion toute fénelonienne de la Bible et de la Grèce (les « colonnes de bronze antique » des troncs d'arbres, après l'évocation sculpturale des enfants de Niobé et de ceux de Léda) rencontre dans l'exotisme d'une terre vierge le décor le plus harmonieux. Jamais pastorale n'avait atteint une telle densité : en *Paul et Virginie* un genre grêle s'accomplit en s'épanouissant. Non par le seul soutien de la tradition que le roman prolonge, ni par le seul talent de l'auteur, mais porté par le siècle – le siècle entier – qu'il clôt d'une magnificence crépusculaire.

Ses premiers adaptateurs à la scène ne s'y sont pas trompés lorsqu'ils se sont aventurés à lui donner un dénouement heureux. Une pastorale tragique ne pouvait que déranger. Bernardin rompt avec l'optimisme traditionnel du genre. Peut-être même, plus profondément, met-il en question, sans le dire et sans y prendre garde, l'optimisme conquérant des Lumières dont il persiste par ailleurs à se réclamer. Car le naufrage du *Saint-Géran,* pour historique qu'il soit, n'est que la cause occasionnelle de la catastrophe. Celle-ci est déjà présente, dès les premières lignes, dans « les ruines de deux petites cabanes » qui suscitent la méditation solitaire du premier narrateur, puis le récit du second. Présente aussi dans le « terrain inculte » qui les entoure, dans la reprise insistante du thème des dangers de la mer, dans la lourde menace et la force destructrice de l'été tropical, et jusque dans l'extraordinaire ressemblance du héros avec l'anachorète Paul, ressemblance qui trace au premier son destin. Enfin, et surtout, la catastrophe finale s'annonce dans la « légère mélancolie » qui nuance la douceur du regard de Virginie : une mélancolie aisément explicable à l'approche du départ, mais qui va aussi – et étrangement – de pair, dès le début du récit, avec la « sensibilité extrême » de ses yeux. Comme si toute âme sensible était vaguement prédisposée à quelque grand malheur.

Tous ces indices, aisément déchiffrables, donnent le ton d'un récit placé sous le signe de la mort. Il n'est pas jusqu'au mode narratif qui ne contribue à cette atmosphère funèbre. Sans doute le récit à la troisième personne était-il de règle dans la pastorale comme dans le conte moral.

Mais dès lors que le conte devenait roman on aurait pu s'attendre à voir l'auteur user, comme tous les grands romanciers du siècle, de la narration à la première personne. Imagine-t-on, pourtant, des mémoires de Paul, retrouvés entre deux pierres de sa cabane ? Ou bien, fût-ce comme substitut partiel du récit, sa correspondance avec Virginie ? Hypothèses absurdes, alors même que le succès des *Liaisons dangereuses* porte à son apogée la vogue du roman épistolaire. Il fallait ici entre l'action racontée et le narrateur un peu de la distance de l'aède à l'épopée : d'où un récit à la troisième personne, au second degré, le premier narrateur rapportant ce qu'il a entendu de la bouche du vieillard. Comme si cette mise à distance narrative devait équilibrer la relative proximité d'un événement dont on ne sait trop s'il relève désormais d'un passé absolu – encore présent dans la mémoire d'un très vieil homme, mais sans même une inscription sur les tombeaux – ou s'il a définitivement atteint à l'éternité du mythe. Ce n'est pas sans intention que l'auteur a finalement choisi de faire disparaître, au vieillard près, tous les acteurs de son histoire, alors qu'une version antérieure laissait survivre Mme de La Tour : non pour cultiver un pathétique facile, mais plutôt parce que la pureté du mythe exigeait qu'il n'y eût pas de survivant. Virginie avait été l'âme de la « petite société » : par sa mort celle-ci se trouvait irrémédiablement condamnée. Aussi l'image décisive du roman n'est-elle pas la plus dramatique – la scène du naufrage, peinte par Joseph Vernet pour le Salon de 1789 et dessinée par Prud'hon pour l'édition de 1806 – mais la dernière vision du corps de la jeune fille à demi recouvert de sable : image indécise, d'une sérénité céleste qui se lit encore sur des traits où la mort a pourtant commencé son œuvre fatale, une œuvre présente dans les « pâles violettes » mêlées sur le visage de Virginie aux « roses de la pudeur », comme dans la main « fortement fermée et raidie » qui serre sur son cœur le portrait de Paul. Par cet ultime tableau Bernardin scelle lui aussi la

« miraculeuse alliance de la jeunesse et de la mort » dont parle J. Fabre à propos d'André Chénier. Mais il le fait à sa manière, avec une complaisance légèrement morbide qu'on ne retrouve guère dans l'inspiration hellénique de son cadet. Plutôt qu'à Myrto ou à Néaere il faut songer aux funérailles d'Atala, et surtout à celles d'Hippias, au livre XIII de l'ouvrage préféré de Paul, le *Télémaque* : « Cependant on voyait le corps du jeune Hippias étendu, qu'on portait dans un cercueil orné de pourpre, d'or et d'argent. La mort qui avait éteint ses yeux n'avait pu effacer toute sa beauté, et les grâces étaient encore à demi peintes sur son visage pâle... »

Un autre rappel fait encore mieux ressortir, par contraste, ce que la sensibilité de Bernardin a de discrètement décadent : le souvenir visuel du corps de Manon dans les sables de La Nouvelle-Orléans, intact et protégé. L'auteur de *Paul et Virginie* choisit, lui, de représenter une dernière fois la beauté de son héroïne au moment où elle commence à se défaire, et où l'admiration qu'elle inspire se nuance d'une sourde angoisse : la contradiction entre ces deux formes de pathétique, à peine indiquée, se résout aussitôt en la douce tristesse, un peu mièvre, qui donne au livre son unité de ton. Le maître mot du roman est bien celui qui était apparu d'abord : la mélancolie.

Reste à rendre compte de cette forte cohérence sentimentale et littéraire. Si la tragédie ne fait pas oublier la pastorale, pourquoi celle-ci devait-elle se hausser jusqu'au tragique ? Pourquoi Virginie devait-elle mourir, et de quoi meurt-elle ? La réponse paraît claire : ce sont les « cruels préjugés de l'Europe », préjugés destructeurs, qui ont envahi et condamné la « petite société ». Les préjugés de la naissance et de la fortune, celui de la vanité et du paraître, inspirateurs de l'abus de pouvoir dont M. de La Bourdonnais est l'instrument inconscient. Car Virginie n'est pas seulement victime des intrigues de sa méchante tante, elle l'est aussi de ceux qui désirent sincèrement son bien, mais se font une fausse idée du bonheur. Sa destinée double, en l'aggravant, celle de sa mère : toutes deux, comme Marguerite, la fille mère, et Paul, le bâtard, sont des exclues d'un ordre social qui contredit celui de la nature. Au cœur de la pastorale nous retrouvons donc l'opposition de la nature et de la société qui nourrit la réflexion critique du siècle. La corruption européenne est stigmatisée jusque par ce détail : en Europe les bois sont « infestés de voleurs » alors qu'à l'île de France, « île sans commerce » que la cupidité n'a pas encore gâtée, les clés et les serrures, ignorées de beaucoup d'habitants, demeurent « un objet de curiosité ». Par-delà même cette condamnation morale s'esquisse une critique sociale pré-révolutionnaire : dans son long dialogue avec Paul, le vieillard ne se borne pas à dénoncer, après bien d'autres, les privilèges de la naissance, l'excessive inégalité de la société française et le mépris dans lequel y est tenu le travail « mécanique ». A ces généralités il ajoute une critique très concrète des bases de l'organisation sociale en France : une société composée de « corps » et où l'individu isolé, quel que soit son mérite, ne peut par conséquent trouver sa place. L'insistance du narrateur sur ce thème individualiste et la façon dont il l'applique à la société tout entière vont bien au-delà de la réforme avortée de Turgot. Le lecteur ne peut s'y tromper. Malgré la date supposée du récit, nous sommes bien en 1788.

Pourtant le romancier semble saisi de doutes devant sa propre audace. Les variantes de ce passage témoignent de son hésitation à donner à sa pastorale des accents nette-ment politiques : l'opposition, décisive, entre « les corps » et « la nation », et l'idée même de nation disparaissent du texte définitif au profit d'un universalisme à teinte reli-gieuse qui dilue ou escamote le problème. De même la révolte anti-esclavagiste de Bernardin se satisfait dans la fiction d'une solution que nous dirions paternaliste, s'il ne s'agissait d'un paternalisme au féminin. Réécrivons l'his-toire, supposons à notre tour que le *Saint-Géran* n'ait pas fait naufrage ou que Virginie ait échappé à la catastrophe :

il nous est difficile d'imaginer Paul, vingt-cinq ans plus tard, en militant abolitionniste de la Société des Amis des Noirs ; voyons-le plutôt en riche planteur, sans doute bon maître, mais vivant et faisant vivre les siens, en toute bonne conscience – selon le rêve dont il entretenait jadis son vieil ami, dans l'attente de Virginie – du travail de « beaucoup de Noirs ».

Non, Bernardin n'a pas écrit quelque « bergerie révolutionnaire ». Il pousse même le sens du compromis jusqu'à brouiller quelque peu dans son récit le contraste énoncé si fortement entre le bonheur insulaire et la dépravation européenne. Le plus grave n'est pas la palinodie du vieillard sur la lecture et les lettres, tour à tour vilipendées et exaltées à trois pages d'intervalle, après l'éloge de l'ignorance qui accompagnait l'éducation édénique de la félicité des deux jeunes gens. Ni que la majeure partie de l'île de France soit elle-même gagnée par les mœurs et les abus d'Europe, faisant peser ainsi sur les deux familles une menace toute proche. Mais que le mal s'insinue jusque dans le séjour de l'innocence. Car la « petite société » est contaminée sans remède par la culture européenne, et cela de trois manières. D'abord par le regret que Marguerite et Mme de La Tour conservent de leurs provinces natales et par la secrète tristesse qui mine la santé de la seconde : « d'anciens chagrins », précise-t-elle. Entendons des chagrins anciens, mais toujours vivaces : « On vieillit promptement dans les pays chauds, et encore plus vite dans le chagrin. » De plus Mme de La Tour, à la différence de Marguerite, habituée depuis l'enfance à une vie difficile, s'inquiète de l'avenir de sa fille et redoute de la voir contrainte de travailler comme une paysanne : « comme une mercenaire », dit-elle, montrant par ce mot qu'elle demeure prisonnière des préjugés d'Europe. Enfin, et surtout, les deux femmes gardent au fond de leur cœur un vif sentiment de culpabilité. C'est évident pour Marguerite qui parle elle-même de sa « faute » ou de sa « faiblesse » de fille séduite. Ce l'est moins pour son amie, consciente de « l'abandon où l'avaient laissée ses propres parents » et de leur « dureté ». Une victime, et non une coupable ? La vérité morale n'est peut-être pas si simple. Les deux femmes ont été rapprochées par une ressemblance de situations. Mais c'est Mme de La Tour qui s'est spontanément identifiée à Marguerite. Aux yeux de celle-ci, contrite de son passé, elle n'est elle-même que « sage et malheureuse ». Mais toutes deux se persuadent que les « maux presque semblables » dont parle le narrateur ont des causes symétriques : « s'être élevée au-dessus de sa condition » pour l'une, « en être descendue » pour l'autre. Par sa mésalliance Mme de La Tour a péché contre l'ordre ; elle le sait, et c'est pourquoi elle se laisse si aisément convaincre par « l'autorité sacrée » du missionnaire de l'obéissance due « à nos vieux parents, même injuste ». Nous ne savons pas quelle place réserve au péché originel sa « théologie douce », sans doute à l'opposé du jansénisme, mais il n'est guère douteux qu'elle ne ressente son veuvage et son exil comme la punition de son erreur de jeunesse.

Ainsi pénétré des valeurs et des interdits venus d'Europe, le petit paradis tropical – un paradis *d'après* la faute – était voué à la précarité. Malgré la belle logique de Paul argumentant contre les inquiétudes et les projets de Mme de La Tour, cet univers tout jeune reproduit en les intériorisant des traits constitutifs de ce vieux monde dont il semblait devoir être l'antithèse : les lignes que l'on avait crues nettes se brouillent. Or ce glissement de perspective ne pouvait être sans conséquence pour le sens du récit ni le destin de Virginie. Hormis son refus – il est vrai décisif – du mariage que sa grand-tante voudrait lui imposer, le trait dominant du comportement de la jeune fille est une totale passivité. Dès lors que le missionnaire a parlé, elle ne peut que répondre, fût-ce en tremblant : « Si c'est l'ordre de Dieu, je ne m'oppose à rien. » Et dans sa prosopopée à l'adresse de Paul sa « vertu » se résumera en un mot : l'obéissance. « Fidèle aux lois de la nature, de l'amour et de la vertu», Virginie se sacrifie à l'ordre divin, garant de l'ordre social. C'est pourquoi ses funérailles revêtent la pompe d'une cérémonie officielle à laquelle toute la population participe. On comprendrait mal une telle solennité et une telle ferveur, s'agissant d'une famille bienfaisante, mais discrète, sans la transfiguration de Virginie par le sacrifice. Au thème pastoral de l'innocence originelle se superpose alors le schéma chrétien de la chute et de la rédemption. Virginie a payé la faute de ses mères; sa mort est une assomption; bientôt on l'invoque «comme une sainte» et du «séjour des anges» elle appelle à Dieu tous les siens.

Encore faut-il déchiffrer la cause immédiate de sa mort: cette «pudeur» qui, dans l'esprit de Bernardin, est assurément indissociable de sa pureté. Le plus remarquable est que le texte impose au lecteur ce sentiment comme allant de soi, et qu'y soient superbement ignorés les débats dont il avait été l'objet tout au long du siècle: produit artificiel de l'éducation pour les uns – de Fontenelle au Diderot du *Supplément*; sentiment inné pour les autres, Marivaux, Montesquieu, Rousseau. A plus forte raison le roman se garde-t-il de rappeler les diverses finalités prêtées à la pudeur féminine par ceux qui la disaient naturelle: à la fois stimulant du désir masculin et véritable prison morale, mais aussi exigence de dignité et protection contre les assauts du libertinage masculin. A vrai dire, de telles questions sont à peu près impensables dans le contexte d'un récit où nature et vertu sont supposées parler d'une seule voix. Virginie n'a jamais été une «enfant sauvage», une «fille de la nature» à la façon de l'Imirce de Dulaurens. Elle devient spontanément pudique en grandissant, soit que «la nature» le veuille ainsi, soit sous l'influence maternelle, confirmée par l'éducation distinguée qu'elle n'a pas manqué de recevoir dans la «grande abbaye» de la région parisienne où sa grand-tante l'a mise en pension. La difficulté à discerner en elle ce qui relève de la nature et de la culture se marque du reste à un détail que note judicieusement G. Benrekassa : loin de nuire à son charme, l'abandon de son modeste vêtement de toile bleue du Bengale pour une élégante robe « de mousseline blanche doublée de taffetas rose » rend sa beauté encore plus touchante. En elle l'art ne contredit pas le naturel, il l'aide au contraire à s'épanouir.

On a vu toutefois la fragilité de cet épanouissement, miné par la « mélancolie » et la « langueur ». La soumission de Virginie, sa « vertu » ne révéleraient-elles pas quelque carence d'énergie vitale, une impuissance à vivre ? Peut-être les propos conventionnels tenus par le vieillard, après sa mort, sur le bonheur qu'elle a eu d'échapper si jeune aux douleurs de la vie comportent-ils une part de vérité. Sur Paul cette *consolatio* est totalement inefficace : le jeune homme mourra d'une force vitale sans emploi, pour avoir perdu sa raison de vivre. La fin de Virginie a un tout autre sens : non pas regret de la vie qu'elle aurait pu espérer, mais refus de vivre. Acquise ou innée, sa pudeur est une force de mort. L'imagerie sulpicienne de son angélique envol « vers les cieux » a certes favorisé le succès du livre au siècle qui couronna tant de rosières et où le culte marial allait culminer dans le dogme de l'Immaculée Conception. Elle ne peut cependant effacer le contraste de deux images clés : d'un côté la vision dernière de l'héroïne, une main serrée sur ses habits, de l'autre l'image première des deux enfants enlacés nus dans leur berceau, libres dans leur corps, libres de leurs caresses. J. Fabre avait raison de créditer le roman d'une profondeur sensuelle étrangère à la littérature galante du XVIIIe siècle et qui devait effrayer plus tard la pudibonderie universitaire : Émile Faguet ne supportait pas le bain nocturne de Virginie, saisie d'un « feu dévorant » dans la fraîcheur de la source. Mais la jeune fille avait été la première à en ressentir de l'effroi. Et c'est le roman lui-même qui, simultanément, exprime et refuse la sensualité : attirance et danger d'un fruit à la fois désirable et défendu. On est plus près ici de Baudelaire que de Longus, avec toutefois cette différence essentielle que «le vert paradis des amours enfantines», au moment où il s'éloigne à jamais, est évoqué au féminin. La plus grande originalité de Bernardin, son vrai talent, ne sont-ils pas dans l'attention clinique qu'il porte au «mal inconnu» de Virginie? Dans la délicatesse et la gravité de son approche d'un sujet neuf, la puberté féminine? En contradiction avec les illusions naturistes des Lumières, Virginie vit sa découverte de la sexualité dans le malaise et le drame. La fin de l'enfance n'est pas seulement pour elle, avec la différenciation des sexes, la rupture de l'unité originelle et l'interdit qui frappe désormais l'union du frère et de la sœur. Elle est aussi une dissociation de son être intime, vécue dans le trouble et la honte. Comme Mme de Tourvel découvrant pour la première fois le plaisir, Virginie sent que son corps lui échappe. Sa pudeur est tout le contraire de l'innocence. Et peut-être y a-t-il plus de véritable audace dans cette exploration de la subjectivité du corps féminin, chez Bernardin comme chez Laclos, à la suite de Diderot et de Rousseau, que dans les fantasmes de Sade.

Volney
ou la Révolution mélancolique[*]

Pourquoi Volney est-il si triste? Je ne parle pas de l'homme et de la noblesse morose de son caractère: une morosité de tempérament[1] que les succès d'une carrière bien remplie, à l'époque de tant de tragiques naufrages, et surtout les joies austères de la pensée tempèrent au fil des années en une sorte de stoïcisme désabusé. Je parle de son ouvrage majeur, *Les Ruines,* si attachant et dont la lecture laisse pourtant sur un malaise. On comprend mal, en effet, que l'exaltation de l'œuvre de la Constituante et la vision messianique d'une assemblée universelle des peuples enfin unis par la raison et pour leur bonheur aient exigé la solitude du désert de Syrie et le décor, aussi désolé que grandiose, des vestiges de Palmyre. O Zénobie, qu'eût pensé votre grande âme...? A tout prendre, et

* Première publication dans *Révolutions, Résurrections, avènements. Mélanges offerts à P. Villaneix*, Paris, SEDES, 1991.
1. Volney sait de quoi il parle lorsqu'il dit en 1795 dans ses leçons d'histoire de l'École normale (cinquième séance): «On ne naît pas historien, mais on naît gai ou morose, et malheureusement la culture des lettres, la vie sédentaire, les études opiniâtres, les travaux d'esprit, ne sont propres qu'à épaissir la bile, qu'à obturer les entrailles, qu'à troubler les fonctions de l'estomac, sièges immuables de toute gaieté et de tout chagrin» (*La Loi naturelle. Leçons d'histoire,* introduction, notes et variantes de Jean Gaulmier, Paris, Garnier, «Les Classiques de la Politique», 1980, p. 126.).

sans qu'il soit besoin d'invoquer trop vite un Volney secrètement romantique, ce cadre se prêtait mieux au pessimisme d'un moraliste classique[1] qu'à quelque élan révolutionnaire. Ce qui surprend et gêne un peu, dans *Les Ruines,* c'est l'apparent désaccord entre l'idéologie et la fiction, entre l'enthousiasme rationaliste et ce paysage de colonnes brisées et de tombeaux, image combien parlante de la vanité des choses humaines. Contraste si marqué et si peu satisfaisant qu'on a pu légitimement vouloir l'expliquer, et aussi l'atténuer, par l'histoire du texte et les circonstances de sa composition. Sans négliger cet apport positif, toujours précieux, de l'histoire littéraire, il est cependant possible de se demander ce qu'ont de commun le révolutionnaire Volney et le voyageur du désert, Paris et Palmyre : peut-être une certaine vision de l'homme et de l'histoire à laquelle le livre des *Ruines* devrait, avec ses disparates, sa contradictoire unité.

Il est vrai qu'autour de 1790 l'attitude de méditation solitaire devant les restes de monuments antiques est depuis longtemps déjà une posture presque obligée, sinon un poncif littéraire. Faut-il rappeler Jean-Jacques au pont du Gard, Diderot s'exaltant devant une toile d'Hubert Robert, quitte à la juger trop bavarde ? Ce ne sont là que des références françaises, et seulement les plus illustres. En fait, dans les trente dernières années du siècle, c'est un mouvement européen qui pousse les nouvelles exigences de la sensibilité aussi bien à se noyer de brumes ossianesques qu'à se nourrir de ce que l'on a autrefois improprement appelé un « retour à l'antique »[2]. Et c'est dans ce contexte que naît et s'épanouit, sur fond mêlé d'exaltation

---

1. « Ni les troubles, Zénobie, qui agitent votre empire... » (La Bruyère, *Les Caractères. Des biens de fortune,* 78).
2. B. Baczko, J.-P. Bouillon, A. et J. Ehrard, J. Joly, L. Perol, J. Rancy, Modèles antiques et *préromantisme,* in *Le Préromantisme, hypothèque ou hypothèse ?,* Paris, Klincksieck, 1975, p. 393-413. Voir aussi Roland Mortier, *La poétique des ruines en France. Ses origines, ses variations de la Renaissance à Victor Hugo,* Genève, Droz, 1974.

et de nostalgie, le goût des ruines. Les colonnades de Palmyre sont simplement un cadre plus exotique, et moins fréquenté, que le forum romain, les maisons d'Herculanum et Pompéi ou la Grèce du jeune Anacharsis. Si Volney ne s'est pas enfoncé dans le désert syrien, en 1783-1784, jusqu'à l'ancienne et prestigieuse capitale, il s'est du moins fortement documenté sur elle: très honnêtement, son *Voyage en Égypte et en Syrie* de 1787 renvoie à ce propos à la relation de Dawkins et Wood imprimée à Londres en 1753, et lui emprunte même, sous forme de planche gravée, une vue en perspective du majestueux panorama de la ville[1].

A ce rappel de ce que la fiction des *Ruines* comporte à la fois de convention et d'originalité il faut ajouter celui du lien étroit qui unit la méditation de 1791 au *Voyage* de 1787. A partir de la simple analyse des faits celui-ci amorçait en effet déjà une réflexion politique: comment une ville aussi puissante a t-elle pu subir un tel destin et, de façon générale, comment une contrée autrefois opulente a-t-elle pu tomber dans son état actuel de désolation? Plus philosophe que poète, l'auteur du *Voyage* n'était pas plus enclin à rêver sur les ruines qu'à s'accorder le plaisir facile d'idéaliser la Syrie moderne. Plusieurs chapitres précis et méthodiques sur l'état du pays sous la domination turque le conduisaient à un parallèle entre la prospérité de l'Occident et la misère de l'Orient. Et à travers la comparaison perçait une inquiétude: « Si jadis, me suis-je dit, les États de l'Asie jouirent de cette splendeur, qui pourra garantir que ceux de l'Europe ne subissent pas un jour le même revers ? »[2]. Ainsi l'analyse des causes de la décadence de l'empire ottoman, superstition et despotisme, avait-elle valeur de mise en garde pour les gouvernements occidentaux.

1. *Voyage en Égypte et en Syrie,* publié avec une introduction et des notes par Jean Gaulmier, Paris et La Haye, Mouton, 1959, p. 323-330.
2. *Ibid.,* p. 413.

Comme l'a établi Jean Gaulmier, aux travaux duquel nous devons l'essentiel de nos connaissances d'aujourd'hui sur Volney[1], cette conclusion du *Voyage en Égypte et en Syrie* annonçait un développement complémentaire qui serait la seconde partie d'un même ensemble. Dans ces années prérévolutionnaires où les institutions monarchiques ne parviennent pas à se réformer, Volney fait sienne la préoccupation grandissante de nombreux bons esprits qui croient voir s'accentuer la dérive de la monarchie française vers le « despotisme » et qui demandent à l'expérience historique d'éclairer leurs compatriotes sur les effets funestes de ce glissement. C'était naguère Diderot, suggérant de multiples et sinistres ressemblances entre la France des deux derniers Bourbon et l'Empire romain sous Claude et sous Néron[2]. C'est maintenant le voyageur Volney auquel son expérience directe de l'Orient permet de renouveler et de préciser, en dehors de tout fatalisme géographique, la critique du gouvernement despotique à la turque donnée quarante ans plus tôt par *L'Esprit des lois*[3]. En 1787 cette critique est plus actuelle que jamais. Elle le demeure assurément en 1790 et dans l'hiver 1790-1791, période de rédaction définitive des *Ruines*. Fallait-il cependant lui conserver ce décor nostalgique ? Alors que la Constituante parachevait son œuvre, était-il opportun, pour exprimer l'espoir et l'enthousiasme des temps nouveaux, d'associer « ruines » et Révolution ?

Sans doute peut-on lire l'ouvrage, selon la suggestion de J. Gaulmier, comme la mise en œuvre d'une dialectique où s'affrontent en images antithétiques les vestiges de Palmyre-Versailles et « le tumulte laborieux des Assem-

---

1. Voir ci-dessus, n. 1 et 4. Et surtout, *L'idéologue Volney, 1757-1820. Contribution à l'histoire de l'Orientalisme en France* (Beyrouth, 1951), Genève-Paris, Slatkine Reprints, 1980, XLI-626 p.
2. Diderot, *Essai sur les règnes de Claude et de Néron*, éd. J. Deprun et A. Lorenceau, préface de J. Ehrard, in *Œuvres complètes*, Paris, Hermann, 1986, t. XXV.
3. J. Gaulmier, *L'idéologue Volney..., op. cit.*, p. 100-109.

blées», «l'Orient du voyageur et l'Occident du député, l'Orient de la résignation fataliste et l'Occident de la Révolution volontaire»[1]. Et il est vrai que l'éloquent Fantôme du chapitre III récuse avec force toute interprétation fataliste de l'histoire : l'homme est seul responsable des maux que son ignorance attribue à la destinée. Mais le linguiste Volney, aussi attentif à la logique des langues[2] qu'à la puissance d'illusion des mots[3], ne serait-il pas insidieusement trahi par son propre vocabulaire ? Dans *Les Ruines* le mot «révolution», appliqué aux choses humaines et non aux mouvements célestes, n'a presque toujours que des connotations négatives. Plusieurs fois le mot est explicitement associé à des idées de déclin, de conflit, de destruction. «Ruines», bien sûr, comme dans le titre de l'ouvrage et celui du chapitre XI, ou dans cette phrase : «Voilà quelles ont été les causes des révolutions de ces anciens États, dont tu contemples les ruines !» (X, 40). Mais aussi «agitations» (XI, 46), «agiter» (*ibid.,* 58), «querelles» et «schismes» (XXII, 209), «disputes» et «guerres» (*ibid.,* 223). Ailleurs, de façon plus diffuse, le contexte donne au thème des implications non moins fâcheuses : «l'autre Révolution» qu'annonce pour l'empire turc le chapitre XII, 60, a pour «prélude» la sanglante guerre de Crimée où l'affrontement des cheveux en touffe et des «chapeaux triangulaires» appelle pour le lecteur le souvenir de *Micromégas* ou de *Candide* ; tel propos sur l'homme et les «révolutions de sa fortune» (IV, 25), tout en évoquant à la fois «ses succès et ses disgrâces», met surtout l'accent sur l'instabilité de sa destinée ; les révolutions du «commerce de luxe» (*ibid.,* 24) ne sont pas non plus innocentes puisque le Génie dénonce les excès

1. *Ibid.,* p. 218.
2. *Ibid.,* deuxième partie, chap. VI, p. 312-320. Troisième partie, chap. VII, et *passim.*
3. *Les Ruines, ou méditation sur les révolutions des empires* (10e éd., Paris, Bossange frères, 1822), Paris-Genève, Slatkine Reprints, «Ressources», 1979, chap. XXII, p. 184-185.

de la cupidité et l'extrême inégalité des richesses (XI). Il n'en va pas autrement dans l'ordre intellectuel. Une même phrase associe les « révolutions » de l'esprit humain à ses « progrès »[1], mais n'est-ce pas de façon antithétique ? Là aussi les révolutions sont *subies,* rendant aléatoires et précaires les progrès de la raison. L'histoire des opinions religieuses n'est-elle pas une longue et monotone généalogie de l'erreur (XXII) ?

De manière générale, banalisées par le pluriel – douze occurrences sur quinze – les *révolutions* apparaissent le plus souvent dans *Les Ruines* avec une monotonie répétitive, non comme l'effet de la volonté des hommes, mais comme la manifestation des contraintes que fait peser sur eux le cours des choses. Le regard panoramique promené par le Génie du désert sur l'histoire des empires montre l'homme prisonnier des révolutions comme il l'est de sa propre nature : « Un cercle éternel de vicissitudes naquit d'un cercle éternel de passions » (XI, 48). Ainsi, conformément au sens premier du mot *révolution,* la méditation des *Ruines* continue-t-elle à relever d'une très vieille vision cyclique de l'histoire.

Deux fois seulement le thème semble échapper à ce pessimisme historique. Ce sont les tyrans qui, à la nouvelle des événements de France, s'encouragent à réagir : « Étouffons dans son foyer cet incendie de révolution » (XVIII, 107). La révolution qui menace de devenir universelle n'a-t-elle pas chance d'abattre partout et à jamais la tyrannie ? Ce serait enfin l' « heureuse révolution » dont le narrateur avouait pourtant au chapitre XIII n'apercevoir nulle part le « germe » ni ne pressentir le « mobile ». Il est important que la Révolution française, et elle seule, bénéficie ainsi d'un qualificatif favorable et que, mention-

---

1. « *L'idée de la divinité* n'a point été une *révélation miraculeuse d'êtres invisibles,* mais une *production naturelle de l'entendement,* une opération de l'esprit humain, dont elle a suivi les progrès et subi les révolutions dans la connaissance du monde physique et de ses agents » *(ibid.,* XXII, 166).

née au singulier – fût-ce dans une phrase négative... – elle se différencie par là même de toutes les autres. Encore cette note d'optimisme a-t-elle été d'avance rendue problématique par le constat de ce qu'est ordinairement la succession des formes de gouvernement : de la démocratie – avec ses « inconvénients » (XI, 48) – à l'aristocratie puis la monarchie, et enfin au despotisme. Tout cela sous l'effet d'un « esprit constant d'égoïsme et d'usurpation » qui ne cesse de diviser les sociétés contre elles-mêmes, et finit toujours par « concentrer le pouvoir en une seule main » (*ibid.*, 50-51). La Révolution française a-t-elle une chance d'échapper à cette loi et de fonder durablement l'ordre de la liberté ? En 1791 Volney ne peut prévoir la part qu'il prendra lui-même au 18 Brumaire, avant sa brouille avec le nouveau César. Mais il laisse la question ouverte, refusant aussi bien de renoncer à l'espoir que de céder à l'illusion :

> « Il est très remarquable que la marche constante des sociétés a été dans ce sens [la concentration du pouvoir], que commençant toutes par un état anarchique ou *démocratique,* c'est-à-dire par une grande division des pouvoirs, elles ont ensuite passé à l'*aristocratie,* et de l'aristocratie à la monarchie. De ce fait historique il résulterait que ceux qui *constituent des États sous la forme démocratique,* les destinent à subir tous les troubles qui doivent amener la *monarchie* ; mais il faudrait en même temps prouver que les *expériences sociales* sont déjà épuisées par l'espèce humaine, et que ce mouvement spontané n'est pas l'effet de son ignorance et des habitudes » (*ibid.,* Notes, p. 314).

Peut-être l'histoire va-t-elle enfin réussir à être créatrice, à rompre le cercle des éternels recommencements... Mais la manière plus que prudente dont ces lignes entrebâillent la porte de l'espérance contraste curieusement avec l'enthousiasme messianique du chapitre sur l'*Assemblée générale des peuples* (XIX). Deux Volney se révèlent dans ce contraste : l'idéaliste et l'homme sensible qui, pour une fois, se laissent aller au rêve, et l'analyste aigu, en garde contre ses propres désirs, qui ne se défend contre une sagesse désolante – trop convenue pour n'être pas un peu suspecte – que par un effort d'esprit critique. De celui-là au moins le lecteur a le droit d'attendre qu'il s'interroge avec précision sur les conditions minimales à remplir pour que l'événement confirme l'acte de foi volontariste du Fantôme[1]. De fait la question est clairement posée au chapitre suivant par le narrateur[2]. La réponse vient en deux temps. Elle consiste d'abord à identifier les vices qui affectent les sociétés : c'est en particulier l'objet des chapitres VIII *(Sources des maux des sociétés),* XI *(Causes générales des révolutions et de la ruine des anciens États)* et XIV *(Le grand obstacle au perfectionnement).* Puis vient l'annonce du « siècle nouveau » (XV), la transformation des sujets opprimés en « un peuple libre et législateur » (XVI), enfin la proclamation de l'*égalité* et de la *liberté* comme « *bases physiques* et inaltérables de toute *réunion d'hommes en société,* et par suite, le *principe nécessaire* et *régénérateur* de toute loi et de tout système de gouvernement régulier » (XVIII, 104). Ici la fiction paraphrase l'histoire, de la réunion des États généraux à la Déclaration des droits de l'homme et du citoyen. Mais ce n'est pas tout à fait l'histoire telle que le constituant Volney venait de la vivre : J. Gaulmier nous le montre plus soucieux en juillet et août 1789 de mesures concrètes de réorganisation administrative que de proclamations théoriques, et sans illusion sur la nuit du 4 août...[3]. Ce décalage entre le politique et l'écrivain, entre

---

1. « Mais moi, j'en jure par les lois du ciel et de la terre, et par celles qui régissent le cœur humain ! l'hypocrite sera déçu dans sa fourberie, l'injuste dans sa rapacité ; le soleil changera son cours avant que la sottise prévale sur la sagesse et le savoir, et que l'aveuglement l'emporte sur la prudence, dans l'art délicat et profond de procurer à l'homme ses vraies jouissances, et d'asseoir sur des bases solides sa félicité » (III, 18-19).
2. « Je demanderai à la cendre des législateurs *par quels motifs s'élèvent et s'abaissent les empires ; de quelles causes naissent la prospérité et les malheurs des nations ; sur quels principes enfin doivent s'établir la paix des sociétés et le bonheur des hommes.* » (IV, 20).
3. *L'idéologue Volney, op. cit.,* p. 174-175.

le bon sens lucide, sinon sceptique, de l'un et l'enthousiasme de l'autre incite à se demander si cet enthousiasme n'est pas un peu forcé. On retrouve en tout cas dans le texte des *Ruines* un écart analogue entre la précision du diagnostic porté par l'historien philosophe sur les causes du mal social et la généralité abstraite du remède proposé. Effets pervers d'un amour de soi en lui-même légitime, l'ignorance et la cupidité sont « la double source de tous les tourments de la vie de l'homme » (VIII, 35). C'est la cupidité qui a enfanté l'inégalité et les privilèges, transformé l'art de gouverner en « science de l'oppression » (XI, 55), divisé la nation en « deux corps inégaux » dont l'un est le parasite de l'autre (XV, 94). Suffira-t-il donc, pour ramener la nation à l'unité, de supprimer des « droits abusifs » (XVII, 104), de former par là même un authentique contrat social, enfin « régulier » (XVI, 101), de telle sorte qu'avec ses trois couleurs – *« Égalité, justice, liberté »* – « l'étendard de la *justice universelle* [flotte] pour la première fois sur la terre » (XVII, 105) ? Ce beau rêve serait plus crédible si son universalisme ne servait à masquer des clivages sociaux tout autres que ceux du privilège. Le narrateur voit le « grand corps » de la nation « composé de laboureurs, d'artisans, de marchands, de toutes les professions laborieuses et studieuses utiles à la société » (XV, 94, *loc. cit.*). Passe encore que l'énumération ignore tous les gagne-petit des villes et des campagnes – s'il faut prendre *laboureur* au sens traditionnel de paysan aisé, propriétaire de son attelage – et que la *nation* se limite ici, semble-t-il, aux « citoyens actifs ». Mais prétendre découvrir dans toutes ces catégories sociales, « dans la pauvreté générale des vêtements et l'air maigre et hâlé des visages, les indices de la misère et du travail » *(ibid.)* relève moins du mythe que de la mystification : illusion généreuse ou escamotage ?

Ni Volney ni ses collègues de la Constituante n'étaient assez maigres et mal vêtus pour que la conscience de l'inégalité économique pût altérer leur attachement à la toute neuve liberté d'entreprendre et au droit de propriété. Du moins le député Volney avait-il compris l'avantage que présenterait pour la consolidation des acquis de la Révolution la transformation massive des travailleurs des champs en petits propriétaires : c'était le sens de ses propositions sur les modalités de vente des biens du clergé[1]. Cette vue partielle, mais réaliste, de la société française fait place dans *Les Ruines* à une question toute théorique : comment faire que l'amour de soi ne dégénère pas de nouveau en cupidité, au risque de relancer le cycle stérile des révolutions d'autrefois ? Fidèle aux leçons de ses maîtres Helvétius et d'Holbach, Volney a une réponse toute prête : la diffusion des lumières. L'amour de soi cessera de se dérégler quand il sera partout dûment éclairé : la *cupidité* n'est-elle pas « fille et compagne de l'*ignorance* » (VIII, 35) ?

Aux exclamations désespérées du narrateur qui ne voit dans l'univers qu'égoïsme et préjugés, le Génie réplique avec sévérité en l'invitant à plus de confiance en l'espèce humaine. Curieusement, et prudemment, cette confiance s'exprime d'abord par une négation au second degré. Il n'est nullement établi que l'espèce aille « se détériorant » (XIII, 79). A l'idée d'une « prétendue perfection rétrograde » s'oppose « le témoignage des sens et de la raison », et ceux-ci démentent « qu'il n'existe pas d'échelle progressive d'expérience et d'instruction » (*ibid.,* 79-80). Savoir et lumières ne sont pas donnés à l'homme dès l'origine, et pas plus à l'espèce qu'à l'individu ; ils sont acquis à l'expérience. Or celle-ci est au moins partiellement cumulative : « L'expérience du passé n'a pas été totalement perdue » (*ibid.,* 80). Et le Génie précise :

« Depuis trois siècles surtout, les lumières se sont accrues, propagées ; la civilisation, favorisée de circonstances heureuses, a fait des progrès sensibles [...] et cette amélioration désormais ne peut que s'accroître, parce que ses deux principaux obstacles,

1. *Ibid.,* p. 188-190.

ceux-là mêmes qui l'avaient rendue jusque-là si lente et quelque-fois rétrograde, la difficulté de transmettre et de communiquer rapidement les idées, sont enfin levés» *(ibid., 22)*.

Grâce à l'universalité de la langue française – «de grandes nations ayant contracté l'alliance d'un même lan-gage» *(ibid.)* –, grâce surtout à l'imprimerie, «il s'est formé une masse progressive d'instruction, une atmo-sphère croissante de lumières, qui désormais assurent soli-dement l'amélioration» *(ibid., 83)*. Celle-ci est désormais «un effet nécessaire des lois de la nature». L'homme éclairé «deviendra sage et bon, *parce qu'il est de son intérêt de l'être*». Et avec les hommes individuellement, il en ira de même de «classes entières» *(ibid.),* puis des nations. Car «il arrivera à l'espèce ce qui arrive à ses éléments : la communication des lumières d'une portion s'étendra de proche en proche, et gagnera le but» *(ibid., 84-85)*. Si le Génie concède que «ce grand travail sans doute sera long» [85], on notera la conviction grandissante de son discours : le progrès n'était d'abord affirmé, de manière circonspecte, que par la négation de sa négation ; le voici maintenant reconnu, annoncé, avec une totale assurance. Volney est bien le contemporain de Condorcet, et l'accent de ces quelques pages préfigure celui de l'*Esquisse d'un tableau historique de l'esprit humain*.

La comparaison des deux livres fait pourtant surtout ressortir leurs différences. Dans l'*Esquisse* le mot «révolu-tion» a presque toujours une acception positive. Le thème est lié à celui des progrès de l'humanité : «On peut remarquer, écrit par exemple Condorcet, que dans les peuplades qui n'ont point éprouvé de grandes révolu-tions, les progrès de la civilisation se sont arrêtés à un terme très peu avancé. »[1] Et l'ample panorama qu'il trace

---

1. *Esquisse...,* éd. O. H. Prior, Paris, Boivin, 1933, *Troisième époque,* p. 36. Sur une trentaine d'occurrences du mot «révolution» dans l'ouvrage, plus des deux tiers impliquent une vision optimiste du changement historique.

insiste pour chaque « époque » sur les aspects constructifs de l'histoire. Même la sixième, celle des temps barbares et de la décadence, doit à la morale chrétienne et aux prêtres la suppression de l'esclavage[1]. Volney, lui, ne consacre qu'un tout petit nombre de pages à établir la possibilité, puis la nécessité du perfectionnement. En revanche, toute la seconde moitié des *Ruines* est un interminable catalogue génétique des erreurs de l'esprit : entendons les erreurs religieuses dont l'analyse et la dénonciation occupent cinq chapitres entiers (XX-XXIV), dont le plus long (XXII, *Origines et filiation des idées religieuses*) fait à lui seul le quart de l'ouvrage. A la fin du chapitre XIX le législateur avait bien convoqué ensemble devant le tribunal de la raison « chefs et docteurs des peuples ». Mais ce sont les seuls docteurs et théologiens qui s'engagent dans une controverse tumultueuse (XXI), jusqu'à ce qu'un groupe d'esprits libres vienne – longuement – ramener à « des faits simples et physiques » les multiples inventions de l'esprit religieux (XXII). Car les prêtres, habiles à exploiter, de temps immémoriaux, la crédulité des peuples (XXIII, 234, 236), sont les véritables chefs. Ainsi, quand le vaste horizon historique de Condorcet s'ouvre, dans la *Dixième époque,* sur la perfectibilité indéfinie de l'espèce humaine, l'horizon du penseur des *Ruines* se rétrécit en un ultime combat des Lumières contre l' « infâme ». Comme si en 1791 la Révolution n'avait pas d'autre priorité ! Certes, Volney se montre ici fidèle disciple de son maître d'Holbach, mais les temps nouveaux demandaient moins de fidélité que d'invention, et d'Holbach était mort, lui, précisément en janvier 1789...

De quatorze ans l'aîné de Constantin-François Chassebeuf, Condorcet n'est pas moins ferme que son cadet dans le rejet de toute religion. Mais son athéisme et son anticléricalisme, si virulents qu'ils soient, n'ont rien d'étriqué. Le souffle puissant de l'*Encyclopédie* anime encore son

1. *Ibid.,* p. 91.

œuvre et son action, le poussant à mettre au service de la Révolution la multiplicité de ses talents. Ainsi s'engage-t-il chaque jour davantage dans l'action alors que Volney, déçu des débats de la Constituante, se place en retrait dès l'été 1790. C'est dans une période de désenchantement qu'il compose *Les Ruines,* et tout incite à interpréter la dérive anticléricale de sa méditation comme un exutoire à son amertume. Cependant celle-ci n'est pas seulement conjoncturelle. J. Gaulmier décèle, avec raison, chez l'auteur des *Ruines* «un Pascal de la négation»[1]. Il y a en effet dans sa philosophie un fond personnel de pessimisme, comme chez d'Holbach et La Mettrie. L'homme originel dont parle le chapitre VI, «jeté au hasard sur la terre confuse et sauvage», est bien le frère, définitivement privé d'un Dieu qui non seulement se cache, mais n'existe pas, de celui de Pascal, le même que celui dont l'auteur de *L'Homme-machine* écrivait: «Peut-être a-t-il été jeté au hasard sur un point de la surface de la Terre, sans qu'on puisse savoir ni comment, ni pourquoi, mais seulement qu'il doit vivre et mourir»[2]. Aux yeux de Volney seul le *peut-être* serait de trop. Mais la force de négation qui habite cet idéaliste à l'estomac fragile ne s'exerce pas seulement à l'encontre du surnaturel. La nature même, sur les «lois» de laquelle il entreprend, en 1793, de fonder une morale positive, n'a rien de doucement maternel. Elle édicte pour «précepte fondamental et unique [...] la conservation de soi-même». Quant au bonheur – cette «idée neuve», selon Saint-Just – c'est tout au plus «un état accidentel [...], un objet de luxe, surajouté à l'objet nécessaire et fondamental de la conservation»[3]. Comme le remarque J. Gaulmier, Volney renchérit ici sur le pessimisme du baron d'Holbach[4]. Mais c'est bien de la philoso-

1. *L'idéologue Volney..., op. cit.,* p. 215.
2. Cité par J. Gaulmier, *La loi naturelle..., op. cit.,* p. 14.
3. *La loi naturelle..., op. cit.,* chap. III, p. 45.
4. *Ibid.,* p. 70, n. 2.

phie du *Système de la nature* que s'inspirent, pour l'essentiel, et sa vision de l'homme et sa vision de l'histoire : une histoire où le temps est destructeur, qui détruit et recrée à tout instant, trop instable pour que quoi que ce soit s'y bâtisse de durable, à l'image d'une nature toujours au travail, sans cesse occupée à faire et défaire et dont la seule constante est un perpétuel va-et-vient d'actions et de réactions[1].

Que cette très ancienne conception cyclique du cours des choses voisine dans *Les Ruines,* comme on l'a vu, avec une vision cumulative où l'histoire prend un sens par les progrès successifs de l'esprit, ne peut faire oublier la disproportion de développement donné par l'ouvrage à chacun des deux thèmes. Homme de lumières, mais plutôt des lumières du doute que de celles d'une raison conquérante, Volney est assurément sincère dans ses sentiments révolutionnaires. Contrairement à J. Gaulmier, je ne crois pas que cette sincérité autorise à penser que son livre « exprime à merveille l'élan initial et le premier aspect de la Révolution »[2]. Au moins la formule demande-t-elle à être nuancée. Car le message du livre ne peut se lire indépendamment de la fiction qui le porte. L' « amant solitaire de la liberté » qui s'exprime dans l'*Invocation* liminaire, plus rousseauiste qu'il ne croit[3], a certes l'ambition d'être utile... mais à distance de ses semblables, loin des « vils

1. « Telle est la marche constante de la nature ; tel est le cercle éternel que tout ce qui existe est forcé de décrire. C'est ainsi que le mouvement fait naître, conserve quelque temps et détruit successivement les parties de l'univers les unes par les autres, tandis que la somme de l'existence demeure toujours la même... » (*Système de la nature,* première partie, chap. III (nouv. éd., Londres, 1771, t. I, p. 42). « Concluons donc que l'homme n'a point de raisons pour se croire un être privilégié de la nature ; il est sujet aux mêmes vicissitudes que toutes ses autres productions... » (*ibid.,* chap. VI, p. 95).
2. *L'idéologue Volney..., op. cit.,* p. 238.
3. Voir la critique de l'orgueil de Jean-Jacques dans la question des *Leçons d'histoire, op. cit.,* p. 108 (et la note 4 de l'éditeur, p. 152, qui renvoie à Jean Roussel, *La réception des Confessions entre 1795 et 1830,* Paris, J.-M. Place, « Œuvres et critiques », 1978, p. 39-51).

intérêts qui tourmentent la foule». Son engagement au service des hommes se double, dans son adresse aux «murs silencieux» de la ville disparue, d'une orgueilleuse misanthropie :

« O ruines ! je retournerai vers vous prendre vos leçons ! je me replacerai dans la paix de vos solitudes ; et là, éloigné du spectacle affligeant des passions, j'aimerai les hommes sur des souvenirs ; je m'occuperai de leur bonheur, et le mien se composera de l'idée de l'avoir hâté ! »[1]

Aimer les hommes sur des souvenirs : admirable formule de générosité déçue. Au moment où triomphent apparemment les idées novatrices que l'homme d'action avait faites siennes, le voici qui se rêve éloigné des foules révolutionnaires et du « spectacle affligeant des passions». En octobre 1793, rejeté et proscrit, Condorcet se consolera de son sort tragique en se projetant dans l'avenir par un ultime acte de foi en l'homme. En 1791, dans un moment beaucoup moins dramatique, Volney choisit de se placer mentalement, non sans quelque pose, en dehors de l'histoire qu'il contribue pourtant à bâtir. Condorcet, ou la Révolution quand même ; Volney ou la Révolution mélancolique.

---

1. *Les Ruines, op. cit., Invocation,* p. 2.

Sade démographe[*]

Édité en collections « de poche », Sade est aujourd'hui à la portée de tous[1]. Le temps n'est plus où sa promotion comme sujet de colloque universitaire – c'était à Aix-en-Provence, à l'initiative d'Henri Coulet, en 1966 – choquait également, bien que pour des raisons opposées, la foi des grands prêtres sadiens et la pudeur de l'Université. Peut-être le temps est-il en revanche venu de désacraliser définitivement le « divin marquis » en soumettant son œuvre aux délicieux tourments de l'approche historique et de l'analyse littéraire. Lire Sade comme un écrivain du XVIIIᵉ siècle parmi les autres, est-ce une démarche impraticable ? Quitte à avouer que ses longueurs et ses fantasmes répétitifs m'ennuient parfois, je ne crois pas sous-estimer son importance ni minimiser son génie en m'engageant à mon tour dans cette voie[2]. Écrivain mau-

---

[*] Première publication, « Pour une lecture non sadienne de Sade : mariage et démographie dans *Aline et Valcour* », dans *Sade, écrire la crise*, Belfond, 1983.

1. Les références ci-dessous renvoient à l'édition « 10/18 » d'*Aline et Valcour* (préface de Gilbert Lely), UGE, 2 vol., 1971.

2. Notamment après J.-M. Goulemot, « Lecture politique d'*Aline et Valcour* », in *Le marquis de Sade : actes du Colloque d'Aix-en-Provence*, Paris, A. Colin, 1968, p. 115-139 ; et Beatrice C. Fink, « Ambivalence in the gynograph : Sade's utopian woman », in *Women and literature*, Rutgers University, New Brunswick, New Jersey, hiver 1979, vol. VII, n° 1, p. 24-37 ; « Narrative Techniques and Utopian Structures in Sade's *Aline et Valcour* », in *Science-Fiction Studies*, Montréal, mars 1980, vol. VII, part. 1, p. 73-79.

dit, Sade n'en appartient pas moins à la littérature : il est temps de reconnaître la littérarité de son œuvre pour apprécier celle-ci à sa vraie grandeur.

La qualité littéraire d'un texte comme *Aline et Valcour* se révèle moins dans le foisonnement de l'imagination du romancier que dans la complexité d'une structure narrative qui défie les interprétations simplistes. Bien que l'*Avis de l'éditeur* nous invite à n'en retenir que le violent contraste de la vertu et du vice, le roman n'est rien moins que manichéen. Œuvre polyphonique, *Aline et Valcour* exploite avec maîtrise, par la pluralité des correspondants, les ressources éprouvées du roman épistolaire ; bien plus, le roman de Sade superpose – au pluriel également – discours et récits, de telle sorte que les uns et les autres tantôt convergent, tantôt se contredisent. Bien naïf qui chercherait à travers ce jeu subtil d'échos et de contrepoints « le sens » du texte.

Un exemple liminaire : le cas de l'inceste. Le crime des crimes qui suscite l'horreur absolue des honnêtes gens est l'objet d'un double discours. Pour les libertins cette horreur sacrée en fait « le plaisir des dieux » (II, p. 380). Les philosophes au contraire, Zamé (I, p. 365-366) et Brigandos (II, p. 149), s'emploient à lever le tabou, à dédramatiser une pratique en elle-même indifférente et qu'il conviendrait de ne considérer que dans ses effets sociaux. Au plan du récit l'inceste redouté ou désiré n'en est pas moins le principal ressort de l'intérêt romanesque. Encore faut-il constater qu'il s'agit moins d'une réalité que d'un mirage : sauf à Butua et chez les Bohémiens – c'est-à-dire dans deux sociétés marginales –, l'inceste dans *Aline et Valcour* n'est jamais consommé. Ou bien l'acte sexuel est effectif, mais la parenté illusoire : Dom Juan et Léontine, Blamont et Sophie. Ou bien la parenté est réelle, mais le crime n'est pas consommé : ainsi pour Blamont et Aline. Mme de Blamont parle justement d'un « crime imaginaire » (II, p. 362). Mais ce qui est, comme elle le dit, un excitant pour l'imagination de son mari manifeste aussi une limite de l'imagination du romancier. Plus conformiste que le discours, le récit dément – sans évidemment les annuler – aussi bien l'audace provocante des propos libertins que la sérénité affectée des commentaires philosophiques.

Si la scélératesse libertine se révèle ainsi moins parfaite qu'elle ne voudrait, qu'en est-il de la vertu ? En la personne du « brave et honnête militaire » qu'est le comte de Beaulé – antithèse de l'homme de robe libertin – survivent « les franches vertus de l'antique chevalerie » (I, p. 68). Mais ce preux chevalier, sans doute ancien amant de Mme de Blamont et peut-être le véritable père d'Aline (I, p. 197 ; II, p. 12), tient des propos plus que sceptiques sur la chasteté féminine (II, p. 82), ponctue le récit de Léonore de commentaires plutôt lestes (II, p. 67) ou de questions scabreuses (II, p. 26), si bien que nous ne sommes pas trop surpris d'apprendre « qu'il soupe quelquefois avec des filles » (II, p. 339). Là encore, à une lecture attentive les lignes se brouillent...

Ces deux exemples suffisent à montrer la nécessité d'un bilan objectif et critique de toutes les données du texte. Le roman doit être l'objet d'une approche globale (renonçons une fois pour toutes à dissocier de l'intrigue principale l'*Histoire de Sainville et de Léonore*), d'une approche non réductrice et qui accepte d'en mettre en évidence les éventuelles contradictions, enfin d'une approche historisante qui situe et relativise dans le temps les audaces de la fiction. A ces trois conditions d'une saine lecture s'ajoute le plus difficile : ne pas tomber dans le piège du sadisme ! Il faut résister à la fascination de la monstruosité, savoir lire d'un regard non prévenu, refuser de projeter dans ce roman-ci – fût-ce sous prétexte savant d'« intertextualité » – ce que l'on sait ou croit savoir de l'ensemble de l'œuvre. Ne chercher dans *Aline et Valcour* que le monstrueux, c'est du reste pour qui a lu *Justine* ou *Les 120 journées* prendre le risque de trouver le texte timoré et d'en manquer les vraies audaces. Mieux vaut renoncer à cette lecture sadienne, soumettre le roman à une enquête sans prévention et s'inspirer de la sociologie historienne pour décrypter l'image complexe qu'il donne de la sexualité en lui appliquant les deux grilles neutres de la démographie et du mariage.

Dans *Aline et Valcour* la démographie est à la fois objet de discours et donnée de la fiction. Entre Mirabeau et Malthus l'auteur semble ne vouloir intervenir dans l'un des grands débats du siècle que par les voix contrastées de Sarmiento et de Zamé. Est-il certain toutefois que ces deux discours soient vraiment opposés ? Celui du Portugais se veut à contre-courant du populationnisme des Lumières. Sans doute Sarmiento est-il conscient de l'absurdité des pratiques « meurtrières », autodestructrices, de Butua : justifiées autrefois par l'excès de population, elles ont perdu leur raison d'être et sont désormais nocives (I, p. 273-274). Mais en se référant à la notion d'optimum démographique Sarmiento n'insiste guère sur le risque de déficit. Sa formulation du problème est au contraire pré-malthusienne : « Faut-il à l'État un plus grand nombre de citoyens que celui qu'il peut nourrir ? » (I, p. 306). La réponse évidemment négative à cette fausse interrogation est étayée de deux séries d'arguments, l'une sociopolitique, l'autre philosophique. D'une part l'excès démographique irait nécessairement de pair avec « l'accroissement du luxe », « l'inégalité des conditions » et le despotisme (I, p. 307). D'autre part la propagation ne serait nullement une loi de la nature : tout au plus une « tolérance » de cette « indulgente nature » qui s'accommode d'autant mieux de pratiques sexuelles stériles – comme l'homosexualité – qu'elle est parfaitement indifférente à la survie de l'espèce humaine (I, p. 309).

On voit l'habileté avec laquelle le sophiste Sarmiento, puisant à la fois chez Rousseau et chez Diderot, s'emploie à retourner contre lui-même le naturisme des philosophes. A l'inverse, le législateur Zamé semble avoir voulu mettre en œuvre les idées maîtresses de ces derniers. A Tamoé on se marie dès l'âge de quinze ou seize ans ; la stérilité et l'impuissance sont parmi les motifs légaux du divorce ; de même que l'inégale durée de la fécondité masculine et féminine justifie que l'homme y ait droit à deux épouses successives (I, p. 397-399) ; si la pédérastie, contraire à la procréation, n'y est pas punie par la loi, on l'y prévient du moins par le ridicule (I, p. 365-366, 408) ; enfin l'exemple personnel de Zamé, avec ses cinq enfants, proposerait à tous les habitants de l'île une norme familiale... si le mariage était obligatoire à Tamoé comme dans beaucoup de cités utopiques. Or Zamé a au contraire légalisé le célibat, réservant même aux célibataires certaines fonctions publiques. Bien plus, il lui arrive de faire écho aux discours de Sarmiento en dénonçant, lui aussi, la vanité des thèses populationnistes à la française (I, p. 306). En réalité la question démographique est à son avis « d'une bien légère importance » (I, p. 365). Pour lui le vrai problème politique est d'une autre sorte : « Le véritable bonheur d'un État consiste moins dans une trop grande population que dans sa parfaite relation entre son peuple et ses moyens » (I, p. 366). Tandis qu'une note donne à cet aphorisme la caution de l'abbé Raynal, le propos souligne surtout pour nous la convergence des deux discours utopiques. Utopie du bien et utopie du mal se fondent également sur le double refus des valeurs chrétiennes de procréation et des valeurs philosophiques de « population ». Et cette convergence inattendue marque une double libération : non seulement à l'égard du péché de chair, c'est trop évident, mais aussi par rapport au naturisme normatif aux pièges duquel un Diderot – le Diderot du *Supplément* et de l'article « Jouissance » de l'*Encyclopédie* – n'avait pu éviter de se laisser prendre.

Reste à vérifier si les données du récit confirment ou non sur ce point le non-conformisme du discours. L'inventaire des personnages du récit principal entrant dans le jeu des relations sexuelles suggère une réponse positive à partir d'un triple constat de déséquilibre : déséquilibre des sexes, des âges, des générations. Comme la démographie des *Liaisons dangereuses* celle d'*Aline et Valcour* se caractérise d'abord par une surpopulation féminine. Mis à part les comparses – curés, chirurgien, domestiques... – extérieurs aux échanges sexuels, la société du roman ne comprend que sept hommes, pour quatre fois plus de femmes. Six sur sept appartiennent à l'aristocratie de la naissance ou de l'argent : noblesse d'épée (Valcour, Beaulé, Déterville, Sainville), magistrature (Blamont), finance (Dolbourg). Le septième, exception épisodique mais intéressante, est le fils du jardinier, dont Rose est la maîtresse (I, p. 91), seul représentant des classes populaires à accéder à l'existence sexuelle[1]. Les femmes, à l'inverse – vingt-cinq vivantes et quatre disparues (la pauvre Adélaïde jadis abandonnée par Valcour et les trois épouses successives de Dolbourg) – relèvent en majorité des classes inférieures ou de catégories marginales : d'un côté Mmes de Blamont et de Senneval, Aline, Eugénie, et Léonore ; de l'autre deux courtisanes, les Valville, deux domestiques, Augustine et Julie, la première aisément séduite, la seconde ferme dans le refus, et une paysanne, l'orpheline qui se livre à Blamont dans la chambre mortuaire de sa femme (II, p. 458), ainsi que la jeune maîtresse que le président entretient dans son château sous la caution d'une mère à l'honorabilité suspecte, le sérail secret de douze « petites filles » renouvelées tous les mois... et, bien entendu, les filles naturelles – filiation réelle pour l'une, supposée pour l'autre – des deux libertins : Rose et Sophie, ou plutôt Jeanne Dupuis.

En vain chercherait-on un référent « réaliste » à une telle disproportion qui obéit uniquement à la logique du

---

1. Le cas de Colette et Colas qui peuvent enfin se marier grâce aux moutons donnés par Mme de Blamont et aux dix louis de Valcour (II, p. 422) illustre le phénomène, bien connu des historiens d'aujourd'hui, du retard au mariage, motivé par des raisons économiques : la difficulté de s'établir.

roman libertin. Par leur nombre, et le plus souvent par l'infériorité de leur condition, les femmes ont pour seule fonction d'être la proie des mâles. La différence d'âge les y prédispose également. Car si le roman met en présence deux générations d'hommes et deux de femmes, ce ne sont pas les mêmes. Du côté masculin, les « pères » – Blamont, Dolbourg, Beaulé – ont largement passé la cinquantaine, tandis que les « gendres » – Valcour, Déterville, Sainville – ont environ trente ans. Du côté féminin les « mères » sont à peine plus âgées : avec ses trente-six ans Mme de Blamont n'est que de six l'aînée de Valcour. Quant aux « filles », leur âge va de dix-neuf ans (Aline, Augustine) à beaucoup moins : la petite paysanne prise par Blamont à côté du cadavre de sa femme n'a que quatorze ans et la plus âgée des pensionnaires du sérail n'en a pas quinze. De façon générale l'âge au mariage, ou à la première initiation sexuelle, est pour les filles particulièrement tendre : Mme de Blamont, mère à seize ans, a été mariée à quinze à un homme de trente-cinq ; Mme de Senneval a été mariée à seize ans ; Sophie et Rose n'en avaient que treize lorsque les deux libertins les ont enlevées à leurs nourrices pour satisfaire leur luxure... Ici encore, de toute évidence, l'imagination du romancier emprunte moins à la réalité qu'elle ne se laisse guider par la logique de la fiction. L'union d'hommes mûrs et de toutes jeunes filles, parfois à peine nubiles, caractérise une société de libertinage où le mariage même n'est qu'une caution légale à l'oppression sexuelle. Bien lointaine, l'île de Tamoé où le législateur se soucie d'apparier des jeunes gens du même âge !

Un dernier trait rapproche l'ordre occidental du despotisme de Butua. Comme le système établi par Ben Mâacoro, celui qui autorise les Blamont et les Dolbourg est autodestructeur. C'est le troisième déséquilibre qui ressort de l'analyse démographique : l'insuffisante relève des générations. Aucune différence, ici non plus, entre la sexualité illicite et la sexualité conjugale. La première

annule sa fécondité par le gaspillage ; la seconde, peu pro-
lifique, s'aggrave d'une mortalité infantile également
forte : les Blamont n'ont eu légalement que deux filles
(dont l'une est censée être morte) et les Senneval une, tandis que les Kerneuil ont perdu leur fille unique. On est
tenté de prêter à l'aristocratie du roman la pratique de ces
« funestes secrets » qu'était loin d'ignorer la bonne société
d'Ancien Régime. Mais il faut surtout déceler le choix
idéologique qui commande à la fiction, ainsi que l'accord
de celle-ci avec le discours antipopulationniste qui la
double. Dans les deux plans du discours et du récit la
sexualité est dissociée de la procréation. Par cette dissociation tapageuse Sade est sans doute fidèle à lui-même, et la
pensée qui sous-tend le « roman philosophique » d'*Aline
et Valcour* renvoie aux thèmes scandaleux de *La Philosophie dans le boudoir*. La lecture d'*Aline et Valcour* incite
cependant à aller au-delà de ce qui est le plus voyant. De
même que la tradition libertine de la littérature des
Lumières véhicule, fût-ce de façon ambiguë et biaisée,
une protestation authentiquement libérale en faveur des
droits de l'individu, le libertinage oppressif et stérile dans
lequel se complaît ici l'invention du romancier ouvre sur
des questions tout autres : l'équilibre du couple, les droits
sexuels de la femme, la finalité du mariage.

En vain le roman se place-t-il à deux reprises, par la
bouche de Léonore (I, p. 507 ; II, p. 323-324), sous le
signe du *Père de famille* : la société familiale, dans les
conditions qu'on vient d'analyser, ne peut y jouer qu'un
rôle fort modeste. L'enjeu véritable de la fiction dans le
récit et le discours utopiques, comme dans l'intrigue
européenne, n'est pas la famille, mais le couple. Si
l'union conjugale n'a pas pour fin la procréation, quelle
est sa raison d'être ? A Butua comme à Tamoé la
réponse est apparemment simple, bien que rigoureusement inverse. Là le despotisme absolu du mâle, exercé
avec un aussi total arbitraire dans le peuple que chez les

grands (I, p. 297-298). Ici des couples harmonieux et paisibles. Les habitants de Butua pratiquent avec brutalité l'art de « se servir » des femmes, soit comme bêtes de somme – pour la plupart d'entre elles – (I, p. 272), soit comme instruments de plaisir. Ben Mâacoro le dit sentencieusement : « Une femme est faite pour qu'on en jouisse » (I, p. 260)[1]. Mais la femme, elle, n'a pas droit au plaisir ; celui qu'elle éprouverait risquerait d'être soustrait de celui de son partenaire : Ben Mâacoro ne le supporte pas et il a l'habitude de punir « sévèrement les femmes qui s'avisent de partager sa jouissance ». Réaction moins monstrueuse que ne pourrait penser le lecteur sensible, du moins si nous nous fions à l'autorité de Fontenelle – complétée de celle de Montesquieu, Helvétius, La Mettrie, etc. – qu'invoque une note d'apparence érudite (I, p. 290)[2].

L'heureuse Tamoé ignore, semble-t-il, cette philosophie cynique. De douze à quinze ans les garçons y reçoivent une éducation préconjugale qui, à l'opposé des principes de Butua, leur enseigne que le bonheur n'est pas de *recevoir,* mais de *donner* : « On les prévenait qu'ils appro-

---

1. M. de Blamont ne s'exprime pas autrement : « Il y a bien longtemps que je dis que les femmes ne sont bonnes qu'au lit, et encore ! » (II, p. 415).
2. Sans être littérale (malgré les guillemets dont use l'auteur) la citation de Fontenelle ne trahit pas le texte des *Nouveaux dialogues des morts* (voir éd. J. Dagen, Didier, 1971, p. 355-361). On peut seulement remarquer que ce qui était chez Fontenelle simple critique d'un faux altruisme de vanité prend un tout autre sens chez Ben Mâacoro.

   Quant à la référence qui suit aux « vrais philosophes », elle est encore plus sujette à caution. Sade peut légitimement avoir en mémoire le thème général d'Helvétius qui fait de l'amour de soi la source de tous sentiments et toutes passions (*De l'homme,* sect. 4, chap. IV), mais l'application très particulière qu'il en fait n'a à ma connaissance de répondant ni dans *De l'esprit* ni dans *De l'homme.* Rien de semblable non plus chez Montesquieu. Enfin La Mettrie, sans doute cité sur sa réputation plus que d'après son œuvre, définissait tout au contraire l'amour comme « un bonheur qui redouble en se partageant » (*L'Art de jouir,* éd. Solovine, 1919, p. 151).

chaient de l'âge où on allait leur confier le sort d'une femme [...] on leur prouvait qu'ils ne pouvaient espérer de bonheur, dans cette douce et charmante société, qu'autant qu'ils s'efforceraient d'en répandre sur celle qui la composait» (I, p. 461). Cette morale bien intentionnée repose cependant sur le plus classique des partages ; à l'homme «l'autorité qui captive», à la femme «les grâces et les attraits qui séduisent». Ici encore on est enclin à évoquer, avec ses limites, la générosité «féministe» (?) de Diderot : l'*Essai sur les femmes* et les dernières pages du *Supplément au voyage de Bougainville,* où la tentation libertine est récusée au profit d'un appel à la responsabilité de l'homme envers la femme. A Tamoé également celle-ci a besoin d'être *protégée* par la force masculine à laquelle son sort est confié. C'est dire que l'harmonie du couple n'implique pas l'égalité des deux sexes. Dans l'évocation idyllique de ce bonheur conjugal se révèlent au contraire, au détour d'une phrase rassurante, d'assez inquiétantes disparités. Et d'abord pour la formation du couple. L'égalité économique et sociale qui règne à Tamoé proscrit, bien sûr, les considérations européennes de naissance et de fortune : «Les fonds qui doivent nourrir les époux étant tous de même valeur, le choix préside seul à la formation de leurs liens. Toutes les filles étant également riches, tous les garçons ayant la même portion de fortune, ils n'ont plus que leurs cœurs à écouter pour se prendre» (I, p. 400-401). Il est cependant deux manières d'*écouter son cœur,* soit pour satisfaire son penchant, soit pour prendre conscience d'une répulsion. Or la première attitude est réservée aux garçons, tandis qu'une fille a tout au plus le droit de refuser celui qui vient de jeter son dévolu sur elle (I, p. 462). *Le choix qui préside seul* reste donc essentiellement masculin : seules les femmes divorcées ont droit à l'initiative, si elles veulent se remarier (I, p. 399). A cette exception près le libéralisme de Tamoé rappelle curieusement l'ordre patriarcal du bourg d'Oudun où il était considéré comme contre nature que les filles puissent se déclarer les premières[1]. A Tamoé la vocation reconnue aux femmes est du reste aussi clairement affirmée qu'à Oudun : la couture et la cuisine (I, p. 463)... Il est vrai que le législateur leur accorde pour la dissolution éventuelle du couple l'initiative qu'il leur refuse pour sa formation. En instituant le divorce, bien plus, en accordant à l'épouse comme au mari le droit de répudiation, Zamé est singulièrement plus hardi que le fondateur d'Oudun. Pourquoi faut-il qu'une faille discrète apparaisse cependant dans la symétrie des trois motifs légaux de divorce reconnus de part et d'autre ? La maladie, l'impossibilité ou le refus de procréer peuvent être légalement invoqués par l'un des conjoints, en parfaite réciprocité, à l'encontre de l'autre. Mais l'énoncé du troisième motif, pour l'homme d'abord, pour la femme ensuite, ne se traduit pas par une simple redite. La femme s'expose à être répudiée « s'il est prouvé qu'elle est acariâtre et qu'elle refuse à son mari tout ce que celui-ci peut légitimement exiger d'elle ». Le mari, lui, ne prend le même risque que s'il maltraite son épouse (I, p. 398-399). La partie n'est donc pas égale. Les deux conjoints sont symétriquement protégés contre le mauvais caractère ou les mauvais traitements de l'autre. Mais les droits de la femme ne vont pas au-delà de cette protection : elle n'a rien, elle, à *exiger* de son mari.

Relevons d'autres signes d'inégalité. A Tamoé l'adultère est rare ; mais, s'il se produit, l'infidélité féminine n'est-elle pas plus coupable que celle de l'homme ? Le narrateur ne le dit pas expressément, mais il le laisse supposer par ce qu'il rapporte du drame joué au théâtre de Tamoé : une épouse adultère punie par toute une série de malheurs et dont l'exemple impressionne jusqu'aux larmes, dans le public, une jeune femme qui s'est reconnue en elle (I, p. 459). Qu'à la scène comme dans la vie le héros de l'aventure soit une héroïne, cela va de soi,

---

1. *Le Paysan perverti, statuts du bourg d'Oudun,* titre IX, art. XLIV. Voir ci-dessus.

et Sainville n'en est pas plus surpris que Zamé[1]... Gageons que ce double spectacle devait également paraître tout naturel aux dames de Tamoé elles-mêmes. Car il leur arrive de proclamer spontanément leur infériorité. A Tamoé on ne « se sert » pas des femmes, mais Zilia, « la tendre et délicieuse Zilia, posant la main sur son cœur et regardant son mari avec autant de grâce que de modestie, lui dit en rougissant : *Voilà votre bien* » (I, p. 395). Or cette totale soumission à la supériorité du mâle n'est pas seulement morale. Si les femmes de Tamoé sont sexuellement heureuses, à la différence de celles de Butua, c'est semble-t-il parce qu'elles aiment à être forcées, et que la nature y a pourvu : Sainville n'ose donner à haute voix plus de précisions sur « les proportions viriles » de leurs partenaires, mais il en dit assez pour que nous comprenions qu'à Tamoé aussi la possession est inséparable de la violence (I, p. 417-418)[2].

Butua, Tamoé, deux mondes antithétiques, mais entre lesquels se dessinent une fois de plus de subtiles analogies. On se heurte, bien sûr, dans les deux cas aux limites de l'imaginaire utopique. Si l'utopie du bien et celle du mal présentent des ressemblances imprévues, c'est qu'elles demeurent l'une et l'autre étroitement tributaires de la réalité et de l'idéologie dominante. Butua est la transfiguration fantasmatique des vices de la société française, tandis que Tamoé conserve sournoisement l'essentiel de ce qui semblait devoir y être détruit : utopie doublement répressive pour les femmes puisqu'elles n'y bénéficient même pas vraiment de ce nivellement uniforme que l'on y masque du nom d'égalité. Mais la fausse antithèse d'un bien et d'un mal qui se ressemblent n'est pas le dernier

1. « L'exil volontaire » de l'amant (I, p. 460) ne rétablit qu'une trompeuse égalité : à l'homme la liberté par la rupture, à la femme le repentir et la soumission !
2. A rapprocher de la confidence de Clémentine sur la virilité de Ben Mâacoro : « Oh ! quel homme [...], quelles gigantesques proportions ! » (II, p. 95).

mot du roman. Selon un procédé de construction qu'il hérite des grands romanciers du siècle – le Rousseau de *La Nouvelle Héloïse,* le Voltaire de *Candide,* le Prévost de *Cleveland* –, Sade intègre en effet l'utopie à un récit qui la déborde et la conteste, si bien que chez lui aussi la fiction narrative est beaucoup plus novatrice, par les voies qu'elle ouvre et les questions qu'elle pose, que le conformisme inévitable du discours utopique.

Revenons donc en Europe. Ce n'est pas seulement en Afrique, nous le savons déjà, que la loi favorise la tyrannie sexuelle du mâle. Triste sort que celui des trois femmes successives de Dolbourg, littéralement tuées sous lui ! Ne se vante-t-il pas d'avoir dû « prendre d'assaut » la troisième, pour la « réduire » et la « soumettre », malgré ses invincibles dégoûts (II, p. 479) ? La destinée de Mme de Blamont n'est certes pas plus enviable. En dépit d'une relative indépendance financière – elle s'est mariée « séparée de biens » (II, p. 435) – et de l'appui escompté de sa famille (II, p. 403), elle n'a guère que des velléités de résistance. Encore s'agit-il alors de protéger sa fille. Pour ce qui la concerne elle-même sa soumission est totale, y compris sur le plan physique. « Se soumettre, c'est le mot », dit précisément Aline à propos du regain de « tendresse » conjugale soudainement manifesté par son père, après cinq ans d'abstention (II, p. 328). La voilà donc qui se prête aux « singularités » du président (II, p. 338), résignée à les subir « dans une sorte d'infériorité et d'humiliation » (II, p. 333), sans même penser un instant que devant une telle dépravation son confesseur aurait pu la délier du devoir conjugal[1]... Il est vrai qu'elle croit agir avec « politique » et espère « enchaîner » Blamont, « le vaincre à force de complaisance, pour le bonheur de sa

---

1. Voir par exemple Féline (le P.), *Catéchisme des gens mariés,* Caen, 1782 : si le mariage vaut comme remède à la concupiscence même lorsque la génération n'est pas possible (leçon VI), le plaisir ne doit pas être la seule fin de l'acte conjugal (leçon VII) et, bien sûr, une seule posture est autorisée (leçon IX).

chère Aline» (II, p. 333-334). Mais n'a-t-elle pas abdiqué tout vouloir propre dès le jour où, malgré l'âge, le physique et le milieu du prétendant, elle s'est laissé sacrifier aux convenances familiales (I, p. 186) ?

Mariage imposé, couple maudit. Pour que l'intérêt familial ne voue pas les filles au malheur, il faut que ses exigences s'accordent miraculeusement avec les sentiments des nouveaux époux. Le miracle se produit dans le cas de Déterville et d'Eugénie : avouons qu'il est quelque peu conventionnel et que le pâle bonheur de ces comparses retient peu l'attention du lecteur. Il en va tout autrement des trois couples qui construisent ou défendent leur bonheur dans le refus des pressions sociales et des idées reçues. Nous ignorons comment s'est formée la tendre union des Bersac : mais les deux comédiens s'en montrent dignes lorsque après le quiproquo nocturne à la faveur duquel Santillana a pris Mme de Bersac pour Clémentine, ils se laissent convaincre de rire «d'un événement qui, dans le fond, ne fait de mal à personne» (II, p. 299). Peu s'en faut qu'ils ne fassent leurs les principes inconvenants de Clémentine : «Un époux vraiment aimable et juste jouit bien plus des voluptés que sa femme goûte, que des sacrifices qu'elle lui fait» (II, p. 198, à rapprocher de II, p. 304-305). Si l'on en juge d'après les peines et les efforts qu'il a coûtés, le bonheur de Sainville et de Léonore, conquis à force d'amour et d'énergie, est sans doute le plus marquant. Mais celui que sont appelés à vivre un honorable alcade et une aventurière jusque-là toujours prête à disposer de son corps selon son intérêt ou son plaisir n'est ni le moins paradoxal ni le moins significatif ; à travers le refus du préjugé de la fidélité physique *(loc. cit.)* et du préjugé de la virginité – voir, à propos de Clémentine, le plaidoyer de Brigandos contre la chasteté forcée des filles (II, p. 301) – s'affirme en effet clairement le droit de la femme sur son corps, son droit au plaisir.

Dans *Aline et Valcour* le bonheur sourit aux femmes qui savent le conquérir : des femmes énergiques, libérées, supérieures aux idées communes. Un abîme mental sépare une Léonore, une Clémentine, et même une Mme de Bersac, de Mme de Blamont. La plus grande audace de celle-ci est le compromis entre le cœur et les convenances qu'elle recommande au curé chargé de trouver à Sophie un mari « digne d'elle » : le droit pour l'intéressée de refuser celui qu'on lui proposera (I, p. 112). Il n'y a pas si loin qu'on l'aurait cru de Vertfeuille à Tamoé : ici comme dans cet ailleurs ou ce nulle part la fille se voit reconnaître, au mieux, un droit de veto sur sa destinée. Mais la pauvre Aline, elle, ne bénéficie même pas de ce droit négatif. Faute de pouvoir refuser, elle a seulement le droit de mourir. Et elle meurt effectivement de n'avoir voulu ni se résigner, comme sa mère, ni se révolter, comme Léonore. Leçon dont la clarté ne surprendra aucun lecteur de Sade et qui justife – bien au-delà de 1789 ou 1793 – la prétention de l'auteur au messianisme révolutionnaire : entre le conformisme et la révolte il n'est pas de moyen terme.

Reste à apprécier plus exactement la portée du message, le sens de la révolte libératrice qu'incarnent les personnages de Léonore et de Clémentine. Car les deux figures ne sont pas superposables, et la première prête à interprétation. On peut légitimement s'interroger sur la vraisemblance de l'ultime conversion de la soi-disant héritière de la maison de Kerneuil, revenant à l'« humanité » et renonçant à des richesses usurpées (II, p. 508), alors qu'elle s'était précédemment montrée inaccessible à toute compassion et impitoyable dans la défense de ses intérêts (II, p. 309-321). Si orgueilleuse et dure, sinon cruelle (*ibid.*, p. 311), à dix-huit ans, l'athée Léonore ne risque-t-elle pas d'être à quarante, comme le craint le bon Déterville, une Théodora ou une Messaline (p. 312) ? Les propos mêmes qu'elle tient à sa mère sur les émotions dont sont susceptibles les âmes « d'une certaine trempe » (p. 310-317) peuvent inciter à voir en elle la préfiguration de Juliette. Est-ce l'hérédité qui parle en la fille de M. de Blamont ? Apparemment métamorphosée par « l'horrible destinée » des siens, c'est à son seul

261

père qu'elle réserve les preuves de sa « piété filiale », laissant à son mari le soin d'honorer le souvenir de sa mère et de sa sœur (II, p. 508-509)... Toujours est-il que même si l'on fait dans son comportement, comme le veut Déterville, la part de « l'école du malheur » – c'est-à-dire « la plus dangereuse de toutes » (p. 311) – sa naissance, sa fortune, sa force de caractère la placent, pour le meilleur et pour le pire, dans une situation hors du commun et qui la prédispose à affirmer sa liberté au mépris de toutes normes comme au détriment d'autrui. Le personnage de Clémentine, fille du commun mais femme de tête, se caractérise au contraire par la bonne humeur et une totale absence d'agressivité. Le roman nous présente donc deux images bien différentes de la femme émancipée et du bonheur conjugal. D'un côté un couple irréprochable au regard des convenances (Sainville et Léonore sont de même condition et ils ont donné le plus bel exemple de fidélité), où la personnalité de l'épouse compense si bien la supériorité légale du mari que l'équilibre conquis risque à terme d'être rompu à son profit : l'*honnête* et *sensible* Sainville (II, p. 508) ne sera-t-il pas bien vite dominé ? De l'autre un couple de hasard, socialement aussi disparate que possible, libre union de deux associés dans une complète égalité sexuelle qui exclut tout esprit de domination et de propriété. L'histoire de Léonore peut annoncer la revanche historique de la femme sur l'homme, n'être qu'un ultime épisode de la guerre des sexes. Celle de Clémentine, fort peu « sadienne », figure la paix des sexes et une féminité épanouie. Sans doute Clémentine n'est-elle dans le déroulement de l'intrigue qu'un personnage de second plan. Mais l'auteur n'a pas voulu que nous l'oubliions : elle réapparaît dans le dernier paragraphe du roman, dans une concurrence ambiguë avec le sage et vertueux Zamé : « heureuse avec son mari », nous est-il dit. Sade se garde d'ajouter à ce *happy end* : « et ils eurent beaucoup d'enfants »... !

Aline et Valcour se prête à plus d'une lecture : lecture moralisante et pathétique ; lecture libertine ; lecture « éclairée », attentive aux thèmes caractéristiques du mouvement des Lumières, comme le refus des tabous religieux ou la légitimation du divorce. Dès la rédaction du roman, dans les toutes dernières années de l'Ancien Régime, aucune de ces trois approches n'aurait pu y découvrir la moindre nouveauté. Plus neuve assurément la lecture féministe que le texte rend également possible, même s'il ne permet pas d'en lever l'ambiguïté. Faut-il le répéter ? Le « roman philosophique » de Sade n'est en rien un roman à thèse : bien plutôt un roman heuristique, à la manière de ceux de Diderot et de toutes les grandes œuvres d'un siècle dont son œuvre à lui est le couronnement. Lignes délibérément brouillées, échos capricieux par lesquels des oppositions se muent en analogies, contrastes subtilement creusés dans ce qui paraissait semblable, cette structure complexe traduit le refus d'une vision normative et simplificatrice de la sexualité. L'exemple de Léonore fugitivement tentée par les attraits de Clémentine (II, p. 115-116), la brève et violente liaison de la même Clémentine avec doña Cortillia (II, p. 157) suffisent à confirmer à la fois l'unité et la polyvalence de la vie sexuelle, par-delà toute distinction du bien et du mal, par-delà aussi le sec étiquetage des passions dont avait pu souvent se contenter – sauf chez Prévost, Rousseau et surtout Diderot – le rationalisme du XVIIIᵉ siècle. Sade n'est pas le premier moraliste français à écrire que « les passions de l'homme sont inconcevables » (II, p. 98). Mais il ouvre des voies que la sexologie d'aujourd'hui n'a pas fini d'explorer, quand il applique cette maxime au domaine interdit de la vie sexuelle, y compris celui de la sexualité féminine, et quand il suggère que l'équilibre du couple suppose le rejet de toute morale répressive. Est-ce sans intention que le romancier choisit de placer le dernier propos cité, prélude au passage le plus « philosophique » du roman, dans la bouche de Clémentine, c'est-à-dire de la plus parfaitement libérée de ses héroïnes, et aussi de la moins sadique ?

263

De Meilcour à Adolphe, ou la suite des *Égarements**

Les *Égarements* sont inachevés : je suis de ceux pour qui cet inachèvement n'est ni anecdotique ni accidentel, mais structurellement nécessaire et historiquement signifiant. Tous les grands textes du XVIIIe siècle français, y compris ceux qui sont matériellement terminés, ne sont-ils pas en réalité des œuvres ouvertes ?

Mais peut-être en est-il des grands textes inachevés comme de l'homme de Platon, en quête de sa moitié complémentaire : toute œuvre incomplète appelle une « suite »... et parfois elle la trouve. Je pense par exemple, au *Paysan parvenu* : non pour la publication apocryphe de 1756, aussi plate que laborieusement fidèle au projet explicite de Marivaux, mais pour le roman qui s'inscrit, à quarante ans de distance, dans la logique propre du texte marivaudien, le *Paysan perverti*. De la même manière que l'œuvre de Rétif répond à celle de Marivaux, les *Égarements* de Crébillon ont fini par trouver leur « suite », et leur fin, l'*Adolphe* de Constant[1].

Mon propos n'est pas érudit : je ne prétends pas établir positivement l'existence d'une filiation. Si l'on en croit le *Cahier rouge* où Constant évoque les lectures de sa neuvième année une telle recherche ne serait pas illégitime : « Je lisais huit ou dix heures par jour tout ce qui me tombait sous la main, depuis les ouvrages de La Mettrie jus-

---

* Première publication dans *Transactions of the Fifth Congress of the Enlightenment,* Oxford, The Voltaire Foundation, 1980.
1. Les références qui suivent renvoient aux *Œuvres* de Benjamin Constant éditées par Alfred Roulin, Paris, 1964, et aux *Romanciers du XVIIIe siècle* présentés par Etiemble, t. II, Paris, 1969.

qu'aux romans de Crébillon. Ma tête et mes yeux s'en sont ressentis pour toute ma vie» (p. 88). Il est donc possible que les *Égarements* soient une source d'*Adolphe,* mais ce n'est pas mon problème. Peut-être le rapprochement que je veux esquisser serait-il même appauvri si nous avions affaire à une «influence» directe.

Ce rapprochement est-il neuf? Je laisse aux spécialistes de Crébillon et à ceux de Constant le soin d'en décider. Je remarque simplement que si l'on a souvent repris au sujet d'*Adolphe* la formule stendhalienne de «marivaudage tragique», on ne semble pas avoir jamais parlé de *crébillonage*[1]. Sans doute la réputation «libertine» de Crébillon ne favorisait-elle pas le parallèle. Au cas où il paraîtrait gratuit je pourrais emprunter d'avance ma péroraison aux deux auteurs à la fois. La nature de mon sujet impliquant nécessairement que le dernier mot soit double, je dirais avec Versac: «C'est presque toujours à ceux d'entre nous qui raisonnent le plus profondément, que l'on doit ces opinions absurdes qui font honte à l'esprit» (p. 152). Mais j'ajouterais en écho, avec Constant – propos rapporté par Sainte-Beuve *(Portraits de femmes)* : «Ce que vous dites là est si juste que le contraire est parfaitement vrai.»

Je serai donc modeste : je n'ai pas l'ambition de proposer – enfin – *la* bonne lecture des *Égarements* et d'*Adolphe,* mais tout au plus une lecture plausible, une lecture que je crois stimulante par la lumière réciproque que le rapprochement projette sur les deux textes. Plus modestement encore, je voudrais respecter les lois classiques du parallèle – ou suivre le conseil que nous ne manquons pas de donner à nos étudiants – en n'oubliant pas que tout rapprochement littéraire vaut plus par les différences qu'il souligne que par les analogies qui le justifient. Par delà l'homologie structurelle des deux œuvres, je veux analyser leur totale opposition.

---

1. Sur les sources d'*Adolphe* voir le gros et savant livre de Paul Delbouille, *Genèse, structure et destin d'«Adolphe»,* Paris, 1971, notamment p. 140, n. 22, 147, etc.

J'ai parlé d'homologie structurelle. Elle me parait évidente: les deux livres sont les romans de deux couples mal assortis, donc de deux liaisons précaires. Comme l'histoire de Meilcour et de Mme de Lursay, celle d'Adolphe et d'Ellénore se place sous le signe de la disproportion: disproportion d'âge, d'expérience, de condition, et surtout de sentiments.

D'un côté deux jeunes gens; de l'autre deux femmes mûres. Le rapport inverse serait banal, celui-là est insolite. Au début de l'action d'*Adolphe* le héros a vingt-deux ans, Ellénore dix de plus. Le narrateur des *Égarements* précise, quant à lui, « j'entrai dans le monde à dix-sept ans » (p. 13), et il en attribue « près de quarante » (p. 17) à la marquise. S'il fallait en croire l'impertinent Versac, celle-ci aurait même dépassé la quarantaine (p. 133). Notons que si l'écart est deux fois plus grand ici que là, la difficulté qui en résulte est de même nature: obstacle au mariage, à supposer qu'il fût pensable; obstacle aussi à une liaison durable, quasi conjugale, comme celle d'Ellénore avec le comte de P*** qui est, au contraire, de huit ans son aîné (p. 19). L'âge d'Ellénore est du reste l'un des motifs de patience qu'Adolphe se donne confusément à lui-même lorsque le joug commence à lui peser: « Je me croyais sûr des années, je ne disputais pas les jours » (p. 35). Enfin la part très différente faite au temps dans les deux romans renforce paradoxalement leur analogie. Dans les deux cents pages des *Égarements* Mme de Lursay n'a pas le temps de vieillir, alors que les quatre-vingt pages d'*Adolphe* apportent à Ellénore cinq années supplémentaires; quand elle meurt, à trente-sept ans, elle a presque rattrapé la marquise: à vingt-sept ans Adolphe est encore un homme jeune, sinon un jeune homme[1].

.

1. A rapprocher de la prédiction du baron de T***: « Elle a dix ans de plus que vous; vous en avez vingt-six; vous la soignerez dix ans encore; elle sera vieille » (p. 56).

A la différence d'âge répond la disproportion d'expérience. Deux jeunes gens novices se lient à deux femmes qui ont vécu. Des similitudes littérales soulignent que dans les deux récits l'apprentissage du monde se fait au détriment de l'innocence originelle : il y a du Huron chez Adolphe comme chez Meilcour[1]. Aussi l'un et l'autre éprouvent-ils la même difficulté à se déclarer. Meilcour ne sait pas comment parler, et Adolphe préfère écrire... Mme de Lursay intimide Meilcour. Amie de sa mère, elle l'a vu grandir : « Le respect qu'elle m'avait inspiré était en moi comme ces préjugés d'enfance contre lesquels on se révolte longtemps avant de pouvoir les détruire » (p. 165). A cette révolte longtemps vaine fait écho chez Adolphe un aveu d'orgueil blessé : « Elle me répondit avec bonté, me donna des conseils affectueux, m'offrit une amitié sincère [...] j'étais embarrassé, humilié, de rencontrer une femme qui m'avait traité comme un enfant » (p. 23-25).

Gêne, timidité, humiliation, révolte : chacune des deux liaisons est d'avance faussée par une relation inégalitaire où l'expérience féminine, quasi maternelle, en impose à l'inexpérience masculine. Il ne s'agit pourtant que d'un avantage fragile : structurellement, et compte tenu du statut social des partenaires de chaque couple, la relation s'inverse, aggravant – mais en sens contraire – le déséquilibre initial. L'enjeu de la liaison n'est pas le même pour la femme et pour l'homme : socialement, c'est la femme qui prend les vrais risques. A lire le roman de Constant l'inégalité saute aux yeux. Alors que sa naissance, sa fortune, ses relations vouent Adolphe à une carrière brillante et lui ouvrent toutes les portes de l'avenir, Ellénore souffre d'une « situation désa-

---

1. Dans sa *Préface* Crébillon présente ainsi son héros : « On verra dans ces Mémoires un homme tel qu'ils sont presque tous dans une extrême jeunesse, simple d'abord et sans art, et ne connaissant pas encore le monde où il est obligé de vivre. » Dans *Adolphe* le narrateur dit de lui-même : « L'étonnement de la première jeunesse à l'aspect d'une société si factice et si travaillée annonce plutôt un cœur naturel qu'un esprit méchant » (p. 17).

vantageuse » (p. 19). Maîtresse avouée du comte de P***, elle perd du jour au lendemain la considération acquise par dix ans de fidélité lorsqu'elle abandonne brusquement M. de P*** pour suivre Adolphe (p. 40). Malgré le rétablissement de sa fortune le discrédit la suit jusqu'en Pologne où l'ambassadeur de France la range au nombre des femmes « qu'on ne voit que chez elles » (p. 69). Que chuchote-t-on à son propos dans la société varsovienne ? La malveillance intéressée de sa famille a la partie belle : comme le précise aussi le baron de T***, « la réputation d'Ellénore est loin d'être intacte » (p. 55). Les médisances qui courent sur son compte (p. 63-64) ne s'en prennent pas seulement à sa vie présente, ni même à son proche passé : elles portent sur des « aventures » (p. 63), des « erreurs passées » (p. 64) que le narrateur a lui-même qualifiées de « fautes » (p. 30) et qui paraissent aussi indélébiles que lointaines. Quelle est donc cette faute originelle ? La version définitive du roman laisse soupçonner ce que la copie manuscrite de 1810 disait explicitement : fille séduite et abandonnée[1], Ellénore a un passé dont une femme ne se relève pas. Non seulement elle n'est pas des femmes que l'on épouse, mais sa liaison avec Adolphe la confine irrémédiablement dans une situation marginale qui lui est insupportable et contre laquelle, « en lutte constante avec sa destinée » (p. 20), elle s'est longtemps débattue par un parti pris de dévotion et d'austérité[2] !

---

1. Dans la version imprimée le narrateur hasarde à mots couverts une hypothèse : « La fatalité de sa situation ou l'inexpérience de son âge l'avaient-elles jetée dans une carrière qui répugnait également à son éducation, à ses habitudes et à la fierté qui faisait une partie très remarquable de son caractère ? » (p. 20). Mais la variante manuscrite d'un autre passage (p. 1414, n. 2) précise : « Son premier amant l'avait entraînée lorsqu'elle était très jeune et l'avait cruellement abandonnée. »
2. « Ellénore, en un mot, était en lutte constante avec sa destinée. Elle protestait, pour ainsi dire, par chacune de ses actions et de ses paroles, contre la classe dans laquelle elle se trouvait rangée ; et comme elle sentait que la réalité était plus forte qu'elle, et que ses efforts ne changeraient rien à sa situation, elle était très malheureuse » (p. 20).

Il y a loin de cette tension tragique au rôle de prude que Mme de Lursay joue avec tant d'aisance. La marquise n'en est pas moins poursuivie et menacée, elle aussi, par un passé qu'elle s'efforce de faire oublier. Son masque de gravité platonicienne et de « beauté majestueuse » est tout défensif. Versac le sait et s'en amuse insolemment, devant elle comme en son absence. C'est lui qui la présente comme une spécialiste de l'*éducation* des jeunes gens et qui évoque les amants qu'elle aurait eus dès avant son mariage : « Ne sait-on pas qu'il y a cinquante ans au moins qu'elle a le cœur fort tendre ? » (p. 75). En se laissant aller à son inclination pour Meilcour, Mme de Lursay expose ce qu'elle a de plus précieux, sa réputation. Aux yeux du monde, qui la guette, elle prend trois risques : celui d'une liaison disproportionnée ; celui d'être « quittée » ; enfin le risque d'aimer. Ici encore le jugement cruellement désinvolte de Versac est parfaitement lucide, et ce qu'il dit d'une autre femme, un peu plus âgée, s'applique à Mme de Lursay : « A cinquante ans, prendre un jeune homme, c'est ajouter au ridicule de la passion celui de l'objet » (p. 97). Risque de ridicule seulement ? mais dans un univers clos où le rire est meurtrier : risque bien plus grave si le penchant de la marquise n'est pas une simple fantaisie, mais vraiment de l'amour.

Or l'amour est au féminin dans les *Égarements* comme dans *Adolphe*. Et la disproportion des sentiments est dans chaque couple le plus grave facteur de déséquilibre. Si Meilcour aime Hortense, il n'éprouve pour Mme de Lursay qu'un « goût » où la vanité se combine à l'éveil de la sensualité. Bien que le héros, sur le moment, s'illusionne plus d'une fois, le narrateur ne s'y trompe pas : « J'étais trop jeune pour ne pas croire aimer moi-même. L'ouvrage de mes sens me parut celui de mon cœur » (p. 185). De même quand l'illusion devient autosuggestion : « A force de me persuader que l'étais l'homme du monde le plus amoureux, je sentais tous les mouvements d'une passion avec autant de violence que si en effet je les eusse éprouvés » (p. 32). Le cas d'Adolphe est moins clair, et son examen pourrait nous conduire à un débat métaphysique sur la nature de l'amour, débat où je préfère ne pas m'engager[1]. Notons toutefois que son état d'esprit initial ressemble beaucoup à celui de Meilcour. A un sentiment de vide affectif se mêle, chez lui aussi, une forte inclination d'amour-propre : « Offerte à mes regards dans un moment où mon cœur avait besoin d'amour, ma vanité de succès, Ellénore me parut une conquête digne de moi » (p. 21). On peut même déceler chez le héros de Constant une nuance supplémentaire d'égocentrisme. Au simple *je voulais aimer* de Meilcour (p. 14) succède la confidence d'un homme apparemment peu apte à sortir de soi : « Tourmenté d'une émotion vague, je veux *être aimé,* me disais-je » (p. 19)[2].

Est-ce bien le même homme qui dit avec tant de délicatesse nostalgique le bonheur d'aimer ? « Charme de l'amour, qui pourrait vous peindre ! » (p. 33). Le ton de ce passage semble supposer que celui qui s'exprime ainsi ait de l'amour une expérience authentique : or dans la vie d'Adolphe il n'y a pas eu d'autre femme qu'Ellénore[3]. Rappelons cependant que cette ouverture à demi lyrique d'un chapitre qui ne l'est guère n'appartient pas à la version manuscrite de 1810 : on peut s'interroger sur la cohérence de cette addition tardive avec ce que le texte dit ou suggère

---

1. Si j'en étais tenté, Constant – ou son héros – m'en dissuaderait : « Les sentiments de l'homme sont confus et mélangés ; ils se composent d'une multitude d'impressions variées qui échappent à l'observation ; et la parole, toujours trop grossière et trop générale, peut bien servir à les désigner, mais ne sert jamais à les définir » (p. 18).
2. C'est moi qui souligne le passage égocentrique de l'actif au passif.
3. Commentant ce texte, Han Verhoeff relève finement l'ambiguïté d'un *nous* dont on ne sait trop s'il désigne un couple, ou s'il généralise l'expérience du seul partenaire masculin (Han Verhoeff, *Adolphe et Constant, une étude psychocritique,* Paris 1976, p. 45-46). Il ne me paraît cependant pas possible d'en conclure à « l'absence de la femme aimée » (p. 45) : quand Adolphe parle de « cette intelligence *mutuelle* [c'est moi qui souligne] qui devine chaque pensée et qui répond à chaque émotion » le *nous* implicite est bien celui du couple.

par ailleurs. Au chapitre suivant, dans l'épisode de la fuite nocturne, le héros présentait tous les symptômes de l'amour : « J'étais avide de la tenir dans mes bras ; l'amour était rentré tout entier dans mon âme ; j'éprouvais une fièvre de tête, de cœur, de sens qui bouleversait mon existence » (p. 46-47). Mais Ellénore n'avait pas été dupe : « Adolphe, me dit-elle, vous vous trompez sur vous-même ; [...] vous croyez avoir de l'amour, et vous n'avez que de la pitié. »

De la pitié, et non de l'amour. Insistons sur ce point, puisqu'une critique ingénue a souvent voulu conclure de celle-là à celui-ci. J'ajouterai que le raisonnement ne me paraît pas plus démonstratif lorsque l'on précise que la pitié d'Adolphe pour Ellénore est souvent cruelle. Gardons-nous de tomber de la naïveté universitaire d'hier à celle d'aujourd'hui : si je ne puis voir dans la pitié une preuve d'amour, je ne me laisserai pas non plus persuader, à l'inverse, qu'il suffise de faire souffrir pour aimer !... Quoi qu'il en soit, le scepticisme de Constant fait une fois de plus écho au réalisme critique de Crébillon lorsque le narrateur d'*Adolphe* nous dit que les signes de la passion sont trompeurs : « Nous sommes des créatures tellement mobiles que les sentiments que nous feignons, nous finissons par les éprouver [...] les assurances de tendresse dont j'entretenais Ellénore répandaient dans mon cœur une émotion douce qui ressemblait presque à l'amour » (p. 48-49). Ainsi ce que l'on appelle amour peut-il simplement dénoter une forte capacité d'autosuggestion : « L'amour qu'une heure auparavant je m'applaudissais de feindre, je crus tout à coup l'éprouver avec fureur » (p. 23).

Auto-illusion, ou tout au plus intermittences du cœur : voilà ce qu'Adolphe prend pour de l'amour. Les sentiments d'Ellénore sont d'une autre qualité ; elle vit une passion absolue et sans éclipse, un engagement irréversible : « Ne vous reprochez rien quoi qu'il arrive », écrit-elle à son amant avant de mourir, « Vous avez été bon pour moi. J'ai voulu ce qui n'était pas possible. L'amour

était toute ma vie : il ne pouvait être la vôtre » (p. 74-75).
Cette passion totale est d'autant plus violente qu'elle est
pour Ellénore une découverte tardive. A M. de P*** elle
vouait un attachement calme, fait d'affection, de respect
et de reconnaissance. Femme de trente ans, elle s'éveille à
des sentiments neufs : « Elle éprouvait, je crois, pour moi,
ce qu'elle n'avait éprouvé pour personne » (p. 34). Or, si
nous en croyons l'intéressée, cette expérience inédite correspond exactement à celle de Mme de Lursay : « Votre
vue me faisait sentir des mouvements qu'avant que vous
m'eussiez parlé, je ne connaissais pas » (p. 178). Bien sûr,
c'est elle qui le dit... et nous la savons trop bonne comédienne pour la croire sur parole. A défaut de l'expérience
de la passion, Mme de Lursay a celle du monde et de ses
manèges. Elle connaît tout le prix d'un déshabillé galant
(p. 56), ou d'une pose alanguie sur un canapé (p. 180) ;
elle possède à fond l'art des « gradations », dont elle révèle
l'existence à Meilcour (p. 84) ; elle sait pousser et retenir
au moment opportun un *demi-soupir* (p. 56), changer à
volonté l'expression de son visage, jouer du regard, et en
particulier de ce « regard en dessous » dont le roman de
La Morlière, *Angola,* véritable code de sémiologie libertine, nous apprend qu'il est encore plus dangereux que le
« regard tendre »[1]... Sa seule préoccupation n'est-elle pas
de concilier devant Meilcour son personnage de prude et
son jeu de coquette (p. 59) ? Pourtant Mme de Lursay
n'est pas seulement une comédienne experte, mais un peu
embarrassée, malgré tout son talent, par un brusque changement de rôle : derrière le masque apparaît parfois la personne. Bien qu'elle ait une maîtrise presque parfaite de ses
attitudes, ses gestes, ses expressions, il arrive qu'à son
insu sa voix s'altère (p. 70), ou tremble (p. 114), qu'une
pâleur ou une rougeur subites trahissent en elle une émotion vraie (p. 141, 145), que ses yeux s'emplissent de

1. Voir La Morlière, *Angola, histoire indienne* (1746), éd. O. Uzanne,
Paris, 1879, p. 66 et 155.

larmes (p. 182). Pleurs de circonstance comme ceux que Versac, maître en séduction, se vante de répandre toujours à bon escient[1] ? Nous pourrions rester dans l'incertitude si le narrateur ne nous l'avait peinte « plus sensible qu'elle ne le croyait sans doute, emportée par son amour » (p. 31). Bien plus, ce commentaire intervient juste après l'indication que Mme de Lursay est arrivée à un tournant de sa vie (p. 29) :

> « Une femme, quand elle est jeune, est plus sensible au plaisir d'inspirer des passions qu'à celui d'en prendre. Ce qu'elle appelle tendresse n'est le plus souvent qu'un goût vif, qui la détermine plus promptement que l'amour même, l'amuse pendant quelque temps, et s'éteint sans qu'elle le sente ou le regrette.
>
> « Est-elle parvenue à cet âge où ses charmes commencent à décroître, où les hommes indifférents pour elle lui annoncent par leur froideur que bientôt ils ne la verront qu'avec dégoût, elle songe à prévenir la solitude qui l'attend. Sûre autrefois qu'en changeant d'amants elle ne changeait que de plaisirs ; trop heureuse alors de conserver le seul qu'elle possède, ce que lui a coûté sa conquête la lui rend précieuse. Constante par la perte qu'elle ferait à ne l'être pas, son cœur peu à peu s'accoutume au sentiment. Forcée par la bienséance d'éviter tout ce qui aidait à la dissiper et à la corrompre, elle a besoin pour ne pas tomber dans la langueur de se livrer tout entière à l'amour, qui, n'étant dans sa vie passée qu'une occupation momentanée et confondue avec mille autres, devient alors son unique ressource : elle s'y attache avec fureur, et ce qu'on croit la dernière fantaisie d'une femme est bien souvent sa première passion.
>
> « Telles étaient les dispositions de Mme de Lursay lorsqu'elle forma le dessein de m'attacher à elle. »

Ainsi les choses sont claires, et le décalage évident. Du côté masculin – à quelques nuances près – nous avons affaire à deux romans du premier « goût » ; du côté féminin, à deux romans de la première passion : première pas-

---

1. « Être passionné sans sentiment, pleurer sans être attendri » (p. 157).

sion qui, chez une femme mûrissante, doit être en même temps la dernière. Certes, nous ne savons pas jusqu'où la « fureur » de l'amour pourrait entraîner Mme de Lursay. A la différence de Constant, Crébillon ne nous montre pas cette passion à son plein développement ; plus marivaudien qu'il ne l'avouerait, il se borne à en analyser la naissance. Peu s'en faut que les 200 pages des *Égarements* ne tiennent en trois lignes d'*Adolphe* : « Elle me permit de lui peindre mon amour ; elle se familiarisa par degrés avec ce langage : bientôt elle m'avoua qu'elle m'aimait » (p. 29). Quel contraste entre ce *bientôt* et les lenteurs du crébillonage ! Pourtant la fiction des *Égarements* a sa logique – qui n'est pas forcément celle de la « Préface ». Le « goût » de Meilcour, l'« amour » intermittent d'Adolphe n'ont pas d'avenir : en revanche Meilcour est pour Mme de Lursay le seul avenir possible, comme Adolphe pour Ellénore. C'est la marquise elle-même qui fait cette prédiction lucide : « Je vous amuserais, vous me fixeriez » (p. 66).

Les *Égarements,* tels que l'auteur nous les a laissés, sont l'histoire d'une liaison qui n'en finit pas de commencer. *Adolphe* est l'histoire d'une liaison qui n'en finit pas de finir. La situation romanesque est la même dans les deux cas, mais elle est traitée à deux moments différents. Par là les deux romans sont à la fois symétriques et complémentaires. Leur homologie est encore renforcée par la présence discrète, mais précise, dans les *Égarements,* en contrepoint du thème de la conquête, du thème de la rupture. Car Meilcour n'envisage pas d'entretenir avec Mme de Lursay une liaison durable : tout au plus « ce commerce commode qu'on lie avec une coquette, assez vif pour amuser quelques jours, et qui se rompt aussi facilement qu'il s'est formé » (p. 38). Aussi le jeune homme, dont le cœur est à Hortense, redoute-t-il d'inspirer à la marquise un attachement encombrant : « Que ferais-je à présent de sa tendresse ? Il aurait donc fallu la tromper, entendre ses reproches, la voir traverser ma passion »

275

(p. 36). Ces reproches ne nous sont pas difficiles à imaginer : nous les connaissons par ceux dont Ellénore accable Adolphe. Peu importe que la rivale d'Ellénore ne soit pas une autre femme, mais la société (représentée par le Père) : la situation que décrit Constant est celle au seuil de laquelle le récit de Crébillon s'arrête, mais non sans avoir annoncé ce que devait être son devenir interrompu. De même, la gêne de Meilcour auprès de Mme de Lursay anticipe sur celle d'Adolphe auprès d'Ellénore : « Interdit, et plus contraint que jamais, j'étais auprès d'elle moins comme un amant qui est encore à favoriser, que comme un qui se lasse de l'être » (p. 109). Comme le souligne le narrateur le comportement du héros est alors d'autant plus étonnant qu'il n'a encore rien obtenu. Mais cette anticipation paradoxale confirme une prémonition de Mme de Lursay : « A présent que vous me dites que vous m'aimez, vous êtes peut-être sincère, mais combien de temps le seriez vous, et combien ne me puniriez-vous pas d'avoir été trop crédule ? » (p. 66-67).

La marquise de Lursay craint de devenir « insupportable » au jeune homme ; elle proteste que l'aimer serait pour elle un « malheur », et elle le dit d'un ton qui lui est inhabituel, un ton « tragique ». Dès la première partie des *Égarements* on voit ainsi s'esquisser une histoire tout autre que celle qui est immédiatement contée : l'histoire qui sera celle d'Adolphe et Ellénore. Le roman de Crébillon doit se lire à deux niveaux. Au premier niveau de lecture les deux partenaires se posent, symétriquement, la même question : comment conquérir l'autre ? – A un second niveau on découvre qu'ils se posent simultanément deux questions contradictoires. Tandis que Mme de Lursay se demande comment « fixer » Meilcour, celui-ci se débat d'avance dans un problème ionescien : « Comment s'en débarrasser ? »

En principe la solution devrait être facile. Dans le monde des *Égarements* la rupture va de soi : on se prend, on se quitte... C'est la règle du jeu. Encore convient-il qu'un amour vrai ne vienne pas brouiller le jeu. Crébillon aurait-il tardé à s'en aviser ? Si nous devons en croire la « Préface » le héros s'est séparé de Mme de Lursay après « ses premières amours » (entendons, après ce premier « goût ») ; devenu une sorte de second Versac sous l'effet de mauvaises fréquentations, il a enfin été « rendu à lui-même » par « une femme estimable » (p. 11). Innocence, corruption, rédemption. On sait que le roman s'arrête, en réalité, au début du second âge : ce qui apparaît à la fin de la troisième partie comme la « chute » de Mme de Lursay est bien plutôt celle de Meilcour ; une chute que Mme de Senanges parachèvera, comme il est annoncé, en faisant son « éducation » (p. 87)... Tel est du moins le projet explicite de l'auteur. En fait, le développement du récit suggère la difficulté de son accomplissement. Entre l'intention affirmée et la réalité textuelle se creuse une faille qui ne cesse de s'élargir. C'est toute la contradiction intime de Meilcour : il ne veut pas se lier à Mme de Lursay, il ne peut pas s'en séparer. D'où le coup de théâtre qui marque la fin de la troisième partie, complet renversement de situation.

Meilcour est venu faire à Mme de Lursay une visite de rupture : « J'étais déterminé à rompre avec elle. C'était de tous mes projets le seul qui me fût resté constamment dans l'esprit » (p. 145). On sait ce qu'il advient de cette ferme décision. D'abord l'impossibilité où le héros se trouve de prononcer les mots décisifs : « Tout déterminé que j'étais à rompre avec elle, je ne savais comment lui dire que je ne l'aimais plus » (p. 165). Puis son incapacité à saisir le prétexte que Mme de Lursay, coquetant avec le marquis, prend le risque de lui offrir (p. 167). Enfin – et ce sont les toutes dernières lignes du roman – une résolution à l'opposé de celle qu'il avait dans l'esprit à son arrivée : « Grâce aux bienséances, que Mme de Lursay observait sévèrement, elle me renvoya enfin, et je la quittai en lui promettant, malgré mes remords, de la voir le lendemain de bonne heure, très déterminé, de plus, à lui tenir parole » (p. 188).

Pourquoi ce renversement? Et comment un roman de la conquête, prédéterminé à devenir un roman de la rupture, se transforme-t-il en roman d'une rupture impossible? Les sentiments profonds de Meilcour n'ont pourtant pas changé. Il suffit que l'image d'Hortense se présente à son souvenir pour que le remords l'envahisse. Aussi avoue-t-il ne rien comprendre à ce qui lui arrive: «Par quel enchantement me trouvais-je engagé avec une femme qu'aujourd'hui même je détestais?» (p. 187). Mais cet «enchantement», nous le savons bien, n'a rien de magique. Si Meilcour avait lu *Adolphe,* il pourrait s'appliquer à lui-même l'aveu du héros de Constant: «Je n'étais qu'un homme faible, reconnaissant, et dominé» (p. 40). De fait, il est complètement subjugué par Mme de Lursay qui met en œuvre tous ses moyens de séduction: non seulement son charme, ou ses charmes, sa beauté, mais aussi – arme suprême – le ton de la vérité. Comment lire les vingt dernières pages du roman sans être frappé de l'admirable discours que la marquise tient à son jeune interlocuteur? En contraste avec l'embarras d'un Meilcour penaud et «bégayant» (p. 179), l'attitude de Mme de Lursay est toute dignité. Alliant l'assurance et la sensibilité, la pudeur et la fierté, la marquise atteint au sublime dans l'aveu de ses «fautes» passées (p. 180-181). Sans doute a-t-on pu lire longtemps cette scène décisive comme une scène de séduction, typiquement «libertine». Une lecture tout autre n'en est pas moins aussi plausible. Mme de Lursay n'est-elle pas à la fois habile et sincère, calculatrice et spontanée? Très grande actrice, assurément, mais pas exclusivement selon les normes du *Paradoxe sur le comédien.* Plutôt femme accomplie, et l'égale, à ce titre, des plus belles figures féminines de la littérature française: Mme de Rênal et Mathilde, qui sympathisent en elle, Mme de Mortsauf... Osons hasarder le rapprochement: Mme de Lursay, ou le lys dans le boudoir! Car c'est par sa beauté morale, et pas seulement par sa séduction physique, qu'elle domine Meilcour.

Dans son dépit puéril et son désir de vengeance celui-ci avait voulu s'offrir « la douce satisfaction » de voir Mme de Lursay « se dégrader de plus en plus à ses yeux » (p. 170) ; il pensait jouir de son humiliation (p. 169), de sa confusion (p. 172). Le voici loin du compte, *engagé,* comme il le dit... et peut-être pour longtemps ! Cette situation inattendue suggère une question : la « femme estimable » que le romancier promettait pour l'avenir à son héros, celui-ci ne l'aurait-il pas rencontrée plus tôt qu'il n'était prévu ? On comprendrait alors que l'auteur ait dû renoncer à poursuivre dans la voie indiquée. L'interruption, surprise du roman, serait dans la logique du récit. D'autant que l'impression produite par Mme de Lursay n'a pas été éphémère : par-delà le revirement du héros l'attitude du narrateur et la forme de la narration témoignent également de sa durée. Or c'est là que l'homologie des deux romans se retourne en antinomie.

Il est en effet nécessaire d'analyser dans les deux œuvres le point de vue du narrateur. *Adolphe,* comme les *Égarements,* est un récit à la première personne. Constant donne ainsi un dernier éclat à la tradition narrative du XVIIIe siècle, mais en héritier infidèle : s'il utilise la même technique que Crébillon, c'est pour la dénaturer et produire un effet contraire.

Dans les *Égarements* l'écart d'âge et d'expérience entre le narrateur et le héros crée une distance critique propice à la lucidité et à l'auto-ironie. Comme la narratrice de *La Vie de Marianne* le narrateur s'amuse de ce qu'il a été, avec autant de clairvoyance que d'indulgence. Son ironie s'exerce aussi aux dépens du « monde ». S'il le juge sans complaisance, il se garde d'une condamnation absolue. Ainsi ses réflexions sur les femmes, souvent critiques et malicieuses, ne sont jamais misogynes. C'est, pense-t-il, le propre d'un tout jeune homme que de passer à leur égard d'un excès de confiance à un excès de prévention (« commençant à avoir mauvaise opinion des femmes aussi sotte-

279

ment que je l'avais eue bonne ») : à l'avis du narrateur les fautes que les hommes reprochent aux femmes sont plutôt les fautes du siècle que du sexe (p. 93). Le lecteur est même invité à se demander si les hommes n'en sont pas eux-mêmes les premiers responsables. C'est le sens de la mise en garde que la Dame inconnue adresse à Hortense : « si peu d'hommes sont tendres et attachés, si peu sont capables d'une vraie passion, nous sommes si souvent et si indignement victimes de notre crédulité ! » (p. 52). Nous ignorons alors si Meilcour fera partie du petit nombre des hommes tendres et passionnés, ou s'il deviendra un Adolphe. Le narrateur, lui, est encore plus sévère que l'amie d'Hortense pour l'inconstance masculine : « Quelle bizarrerie ! Et nous osons reprocher aux femmes leur vanité ! Nous ! qui sommes sans cesse le jouet de la nôtre, qu'elle fait passer à son gré de la haine à l'amour, et de l'amour à la haine, et qui nous fait sacrifier la maîtresse la plus tendrement aimée et la plus digne de l'être à la femme du monde que nous aimons le moins et que souvent nous méprisons le plus ! » (p. 168).

Dans les années 1730 cette esquisse d'un plaidoyer en faveur de la femme, pour généreuse qu'elle fût, n'avait rien qui pût surprendre. Notons qu'il ne s'agit pas dans le roman de Crébillon d'une réflexion isolée et sans résonance. Bien au contraire, l'invention du romancier y soutient son discours : dans le monde des *Égarements* combien de Versac ou de Pranzi pour un seul Germeuil ! Du côté des hommes Germeuil est le seul « héros positif », alors que du côté des femmes on compte quatre personnes vertueuses – Mme de Meilcour, Mme et Mlle de Théville, la Dame inconnue – et seulement deux libertines notoires – la Mongenne et la Senanges. Et surtout, il y a Mme de Lursay, dont la figure domine le roman comme elle-même domine le jeune Meilcour. Perçant à jour ses désirs, son embarras, ses manœuvres, l'ironie du narrateur ne l'épargne pas. Mais la richesse de sa personnalité lui inspire plus d'une fois un jugement dont les nuances ou la réserve sont d'autant plus dignes d'attention. Il faudrait relever ici la fréquence, dans le commentaire du narrateur, de mots comme «vraisemblablement», «sans doute», «peut-être» «plus que tout, peut-être, l'envie qu'elle avait de m'engager» (p. 17); «elle espérait sans doute que ce soupir me conduirait plus loin» (p. 181). Le visage de la marquise porte-t-il «des marques du plus violent dépit», le narrateur ne consacre pas moins de quinze lignes à interpréter des signes apparemment clairs, mais c'est pour conclure: «Je ne sais si elle fit ces réflexions.» Cet aveu d'ignorance témoigne d'une clairvoyance au second degré qui revêt à la fois une signification philosophique et une portée morale. Après Fontenelle, avant Diderot, Crébillon manifeste ici une conscience lucide de la complexité du réel et des limites de la connaissance: il n'est pas si facile que le croit le vulgaire de conclure de l'apparence des choses et des êtres à leur nature interne. Quant à la portée morale de l'ignorance avouée du narrateur, elle tient en un mot: le respect. Mme de Lursay ne serait pas une personne, un être vivant, mais un automate de Vaucanson, si elle était absolument déchiffrable, si elle ne conservait aux yeux de l'observateur le plus perspicace le mystère de l'altérité. Aussi bien le narrateur ne se hasarde-t-il pas toujours à expliquer ce qui se passe en elle. Très souvent, il préfère s'effacer, nous la montrer, nous la faire entendre. Le glissement du récit au dialogue – voire du roman au théâtre – relève de ce parti pris par lequel l'art de Crébillon annonce également celui de Diderot: art objectif qui laisse le lecteur juge, sans lui en imposer, et dont la mise en œuvre, ici, culmine superbement dans le discours final par lequel la reddition et la «chute» de Mme de Lursay deviennent d'avance sa transfiguration et son apothéose.

Dans *Adolphe* les moyens de la narration sont tout différents. Et ce n'est pas par hasard que le narrateur de Constant, s'il a souvent, mais brièvement, recours à des éléments de dialogue, privilégie, lui, le style indirect. On dirait qu'il ne parvient pas vraiment à se dédoubler, à sortir de soi. Dans *Adolphe,* à quelques exceptions près – la plus notable étant la lettre-testament d'Ellénore, voix d'outre-tombe – le *je* est un privilège du héros. Peut-être faut-il rapprocher ce caractère égocentrique du récit de l'incertitude où il nous laisse sur son moment. Quel laps de temps sépare le héros et le narrateur ? Nous l'ignorons, et cette imprécision contraste curieusement avec la multiplicité des indications chronologiques d'un récit où le temps, nous l'avons remarqué, pèse d'un poids très lourd. De l'« étranger » rencontré par l'éditeur dans une auberge de Calabre nous savons l'indifférence à toutes choses, la tristesse... mais nous ignorons son âge, et nous savons encore moins depuis combien d'années il transporte avec lui dans une « cassette » sa douloureuse confession. Pour Adolphe le temps s'est arrêté à la disparition d'Ellénore. Aussi le roman de Constant refuse-t-il de tirer parti de la distanciation que permettrait, en principe, un récit à la première personne.

Ce n'est pas que son héros se regarde lui-même sans esprit critique. Nous avons relevé des analogies frappantes entre son analyse des « puissances trompeuses » et celle du narrateur des *Égarements.* Bien plus, Adolphe ajoute à cette clairvoyance rétrospective la confession de sa culpabilité. Lui seul a fait le malheur de sa compagne ; nouveau Des Grieux, il ne peut trouver quelque apaisement à ses remords que dans une interrogation douloureuse sur la fatalité (p. 66) :

« Certes, je ne veux point m'excuser, je me condamne plus sévèrement qu'un autre peut-être ne le ferait à ma place ; mais je puis au moins me rendre ici ce solennel témoignage que je n'ai jamais agi par calcul, et que j'ai toujours été dirigé par des sentiments vrais et naturels. Comment se fait-il qu'avec ces sentiments je n'aie fait si longtemps que mon malheur et celui des autres ? »

Sans suspecter la sincérité de cette interrogation pathétique, nous noterons qu'elle surgit opportunément pour apaiser le trouble de la mauvaise conscience[1]. Ce qui était vrai de Des Grieux[2] l'est aussi d'Adolphe : incriminer la destinée, se poser en héros tragique lui évite de trop avoir à s'interroger sur lui-même. Au moment même où il affecte de se condamner le coupable devient victime.

Victime d'un destin ténébreux, mais pas seulement du destin. Insidieusement, le récit d'Adolphe le transforme en victime de sa victime : victime des défauts d'Ellénore, de son esprit possessif, de sa violence ; victime de ses vertus et de ses « sacrifices » (p. 38, 41, etc.). On comprend que la pitié qu'elle lui inspire soit si agressive, mais – comme l'a montré l'étude récente de Han Verhoeff *(op. cit.)* – cette agressivité n'est pas le fait du seul héros, elle subsiste chez le narrateur. Quand celui-ci nous raconte comment l'opinion publique réprouvait les « fautes » d'Ellénore, il ne manque pas d'exprimer discrètement son accord : c'est lui qui parle de « sa classe » (p. 40), « sa conduite » (p. 51), ses « défauts » (p. 64). C'est lui aussi qui, sans crainte du paradoxe, déplore l'égoïsme d'une femme dont il a causé la mort (p. 52) :

« Il y avait dans la voix et le ton d'Ellénore je ne sais quoi d'âpre et de violent qui annonçait plutôt une détermination ferme qu'une émotion profonde ou touchante [...] je voulus réveiller sa générosité, comme si l'amour n'était pas, de tous les sentiments, le plus égoïste et, par conséquent, lorsqu'il est blessé, le moins généreux. »

Voilà donc la victime reconnue coupable, et jugée sans appel. Les « malheurs » d'Ellénore ne feront pas oublier ses « défauts ». Et il n'est pas question non plus de l'acquitter au bénéfice du doute : devant elle le narrateur n'a pas les menues hésitations qui ponctuent le récit de Meilcour ; si Mme de Lursay demeure un peu énigmatique, il

---

1. Croyons-en le narrateur : « Il n'y a point d'unité complète dans l'homme, et presque jamais personne n'est tout à fait sincère ni tout à fait de mauvaise foi » (p. 23).
2. Voir ci-dessus.

n'y a pas d'énigme d'Ellénore. Bien plus, qu'un doute surgisse à son propos, de façon exceptionnelle, il tourne aussitôt à son désavantage. A-t-elle inventé de jouer les coquettes, dans l'espoir de reconquérir son amant, le narrateur ne se contente pas de noter l'illusion d'un « calcul faux et déplorable », il s'estime en droit d'ajouter : « Peut-être aussi se mêlait-il à ce calcul, sans qu'elle s'en rendît compte, quelque vanité de femme ; elle était blessée de ma froideur, elle voulait se prouver à elle-même qu'elle avait encore des moyens de plaire » (p. 65). Non seulement le *peut-être* n'est que de principe – l'hypothèse devient aussitôt une certitude – mais l'explication qu'il introduit est doublement péjorative : incapable de savoir ce qui se passe en elle, entraînée par un mobile frivole et mesquin, Ellénore s'enlise dans la médiocrité. Adolphe au contraire se grandit à ses propres yeux en s'attribuant, pour le passé, le crédit d'une noble souffrance (« cette situation douloureuse ») et pour le présent le prestige d'une parfaite lucidité. Moralement et intellectuellement, le voilà donc confirmé dans sa supériorité de mâle : tout est dit lorsqu'il a rappelé qu'Ellénore est femme. Égoïsme de l'amour – c'est-à-dire d'un sentiment essentiellement féminin – « vanité de femme », nous sommes loin de la sympathie indulgente de Crébillon pour l'autre sexe. Peu importe que le narrateur ne prenne pas forcément à son compte les déclamations du héros contre « l'empire des femmes » (p. 42) : insidieusement tout son récit se développe sur fond de misogynie. Est-ce pure coïncidence si le roman est presque exactement contemporain du Code civil ? A l'aube du siècle bourgeois, dans un monde masculinisé, Ellénore ne pouvait être que coupable : coupable par nature.

A soixante-dix ou quatre-vingt années de distance – des années qui pèsent lourd, en particulier les vingt dernières – Adolphe est bien la « suite » des *Égarements*, mais la comédie a tourné au drame. Je ne dis pas « à la tragédie », sinon à une tragédie de la médiocrité – ou,

comme dit Adolphe, de « la misère du cœur humain »
(p. 82). Vieux jeune homme, vieillard précoce, Adolphe
a soixante-quinze ans de plus que Meilcour, et non cinq.
C'est un Meilcour raté, qui n'a pu se délivrer de sa
Mme de Lursay qu'en devenant moralement son meurtrier. Quant à Ellénore, ravagée jusqu'à la mort par sa
première et unique passion, c'est une Mme de Lursay
qui non seulement se détruit, mais se défait sous nos
yeux. Son corps, son être lui échappent. A l'opposé de
l'élégance souveraine de Mme de Lursay, elle se révèle
« incapable de toute emprise sur elle-même » (p. 63), parfois évanescente et surtout convulsive, violente, presque
frénétique. C'est pourquoi la « suite » des *Égarements* en
est à la fois l'achèvement et la négation. Bien plus, l'opposition des deux livres est celle de deux époques. Il
faut lire *Adolphe* comme le dernier roman du
XVIIIe siècle, comme un livre qui, dans son contenu et
dans sa forme, est un véritable bilan des Lumières : bilan
de faillite. Car sur deux points essentiels l'ouvrage de
Constant est la liquidation des valeurs fondamentales du
XVIIIe siècle : d'une part la *sincérité,* d'autre part la « politesse » ou *mondanité,* fine fleur de la sociabilité. Toute la
recherche morale des Lumières, on le sait, avait visé à
concilier, dans une tension créatrice permanente et selon
des équilibres aussi variés qu'instables, ces valeurs antagonistes et pourtant complémentaires : aussi antithétiques et indissociables que la « nature » et la société. Or le
roman de Constant enregistre la vanité de tout cet
effort. Ellénore est sincère dans sa passion, mais avant
même de la tuer physiquement, sa sincérité la détruit
socialement. Au mieux, Adolphe est à demi sincère, à
demi lucide. L'utilisation que fait Constant du récit
autobiographique est particulièrement significative :
désormais il n'existe plus de lieu privilégié qui soit celui
du jugement serein et équilibré ; plus de narrateur idéal,
plus d'utopie, plus de rédemption intellectuelle et morale
seulement pensable. Désormais il faut choisir, et il n'y a

285

plus qu'un choix : ou la révolte destructrice ou la gri-saille du conformisme.

Nous entrons, désenchantés, dans le triste XIXe siècle. Peut-être pouvons-nous comprendre qu'Adolphe, lui, aussi incapable de se révolter que de se conformer, ait préféré voyager, sans but et sans se prendre à rien, au bout du monde, en Calabre.

Table

Imprimé en France
Imprimerie des Presses Universitaires de France
73, avenue Ronsard, 41100 Vendôme
Octobre 1997 — N° 44 225

ÉCRITURE

* Titre reparu ou à paraître dans la collection « Quadrige ».

* Titre reparu ou à paraître dans la collection « Quadrige ».

* Titre reparu ou à paraître dans la collection « Quadrige ».